CONTABILIDADE INTERNACIONAL PARA GRADUAÇÃO

O GEN | Grupo Editorial Nacional reúne as editoras Guanabara Koogan, Santos, Roca, AC Farmacêutica, Forense, Método, LTC, E.P.U., Forense Universitária e Atlas, que publicam nas áreas científica, técnica e profissional.

Essas empresas, respeitadas no mercado editorial, construíram catálogos inigualáveis, com obras que têm sido decisivas na formação acadêmica e no aperfeiçoamento de várias gerações de profissionais e de estudantes de Administração, Direito, Enfermagem, Engenharia, Fisioterapia, Medicina, Odontologia, Educação Física e muitas outras ciências, tendo se tornado sinônimo de seriedade e respeito.

Nossa missão é prover o melhor conteúdo científico e distribuí-lo de maneira flexível e conveniente, a preços justos, gerando benefícios e servindo a autores, docentes, livreiros, funcionários, colaboradores e acionistas.

Nosso comportamento ético incondicional e nossa responsabilidade social e ambiental são reforçados pela natureza educacional de nossa atividade, sem comprometer o crescimento contínuo e a rentabilidade do grupo.

SIRLEI LEMES
L. NELSON CARVALHO

CONTABILIDADE INTERNACIONAL PARA GRADUAÇÃO

Texto, Estudos de Casos e
Questões de Múltipla Escolha

© 2009 by Editora Atlas S.A.

1. ed. 2010 (6 impressões)

Capa: Zenário A. de Oliveira
Composição: Lino-Jato Editoração Gráfica

Dados Internacionais de Catalogação na Publicação (CIP)
(Câmara Brasileira do Livro, SP, Brasil)

Lemes, Sirlei
    Contabilidade internacional para graduação : texto, estudos de casos e questões de múltipla escolha / Sirlei Lemes, L. Nelson Carvalho. -- São Paulo : Atlas, 2010.

Bibliografia.
ISBN 978-85-224-5824-0

1. Contabilidade I. Carvalho, L. Nelson. II. Título.

09-13363   CDD-657

Índice para catálogo sistemático:

1. Contabilidade internacional 657

TODOS OS DIREITOS RESERVADOS – É proibida a reprodução total ou parcial, de qualquer forma ou por qualquer meio. A violação dos direitos de autor (Lei nº 9.610/98) é crime estabelecido pelo artigo 184 do Código Penal.

Depósito legal na Biblioteca Nacional conforme Lei nº 10.994, de 14 de dezembro de 2004.

Impresso no Brasil/*Printed in Brazil*

Editora Atlas S.A.
Rua Conselheiro Nébias, 1384 (Campos Elísios)
01203-904 São Paulo (SP)
Tel.: (011) 3357-9144
www.EditoraAtlas.com.br

Sumário

Prefácio, xiii

1 Introdução, 1
    1.1 A origem das Normas Internacionais de Contabilidade, 1
    1.2 Normas Internacionais de Contabilidade em vigor, 4

2 Apresentação das Demonstrações Contábeis (IAS 1), 7
    2.1 Introdução, 7
    2.2 Escopo, 8
    2.3 Definições de termos-chave, 8
    2.4 Objetivo das demonstrações contábeis, 9
    2.5 Considerações gerais, 9
        2.5.1 Apresentação justa e cumprimento com as IFRS, 9
        2.5.2 Continuidade, 10
        2.5.3 Regime de competência, 10
        2.5.4 Materialidade e formatação, 10
        2.5.5 Compensação, 11
        2.5.6 Frequência dos relatórios, 11
        2.5.7 Informação comparativa, 11
        2.5.8 Consistência de apresentação, 12
    2.6 Estrutura e conteúdo das demonstrações contábeis, 12
        2.6.1 Identificação das demonstrações contábeis, 12
        2.6.2 Demonstração da Posição Financeira, 12

2.6.3 Demonstração do Resultado Abrangente e Demonstração do Resultado do Exercício, 14
2.6.4 Demonstração das mutações do patrimônio líquido, 17
2.6.5 Demonstração dos fluxos de caixa, 17
2.6.6 Notas explicativas, 18
2.6.7 Políticas contábeis, 18
2.6.8 Fontes das incertezas nas estimativas, 18
2.6.9 Divulgações sobre capital, 18
2.6.10 Instrumentos financeiros resgatáveis classificados como patrimônio líquido, 19
2.6.11 Outras evidenciações, 19
2.7 Demonstrações contábeis publicadas, 20
2.7.1 British American Tobacco p.l.c., 20
2.7.2 MorphoSys Group, 22
2.7.3 Gerdau S. A., 26
2.8 Testes de múltipla escolha, 28

3 Estoques (IAS 2), 30
3.1 Introdução, 30
3.2 Escopo, 30
3.3 Definições de termos-chave, 31
3.4 Mensuração dos estoques, 32
3.5 Custos de estoques, 32
3.6 Técnicas de mensuração dos custos, 34
3.7 Fórmulas de custos, 34
3.8 Valor realizável líquido, 34
3.9 Reconhecimento de despesas, 35
3.10 Evidenciação, 35
3.11 Notas de demonstrações contábeis publicadas, 36
    3.11.1 Louis Vuitton (relatório anual de 2008), 36
    3.11.2 ArcelorMital (relatório anual de 2008), 36
    3.11.3 Royal Philips Electronics (relatório anual de 2008), 36
    3.11.4 Indústrias Romi S. A. (relatório anual de 2008), 37
3.12 Estudos de casos, 37
3.13 Testes de múltipla escolha, 40

4 Políticas Contábeis, Estimativas e Erros (IAS 8), 42
4.1 Introdução, 42
4.2 Escopo, 42
4.3 Definições de termos-chave, 43
4.4 Políticas contábeis, 43
4.5 Seleção e aplicação de políticas contábeis, 44

4.6 Limitações à aplicação retrospectiva das mudanças de políticas contábeis, 46
4.7 Evidenciações para as mudanças de políticas contábeis, 47
4.8 Mudanças das estimativas contábeis, 48
4.9 Evidenciações para as mudanças de estimativas, 49
4.10 Erros de exercícios anteriores, 49
4.11 Evidenciações para erros de exercícios anteriores, 49
4.12 Notas de demonstrações contábeis publicadas, 50
    4.12.1 Fiat Group (relatório anual de 2008), 50
    4.12.2 Royal Ahold (relatório anual de 2008), 50
4.13 Estudos de casos, 51
4.14 Testes de múltipla escolha, 53

5 Eventos Após a Data do Balanço (IAS 10), 55
5.1 Introdução, 55
5.2 Escopo, 55
5.3 Definições de termos-chave, 56
5.4 Data de autorização, 56
5.5 Eventos que geram ajustes e eventos que não geram ajustes, 56
5.6 Evidenciação, 58
5.7 Notas de Demonstrações Contábeis Publicadas, 59
    5.7.1 Indústrias Romi S. A. (Relatório Anual de 2008), 59
    5.7.2 T. LM Ericsson (Relatório Anual de 2008), 59
    5.7.3 Fiat Group (Relatório Anual de 2008), 59
5.8 Estudos de casos, 60
5.9 Testes de múltipla escolha, 62

6 Imobilizado (IAS 16), 65
6.1 Introdução, 65
6.2 Escopo, 65
6.3 Definições de termos-chave, 66
6.4 Reconhecimento de um ativo imobilizado, 66
6.5 Reconhecimento inicial do imobilizado, 68
6.6 Mensuração do custo do imobilizado, 69
6.7 Modelo de reavaliação, 69
6.8 Depreciação, 73
6.9 Indenização por perdas e baixa do Imobilizado, 74
6.10 Mudanças nas estimativas de restauração de áreas, 74
6.11 Evidenciação, 75
6.12 Notas de Demonstrações Contábeis Publicadas, 76
    6.12.1 Heineken N.V. (Relatório Anual de 2008), 76
    6.12.2 Louis Vuitton (Relatório Anual de 2008), 77

6.13 Estudos de casos, 77
6.14 Testes de múltipla escolha, 79

7 Leases (IAS 17), 81
7.1 Introdução, 81
7.2 Escopo, 81
7.3 Definições de termos-chave, 81
7.4 Classificação dos *leases*, 82
7.5 *Leases* nas demonstrações contábeis da arrendatária, 84
    7.5.1 Reconhecimento do *lease* financeiro, 84
    7.5.2 Evidenciação do *lease* financeiro, 85
    7.5.3 Reconhecimento do *lease* operacional, 85
    7.5.4 Evidenciação do *lease* operacional, 86
7.6 *Lease* nas demonstrações contábeis da arrendadora, 86
    7.6.1 Reconhecimento do *lease* financeiro, 86
    7.6.2 Evidenciação do *lease* financeiro, 87
    7.6.3 Reconhecimento do *lease* operacional, 88
    7.6.4 Evidenciação do *lease* operacional, 88
7.7 Transações de venda e de *leaseback*, 88
7.8 Notas de demonstrações contábeis publicadas, 90
    7.8.1 Heineken N.V. (relatório anual de 2008), 90
    7.8.2 Porsche Automobile Holding SE (relatório anual de julho/2007 a julho/2008), 90
7.9 Estudos de casos, 91
7.10 Testes de múltipla escolha, 93

8 Receita (IAS 18), 96
8.1 Introdução, 96
8.2 Escopo, 97
8.3 Definições de termos-chave, 97
8.4 Mensuração das receitas, 98
8.5 Identificação da receita, 98
8.6 Venda de mercadorias, 99
8.7 Prestação de serviços, 101
8.8 Juros, *royalties* e dividendos, 103
8.9 Programas de fidelidade de clientes, 103
8.10 Evidenciação, 104
8.11 Notas de demonstrações contábeis publicadas, 104
    8.11.1 TAM S. A. (relatório anual de 2008), 104
    8.11.2 Royal Dutch Shell (relatório anual de 2008), 105
    8.11.3 Louis Vuitton (relatório anual de 2008), 105

8.12 Estudos de casos, 105
8.13 Testes de múltipla escolha, 108

9 Custos de empréstimos (IAS 23), 111
9.1 Introdução, 111
9.2 Escopo, 111
9.3 Definições de termos-chave, 112
9.4 Custos de empréstimos passíveis de capitalização, 112
9.5 Ativos qualificados, 113
9.6 Reconhecimento dos custos de empréstimos, 113
9.7 Início, suspensão e cessação da capitalização, 114
9.8 Evidenciação, 115
9.9 Notas de demonstrações contábeis publicadas, 115
    9.9.1 Gerdau S. A. (relatório anual de 2008), 115
    9.9.2 Royal Ahold (relatório anual de 2008), 115
    9.9.3 Porsche Automobile Holding SE (relatório anual de julho/2007 a julho/2008), 116
9.10 Estudos de casos, 116
9.11 Testes de múltipla escolha, 118

10 Demonstrações Contábeis Consolidadas e Separadas (IAS 27), 121
10.1 Introdução, 121
10.2 Escopo, 121
10.3 Definições de termos-chave, 122
10.4 Apresentação de demonstrações consolidadas, 123
10.5 Obrigatoriedade de consolidação, 123
10.6 Outros casos de consolidação, 124
10.7 Procedimentos de consolidação, 125
10.8 Demonstrações contábeis separadas, 126
10.9 Evidenciação, 127
10.10 Notas de Demonstrações Contábeis Publicadas, 128
    10.10.1 BMW Group (Relatório Anual de 2008), 128
    10.10.2 Indústrias Romi S. A. (Relatório Anual de 2008), 128
    10.10.3 Gerdau S. A. (Relatório Anual de 2008), 128
10.11 Estudos de casos, 129
10.12 Testes de múltipla escolha, 131

11 Investimentos em Coligadas (IAS 28), 134
11.1 Introdução, 134
11.2 Escopo, 134
11.3 Definições de termos-chave, 135
11.4 Influência significativa, 135

11.5 Obrigatoriedade de adoção do Método de Equivalência Patrimonial, 136
11.6 Procedimentos de aplicação do MEP, 137
11.7 Perdas por *impairment* e demonstrações separadas, 138
11.8 Evidenciação, 139
11.9 Notas de Demonstrações Contábeis Publicadas, 140
        11.9.1 Porsche Automobile Holding SE (Relatório Anual de 2008), 140
        11.9.2 Fiat Group (Relatório Anual de 2008), 140
11.10 Estudos de casos, 140
11.11 Testes de múltipla escolha, 143

12 Impairment de Ativos (IAS 36), 146
12.1 Introdução, 146
12.2 Escopo, 146
12.3 Definições de termos-chave, 147
12.4 Identificando uma perda por *impairment*, 147
12.5 Estimando o valor recuperável, 148
12.6 Calculando o valor justo líquido, 149
12.7 Calculando o valor em uso, 150
12.8 Estimando os fluxos de caixa futuros, 150
12.9 Identificando a taxa de desconto, 151
12.10 Reconhecendo e mensurando uma perda por *impairment*, 151
12.11 Unidades geradoras de caixa, 152
12.12 Momento de realização do teste de *impairment*, 154
12.13 Alocação das perdas das unidades geradoras de caixa, 154
12.14 Reversão das perdas por *impairment*, 156
12.15 Ativos corporativos, 156
12.16 Evidenciação, 157
12.17 Notas de Demonstrações Contábeis Publicadas, 158
        12.17.1 Nokia Corporation (Relatório Anual de 2008), 158
        12.17.2 Hugo Boss AG. (Relatório Anual de 2008), 159
        12.17.3 ABN AMRO Holding N.V. (Relatório Anual de 2008), 159
        12.17.4 Fiat Group (Relatório Anual de 2008), 159
12.18 Estudos de casos, 160
12.19 Testes de múltipla escolha, 164

13 Provisões, Passivos Contingentes e Ativos Contingentes (IAS 37), 169
13.1 Introdução, 169
13.2 Escopo, 169
13.3 Definições de termos-chave, 170
13.4 Provisões, 171
        13.4.1 Reconhecimento, 171

          13.4.2 Mensuração das provisões, 175
          13.4.3 Mudanças e uso das provisões, 176
          13.4.4 Perdas operacionais futuras, 176
          13.4.5 Contratos onerosos, 176
          13.4.6 Reestruturação, 177
          13.4.7 Evidenciação, 178
   13.5 Passivos Contingentes, 179
          13.5.1 Reconhecimento, 179
          13.5.2 Evidenciação, 180
   13.6 Ativos Contingentes, 181
          13.6.1 Reconhecimento, 181
          13.6.2 Evidenciação, 182
   13.7 Interpretações, 182
   13.8 Notas de Demonstrações Contábeis Publicadas, 184
          13.8.1 Souza Cruz S. A. (Relatório Anual de 2008), 184
          13.8.2 TAM S. A. (Relatório Anual de 2008), 185
   13.9 Estudos de casos, 187
   13.10 Testes de múltipla escolha, 189

14 Ativos Intangíveis (IAS 38), 193
   14.1 Introdução, 193
   14.2 Escopo, 193
   14.3 Definições de termos-chave, 194
   14.4 Expandindo o conceito de ativo intangível, 195
          14.4.1 Identificabilidade, 195
          14.4.2 Controle, 196
          14.4.3 Benefícios econômicos futuros, 196
   14.5 Reconhecimento e mensuração, 196
   14.6 Ativos Intangíveis Gerados Internamente, 198
          14.6.1 *Goodwill*, 199
          14.6.2 Outros ativos intangíveis gerados internamente, 199
   14.7 Reconhecendo uma despesa, 202
   14.8 Mensuração posterior ao reconhecimento, 202
   14.9 Vida útil dos ativos intangíveis, 203
   14.10 Amortização, 204
   14.11 Alienação e baixa, 205
   14.12 Evidenciação, 205
   14.13 Notas de demonstrações contábeis publicadas, 207
          14.13.1 British American Tobacco p.l.c. (relatório anual de 2008), 207
          14.13.2 Hugo Boss AG. (relatório anual de 2008), 207
          14.13.3 Gerdau S. A. (relatório anual de 2008), 207

14.13.4 Louis Vuitton (relatório anual de 2008), 208
14.14 Estudos de casos, 208
14.15 Testes de múltipla escolha, 212

15 Combinações de Negócios (IFRS 3), 216

15.1 Introdução, 216
15.2 Escopo, 216
15.3 Definições de termos-chave, 217
15.4 Identificando uma combinação de negócios, 217
15.5 Identificando a adquirente, 218
15.6 Determinando a data da aquisição, 219
15.7 Reconhecendo e mensurando os ativos e passivos na aquisição, 219
15.8 Reconhecendo e mensurando o *goodwill*, 220
15.9 Custos relacionados a aquisição, 222
15.10 Aquisição em etapas, 223
15.11 Contabilização incompleta da aquisição, 223
15.12 Evidenciação, 224
15.13 Notas de demonstrações contábeis publicadas, 225
   15.13.1 Lupatech S. A. (relatório anual de 2008), 225
   15.13.2 Fiat Group (relatório anual de 2008), 226
   15.13.3 Louis Vuitton (relatório anual de 2008), 226
15.14 Estudos de casos, 226
15.15 Testes de múltipla escolha, 229

Prefácio

Fiquei extremamente feliz com o convite formulado por Nelson Carvalho e Sirlei Lemes para escrever o prefácio desta obra. A minha satisfação advém, inicialmente, em perceber quão profícua está a produção científica em contabilidade financeira (internacional) no Brasil. Em segundo lugar, fico contente pelo foco dado ao livro. É o primeiro trabalho de envergadura que endereça as intricadas normas internacionais de contabilidade para o público de graduação. O objetivo do livro é ser uma introdução ao assunto focada no aluno de graduação. É, no entanto, uma introdução séria e rigorosa. Como não poderia deixar de ser, tendo em vista a qualidade de seus autores.

Este livro terá, com certeza, um papel importante no desenvolvimento de nosso processo de convergência às normas internacionais de contabilidade. Como ator ativo nesse processo de convergência, ouso afirmar que a principal barreira à convergência e na melhoria da qualidade de nossas demonstrações contábeis reside no fator humano. Nós, contadores brasileiros, não fomos treinados dentro dos conceitos trazidos pela estrutura dos IFRS. Existe certa resistência por parte de alguns profissionais que não entendem ou não querem se adaptar à nova realidade. Sendo assim, nada melhor que um texto introdutório capaz de trazer não só aos novos estudantes de contabilidade como aos profissionais mais experientes os principais institutos dessa nova contabilidade.

A organização do texto reflete profunda sensibilidade didática dos autores, que organizaram os assuntos de forma ampla, porém precisa, focando os principais aspectos do modelo contábil trazido pelo IASB e adotado no Brasil. A ausência de alguns temas não reflete descuido dos autores, mas sim um forte senso de prioridade, que é essencial na didática contábil.

Os autores não poderiam ser mais adequados. Conheci Nelson Carvalho quando eu era aluno de graduação na FEA-USP. Nosso relacionamento se estreitou desde então, vindo ele a se tornar meu orientador e caro amigo. Com um *curriculum* invejável, possuindo a raríssima aliança entre sólida base acadêmica (é economista, contador, mestre e doutor em contabilidade e professor do Departamento de Contabilidade da FEA-USP) e excepcional experiência prática (ex-sócio de empresa de auditoria independente, ex-diretor do Banco Central do Brasil e da CVM), suas habilidades pessoais de fomentador de novos talentos são ainda mais surpreendentes. Suas impressões digitais estão firmemente marcadas no processo de convergência brasileiro. Há algumas décadas, muito antes do assunto se tornar obrigatório ou do recente modismo, ele tem estudado profundamente o assunto e participado diretamente, não somente como observador, da arena regulatória internacional (como presidente do *Standard Advisory Council* do IASB, por exemplo). Certamente, nosso processo de convergência não seria o mesmo sem sua ativa participação.

Minha formação acadêmica tem muito em comum com a da Sirlei. Ambos nos apoiamos em ombros de gigantes. Fomos contemporâneos nos corredores da FEA-USP e ambos soubemos aproveitar os enormes incentivos e estímulos oferecidos pelo nosso grande mestre. Desde então, ela tem-se destacado como uma das figuras mais relevantes da nova contabilidade brasileira, como pesquisadora, professora e profissional. Seu conhecimento das novas normas internacionais é amplo e profundo, como pode ser percebido pela leitura desta obra.

Assim, encerro minhas palavras cheio de orgulho pela qualidade do trabalho aqui apresentado e certo de que este livro terá lugar de destaque para todos os interessados em assuntos contábeis no Brasil nos anos que virão.

Alexsandro Broedel Lopes
São Paulo, novembro de 2009.

Agradecimentos

Esta obra não seria possível sem a ajuda de pessoas especiais que direta ou indiretamente contribuíram para a sua realização. Primeiramente, gostaríamos de agradecer aos professores da Faculdade de Ciências Contábeis da Universidade Federal de Uberlândia e da Faculdade de Economia, Administração e Contabilidade da Universidade de São Paulo, que deram o suporte para que os autores pudessem se dedicar a este projeto.

Nós também gostaríamos de deixar registrado nossos agradecimentos aos alunos do Curso de Ciências Contábeis da Universidade Federal de Uberlândia, Letícia Ferreira de Lima Naves e Gustavo Henrique de Faria, pela pesquisa de material de apoio e pelas correções e contribuições aos capítulos do livro. Também somos gratos à secretária Luciana de Almeida Araújo Santos, pelo suporte técnico com a organização e formatação do material.

Sirlei Lemes estende seus agradecimentos ao esposo, Luis Cláudio Oliveira Lopes, e ao filho Vinícius Henrique de Oliveira, pela compreensão com a necessária ausência do convívio familiar, e à filha Sofia Lemes Lopes, nascida no dia seguinte à finalização do livro.

1

Introdução

1.1 A origem das Normas Internacionais de Contabilidade

Após o cataclismo econômico e social provocado pela crise da Bolsa de Nova Iorque em 1929, membros do Governo dos Estados Unidos, congressistas daquele país, dirigentes empresariais, auditores, analistas de crédito e do mercado de ações e pesquisadores acadêmicos se debruçaram na análise das razões para a crise e na concepção de mecanismos para superá-la. Dentre as medidas imaginadas e implantadas estava um reposicionamento relativo à regulação governamental e à normatização contábil voltadas para o preparo e auditoria de demonstrações financeiras, também chamadas de demonstrações contábeis.

Foi então criado, no âmbito da entidade que congregava e ainda congrega auditores nos EUA – o Instituto Americano de Contadores Públicos Certificados (*AICPA – American Institute of Certified Public Accountants*), uma área voltada para o preparo de "normas contábeis" (o *APB – Accounting Principles Board*). Esse organismo, criado em meados de 1930, responsabilizou-se pela produção de tais normas até princípios dos anos 70 do século passado, e seus pronunciamentos constituíram a parte mais representativa dos chamados Princípios Contábeis Geralmente Aceitos nos Estados Unidos (*US GAAP – Generally Accepted Accounting Principles*). Por volta de 1973, esse organismo foi substituído por uma entidade independente, sem fins lucrativos, que assumiu desde então a tarefa de emitir tais normas – a Junta de Normas de Contabilidade Financeira (*FASB – Financial Accounting Standards Board*).

Aproximadamente nessa mesma época, no início de 1970, foi criado um organismo internacional com o propósito de produzir normas contábeis não sob a ótica de um país em particular, porém com a intenção de serem normas genuinamente internacionais, no sentido de "supranacionais": nascia o Comitê de Normas Contábeis Internacionais (*IASC – International Accounting Standards Committee*). Esse organismo gerou normas contábeis internacionais (*IAS – International Accounting Standards*) até 2001, algumas das quais ainda estão vigentes. Nesse ano de 2001, houve grande consenso na comunidade empresarial internacional quanto à necessidade de dotar de mais consistência o preparo de tais normas internacionais, e procedeu-se a uma reforma constitucional no mecanismo de funcionamento do antigo IASC, que passou a adotar a forma hoje vigente, que se resume como segue (detalhes podem ser encontrados em <www.iasb.org>):

1. foi criado (mais recentemente) um organismo supervisor do modo de funcionamento da entidade que produz as normas contábeis internacionais denominado Junta de Monitoramento (*Monitoring Board*), composto de dirigentes de organizações internacionais, para acrescentar credibilidade e legitimidade a todo o processo de normatização contábil internacional. Nessa Junta ou *Board*, tem assento um representante de cada uma das seguintes autoridades públicas: (1) Comitê de Mercados Emergentes da Organização Internacional das Comissões de Valores (*IOSCO*, na sigla em inglês), (2) Comitê Técnico da IOSCO, (3) Agência governamental reguladora de Serviços Financeiros do Japão e (4) a CVM dos Estados Unidos (SEC). O Comitê de Supervisão Bancária da Basileia participa do *Monitoring Board* como observador. A intenção da criação desse *Board* é a de que os reguladores dos mercados de capitais que exigem ou permitem o uso das normas IFRS em suas jurisdições possam de maneira mais eficaz desincumbir-se de seus deveres relativos a proteção a investidores, integridade dos mercados e formação de capital;

2. foi desde o início constituída uma Fundação (*IASCF – International Accounting Standards Committee Foundation*), que não tem a tarefa de escrever normas contábeis e cujos objetivos são: (a) promover, no interesse público, um conjunto único de normas contábeis de alta qualidade; (b) promover o uso e rigorosa aplicação de tais normas; (c) atender às necessidades das pequenas e médias empresas no tocante aos itens (a) e (b) acima e (d) viabilizar a convergência das normas contábeis nacionais rumo às internacionais;

3. sob a Fundação *IASCF* encontra-se o principal corpo de profissionais responsáveis pela efetiva discussão e elaboração das normas contábeis internacionais, a Junta de Normas de Contabilidade Internacional (*IASB – International Accounting Standards Board*), que, em regime de dedicação exclusiva e em tempo integral, dirige e supervisona o traba-

lho de um quadro técnico de profissionais também de tempo integral na minuta e discussão de normas até sua aprovação final;

4. para questões de dúvidas na interpretação, foi criado um organismo denominado Comitê de Interpretações das Normas Internacionais de Relatórios Financeiros (*IFRIC – International Financial Reporting Interpretations Committee*), em regime de dedicação NÃO exclusiva e em tempo parcial;

5. e para oferecer sugestões sobre a agenda de trabalho do *IASB* e sobre o andamento e os rumos de pronunciamentos contábeis internacionais específicos foi criado um Conselho Consultivo de Normas (*SAC – Standards Advisory Council*), composto por cerca de 40 representantes (sem dedicação exclusiva) de instituições ao redor do mundo com legítimos interesses no processo de normatização contábil internacional.

As Normas Internacionais, que nasceram nos anos 70 com a denominação IAS (como já citado), passaram a se denominar, a partir de 2001, mais amplamente, Normas Internacionais de Relatórios Financeiros (*IFRS – International Financial Reporting Standards*), buscando abranger não apenas questões especificamente contábeis mas também todo o espectro de temas envolvidos no conceito de divulgação de desempenho operacional por meio de balanços, demonstrações de resultados, demonstrações de fluxos de caixa e notas explicativas respectivas.

A emissão de uma norma IFRS é o ponto culminante de uma série de atividades que se cercam do mais estrito respeito ao conceito de "devido processo": não é resultante de atos personalísticos ou voluntaristas nem de uma pessoa individualmente nem de um grupo de pessoas em particular – ninguém tem o monopólio da escolha final da resposta a uma questão contábil controversa. O processo começa quando o Board do IASB aceita sugestões vindas dos mais diversos protagonistas para inclusão de um tema em sua "agenda ativa": a partir daí, o pessoal técnico da estrutura profissional permanente do IASB (o *staff*) se debruça na análise da questão e na busca de soluções que existam ao redor do mundo. Essa análise geralmente conduz a um documento para audiência pública mundial denominado "Minuta para Discussão" (na expressão do IASB, *Discussion Paper*). Quem quiser, ao redor do planeta, poderá acessar essa minuta e enviar comentários sobre omissões, interpretações faltantes ou incorretas, soluções não identificadas ou encaminhamento proposto. Analisadas as cartas comentando o *Discussion Paper*, o *staff* do IASB, após seguidas reuniões públicas com o *Board*, prepara o rascunho que o referido *Board* deve aprovar: uma Minuta de Pronunciamento para Audiência Pública (ou *Exposure Draft* de futura norma IFRS). Lidas e analisadas as cartas enviadas por quem se dispôs a comentar/criticar a minuta de futura norma, é discutido novamente – em várias sessões públicas – o conjunto de alterações procedentes à citada minuta e é então deliberada a emissão de uma norma IFRS em caráter final e oficial, pelo voto majoritário do *Board* (hoje, composto de 16 membros). Assim, é impossível que prevaleçam posicionamentos destituídos de fundamento técnico, conceitual ou de respeito à realidade econômica, pois a discussão pública desde o primeiro momento produziria protestos relevantes se caminhos injustificados fossem escolhidos – o que não quer dizer que polêmicas não se estabeleçam, confinadas a argumentos técnicos.

As normas internacionais IFRS buscam obedecer a **PRINCÍPIOS** e evitam serem **REGRAS** – estas são mais passíveis de burlas, e princípios, não. Eliminam-se progressivamente normas internacionais que contenham valores ou percentuais de "pisos" ou "tetos", em privilégio dos citados Princípios. As normas são repletas de expressões como *relevante, material, importante*, e o preciso enquadramento de um fenômeno econômico nas IFRS dependerá do julgamento profissional dos responsáveis pela preparação das demonstrações financeiras e de seus auditores.

No último trimestre de 2009, cerca de 150 países ao redor do mundo exigem ou aceitam as normas IFRS para o preparo de demonstrações financeiras: alguns, como os quase 30 países da União Europeia, exigem sua adoção para os balanços consolidados, semelhantemente ao disposto pelo Banco Central do Brasil para as instituições financeiras que este regulamenta e supervisiona. Há países que as aceitam **EM SUBSTITUIÇÃO** a normas contábeis nacionais, e outros que as aceitam **EM COMPLEMENTAÇÃO** ao uso de normas contábeis nacionais, como o Novo Mercado da BOVESPA.

No Brasil, alteração radical no ordenamento contábil adveio da Lei 11.638/07 e do acatamento dos pronunciamentos do Comitê de Pronunciamentos Contábeis CPC pelas autoridades reguladoras governamentais, colocando-nos na especialíssima condição de um dos únicos, senão o único, países do mundo a implementar, por força legal, as normas internacionais nos balanços **INDIVIDUAIS** das empresas ao invés de apenas nos consolidados. Dentro de uns poucos anos e mantida a postura brasileira, entre nós as expressões *Contabilidade Internacional* e *Contabilidade Societária* significarão uma única coisa.

O objetivo deste livro é auxiliar estudantes e estudiosos da temática contábil nesse processo de migração e convergência.

1.2 Normas Internacionais de Contabilidade em vigor

Os Pronunciamentos do IASB são compostos por Normas sobre tópicos específicos sob as siglas de IFRS ou IAS e as Interpretações sobre assuntos contenciosos, sob as siglas de SIC (*Standing Interpretations Committee*) ou IFRIC. Compõe também tais Pronunciamentos a "Estrutura para a Preparação e Apresentação de Relatórios Financeiros". As 38 Normas Internacionais em vigor em 2010 são as relacionadas no Quadro 1.1:

Quadro 1.1

IAS 1	Apresentação das Demonstrações Contábeis
IAS 2	Estoques
IAS 7	Demonstração dos Fluxos de Caixa
IAS 8	Políticas Contábeis, Mudanças em Estimativas Contábeis e Erros
IAS 10	Eventos após a data do Balanço
IAS 11	Contratos de Construção
IAS 12	Imposto de Renda
IAS 16	Imobilizado
IAS 17	*Leases*
IAS 18	Receita
IAS 19	Benefícios de Empregados
IAS 20	Contabilidade e Divulgação para Benefícios Governamentais
IAS 21	Efeitos de Mudanças de Taxas Cambiais
IAS 23	Custos de Empréstimos
IAS 24	Divulgação de Partes Relacionadas
IAS 26	Contabilidade e Relatórios dos Planos de Benefícios de Aposentadoria
IAS 27	Demonstrações Contábeis Consolidadas e Separadas
IAS 28	Investimentos em Coligadas
IAS 29	Relatórios Contábeis em Economias Hiperinflacionárias
IAS 31	Participações em *Joint Ventures*
IAS 32	Instrumentos Financeiros: Apresentação
IAS 33	Lucro por Ação
IAS 34	Relatórios Contábeis Intermediários
IAS 36	*Impairment* de Ativos
IAS 37	Provisões, Passivos Contingentes e Ativos Contingentes
IAS 38	Ativos Intangíveis
IAS 39	Instrumentos Financeiros: Reconhecimento e Mensuração
IAS 40	Propriedades de Investimento
IAS 41	Agricultura
IFRS 1	Adoção pela Primeira Vez das Normas Internacionais de Relatórios Financeiros
IFRS 2	Pagamento com Base em Ações
IFRS 3	Combinações de Negócios
IFRS 4	Contratos de Seguros
IFRS 5	Ativos não Correntes Mantidos para Venda e Operações Descontinuadas
IFRS 6	Exploração e Avaliação de Recursos Minerais
IFRS 7	Instrumentos Financeiros: Divulgações
IFRS 8	Segmentos Operacionais
IFRS 9	Instrumentos Financeiros

IAS – International Accounting Standards
IFRS – International Financial Reporting Standards

As 27 interpretações em vigor em 2010 são as relacionadas no Quadro 1.2:

Quadro 1.2

SIC 7	Introdução ao Euro
SIC 10	Benefícios Governamentais – Nenhuma Relação Específica com as Atividades Operacionais
SIC 12	Consolidação – Entidades de Propósitos Especiais
SIC 13	Entidades Controladas Conjuntamente – Contribuições Não Monetárias dos Investidores
SIC 15	*Leases* Operacionais – Incentivos
SIC 21	Imposto de Renda – Recuperação de Ativos Reavaliados Não Depreciáveis
SIC 25	Imposto de Renda – Mudanças no *Status* Fiscal de uma Entidade ou de seus Acionistas
SIC 27	Avaliação da Essência de Transações Envolvendo a Forma Legal de um *Lease*
SIC 29	Acordos de Concessão de Serviços – Divulgações
SIC 31	Receita – Transações de Troca Envolvendo Serviços de Publicidade
SIC 32	Ativos Intangíveis – Custos de *Website*
IFRIC 1	Mudanças nas Obrigações de Desativar, Restaurar e Passivos Similares
IFRIC 2	Participações em Cooperativas e Instrumentos Similares
IFRIC 4	Determinando se um Acordo Contém um *Lease*
IFRIC 5	Participações em Fundos para Desativação, Restauração e Recuperação Ambiental
IFRIC 6	Passivos Originados da Participação em um Mercado Específico – Refugos de Equipamento Eletrônico e Elétrico
IFRIC 7	Aplicando a Abordagem de Restabelecimento de Acordo com a IAS 29
IFRIC 9	Reavaliação de Derivativos Embutidos
IFRIC 10	Relatórios Financeiros Intermediários e *Impairment*
IFRIC 12	Acordos de Concessão de Serviços
IFRIC 13	Programas de Fidelidade de Clientes
IFRIC 14	IAS 19 – Limite sobre um Ativo de Benefício Definido, Exigências de Recursos Mínimos e sua Interação
IFRIC 15	Contratos para a Construção de Imóveis
IFRIC 16	*Hedges* de um Investimento Líquido em uma Operação Estrangeira
IFRIC 17	Distribuições de Ativos Não Financeiros em uma Operação Estrangeira
IFRIC 18	Transferência de Ativos de Clientes
IFRIC 19	Quitação de Passivos Financeiros com Instrumentos Financeiros

SIC – Standing Interpretations Committee
IFRIC – International Financial Reporting Interpretations Committee

2

Apresentação das Demonstrações Contábeis (IAS 1)

2.1 Introdução

A IAS 1 tem por objetivo determinar as bases para a apresentação de demonstrações contábeis no sentido de assegurar a comparabilidade tanto entre as demonstrações de períodos anteriores quanto com as demonstrações de outras entidades. Ela estabelece os requisitos gerais para a apresentação das demonstrações contábeis, as diretrizes para as suas estruturas e as exigências mínimas quanto aos seus conteúdos.

A IAS 1 foi emitida pelo IASC em 1997 em substituição às Normas IAS 1 (Divulgações de Políticas Contábeis, de 1974), IAS 5 (Informação a ser Divulgada nas Demonstrações Contábeis, de 1977) e IAS 13 (Apresentação de Ativos e Passivos Correntes, de 1979). Em 2003, o IASB emitiu uma IAS 1 revisada e em 2005 emitiu uma Emenda à IAS 1 (Divulgações do Capital). Em função da aprovação ou revisão de outros Pronunciamentos do IASB, a IAS 1 foi alterada em 2004, 2005 e 2007.

Em setembro de 2007, o IASB emitiu uma IAS 1 revisada. O principal motivo dessa revisão foi agregar informação das demonstrações contábeis com base em características compartilhadas. Nesse sentido, foram separadas as mudanças no patrimônio líquido originadas de transações dos acionistas como proprietários das outras mudanças com efeito no patrimônio líquido. O IASB também considerou nessa mudança o *Statement* nº 130 do FASB (*Reporting Comprehensive Income* – SFAS 130) emitido em 1997. As exigências do IASB na apresentação da demonstração de resultado abrangente se assemelham às do FASB, mas algumas diferenças ainda permanecem. Adicionalmente, a IAS 1 revisada contempla melhorias e reordenamento de seções para facilitar a leitura, mas nem todas as exigências da IAS 1 foram consideradas nessa revisão.

A IAS 1 revisada em 2008, em vigor a partir de 1º de janeiro de 2009, foi ainda alterada pelos Pronunciamentos "Instrumentos Financeiros Resgatáveis e Obrigações Surgindo da Liquidação" (*Puttable Financial Instruments and Obligations Arising on Liquidation*), que trata de emendas à IAS 32 e à IAS 1, emitido em fevereiro de 2008, e "Melhorias às IFRS" (*Improvements to IFRSs*), emitido em maio de 2008.

2.2 Escopo

As orientações da IAS 1 são aplicáveis a todas as "demonstrações contábeis de propósitos gerais", que são aquelas direcionadas ao atendimento dos usuários que não estão em posição de exigir relatórios que atendam às suas necessidades informacionais. Assim, a IAS 1 aplica-se a todas as entidades, incluindo aquelas que emitem demonstrações consolidadas e demonstrações separadas de acordo com a IAS 27 (Demonstrações Contábeis Consolidadas e Separadas).

A IAS 1 não é aplicável a relatórios contábeis intermediários condensados preparados de acordo com a IAS 34 (Relatórios Contábeis Intermediários). Além disso, algumas entidades precisarão adaptar a nomenclatura adotada na IAS 1, como as entidades sem fins lucrativos e aquelas cujo capital acionário não é patrimônio líquido, como as cooperativas.

2.3 Definições de termos-chave

Demonstração do Resultado Abrangente: é uma demonstração que compreende a Demonstração do Resultado do Exercício e as demais receitas e despesas reconhecidas diretamente no Patrimônio Líquido (como Outros Resultados Abrangentes), que resultam de transações que não são derivadas de ações dos sócios na qualidade de proprietários, como as alterações da reserva de reavaliação, os ganhos (perdas) atuariais e os ganhos (perdas) de tradução de operações estrangeiras.

Impraticável: uma orientação é impraticável quando a entidade não consegue aplicá-la, a despeito de todos os esforços razoáveis para conseguir.

International Financial Reporting Standards (IFRSs): são Normas e Interpretações adotadas pelo *International Accounting Standards Board* (IASB) e que compreendem as Normas Internacionais de Relatórios Financeiros (IFRS) propriamente ditas, as Normas Contábeis Internacionais (IAS, *International Accounting Standards*) e as Interpretações originadas do *International Financial Reporting Interpretations Committee* (IFRIC) ou por seu antecessor *Standing Interpretations Committee* (SIC).

Material: omissões ou inexatidões de itens são materiais se eles podem individualmente ou conjuntamente influenciar as decisões econômicas dos usuários das demonstrações contábeis. A materialidade depende do tamanho e da natureza da omissão ou inexatidão considerando as circunstâncias que as envolvem.

Notas explicativas: contêm informações adicionais àquelas apresentadas nas demonstrações contábeis. As Notas fornecem descrições narrativas ou segregações e aberturas de itens, bem como informações sobre itens que não se qualificam para reconhecimento naquelas demonstrações.

2.4 Objetivo das demonstrações contábeis

As demonstrações contábeis fornecem informações sobre a posição e desempenho financeiros e os fluxos de caixa de uma entidade que sejam úteis a uma ampla gama de usuários em seus processos de tomada de decisões. Para atender a esse objetivo, as demonstrações contábeis fornecem informação sobre os ativos, passivos, patrimônio líquido, receitas e despesas (incluindo ganhos e perdas), integralização de capital e distribuições a acionistas e fluxos de caixa.

O conjunto completo de demonstrações contábeis compreende:

a) uma demonstração da posição financeira;

b) uma demonstração do resultado abrangente;

c) uma demonstração das mutações do patrimônio líquido;

d) uma demonstração dos fluxos de caixa;

e) notas, compreendendo um sumário das políticas contábeis significativas e outras informações explicativas; e

f) uma demonstração da posição financeira do início do período comparativo mais antigo quando a entidade aplica uma política contábil retrospectivamente ou quando faz um restabelecimento retrospectivo de itens ou quando ela reclassifica itens em suas demonstrações contábeis.

A entidade pode usar nomenclaturas diferentes para as demonstrações contábeis que as adotadas pelo IASB, mas deve atribuir igual importância a todas as demonstrações contábeis.

2.5 Considerações gerais

Esta seção apresenta os aspectos gerais que devem ser observados na elaboração das demonstrações contábeis.

2.5.1 *Apresentação justa e cumprimento com as IFRS*

Uma apresentação justa implica que as demonstrações contábeis representam fielmente o efeito de transações, outros eventos e condições de acordo com as definições e critérios de reconhecimento para os ativos, passivos, receitas e despesas.

Presume-se que a aplicação das IFRS, com as divulgações adicionais, quando necessárias, resulte na apresentação justa das demonstrações contábeis.

Quando a entidade cumpre com todas as exigências das IFRS, ela deve fazer uma declaração explícita e sem restrições de tal cumprimento nas notas explicativas.

A entidade não poderá retificar políticas contábeis inapropriadas nem pela divulgação de políticas contábeis usadas nem pelas notas nem por explicações materiais.

Em situações extremamente raras nas quais a administração conclui que cumprir com uma determinação de uma IFRS pode ser tão enganoso a ponto de induzir o tomador de decisões a erros, a entidade poderá abandonar tal determinação. Nesses casos, a entidade deve apresentar divulgações completas e detalhadas sobre a natureza, as razões e o efeito para o período presente e para os futuros do não cumprimento daquela orientação. Contudo, se qualquer estrutura regulatória relevante proíbe o não cumprimento da orientação, a entidade deverá, tanto quanto possível, reduzir o risco de induzir o tomador de decisões ao erro e divulgar as informações devidas para o entendimento desse fato.

2.5.2 Continuidade

As demonstrações contábeis devem ser preparadas com base na continuidade da entidade, a menos que a administração tenha a intenção de liquidar a entidade, ou parar de negociar ou não possuir nenhuma alternativa realística para continuar com suas operações.

Quando a entidade não prepara suas demonstrações sob o pressuposto da continuidade, esse fato deve ser divulgado juntamente com a base em que as demonstrações foram elaboradas e as razões pelas quais o pressuposto da continuidade não foi considerado.

2.5.3 Regime de competência

As demonstrações contábeis da entidade devem ser preparadas usando o regime de competência, com exceção da demonstração dos fluxos de caixa.

2.5.4 Materialidade e formatação

Cada classe material de itens similares deverá ser apresentada separadamente nas demonstrações contábeis. Itens materiais que são diferentes em sua natureza ou sua função deverão ser apresentados separadamente. Contudo, um item que não seja suficientemente material para garantir a apresentação separada nas demonstrações pode justificar a apresentação separada nas notas explicativas, lembrando que se a informação é imaterial, a entidade não precisa fazer a divulgação exigida pelas IFRS.

2.5.5 Compensação

Os ativos, passivos, receitas e despesas não podem ser compensados entre si, a menos que seja exigido ou permitido por alguma IFRS específica. As apresentações de ativos por seus valores líquidos de deduções, como as provisões para obsolescência de estoques ou para devedores duvidosos, são permitidas, pois não se configuram como compensações.

Algumas transações geram receitas eventuais por não se relacionarem diretamente com as atividades operacionais da entidade. Nesses casos, a apresentação por valores líquidos (compensados) pode refletir melhor a essência da transação, o que é permitido pela IAS 1. Exemplos de tais transações incluem: (1) os resultados da venda de ativos não correntes (os tratados até 2007 no Brasil como resultado não operacional), em que a receita da venda é compensada com o custo do item vendido; (2) ou uma provisão que pode ser reembolsada por terceiros (por meio de um contrato de garantia do fornecedor, por exemplo).

2.5.6 Frequência dos relatórios

Os relatórios contábeis deverão ser apresentados no mínimo anualmente, com a inclusão da informação comparativa do ano anterior. Quando a empresa altera a data final dos relatórios contábeis e os apresenta para um período maior ou menor que um ano, a entidade deve divulgar, além do período coberto pelas demonstrações, também a razão para a mudança e a informação de que os relatórios não são totalmente comparáveis. Algumas empresas, por razões práticas, preferem apresentar relatórios a cada 52 semanas, o que não é proibido pela IAS 1.

2.5.7 Informação comparativa

A informação comparativa de período anterior (na forma narrativa ou descritiva) deverá ser divulgada para todos os valores apresentados nas demonstrações contábeis, exceto quando for exigido de outra forma.

Em algumas circunstâncias, a informação narrativa apresentada em período anterior continua a ser relevante no período atual e precisará ser repetida, como no caso de um processo judicial que estava em andamento no final do período anterior.

Quando a entidade altera a apresentação ou a classificação de itens das demonstrações contábeis, a informação comparativa também precisará ser reclassificada, com as devidas divulgações a respeito, a menos que seja impraticável essa reclassificação.

2.5.8 Consistência de apresentação

As entidades deverão manter a apresentação e classificação das contas nas demonstrações contábeis de um período para o outro a menos que outra alternativa seja mais apropriada ou que determinada Norma determine a mudança na apresentação.

2.6 Estrutura e conteúdo das demonstrações contábeis

A IAS 1 requer evidenciações de determinados itens nas demonstrações contábeis, bem como determina que evidenciações sejam feitas naquelas demonstrações ou nas notas explicativas. O termo *evidenciação* ou *divulgação* (*disclosure*) algumas vezes é empregado de forma ampla, compreendendo tanto informações nas demonstrações contábeis quanto nas notas. A menos que especificado de forma diferente, por esta ou por outra Norma, as divulgações podem ser incluídas nas demonstrações contábeis.

2.6.1 Identificação das demonstrações contábeis

As demonstrações contábeis deverão ser claramente identificadas e distinguidas de outras informações publicadas no mesmo documento (como um relatório anual). Adicionalmente, as seguintes informações deverão ser claramente apresentadas e repetidas quando necessário: o nome da entidade, se as demonstrações são as individuais ou as do grupo, o período coberto, a moeda de apresentação e o arredondamento adotado para os valores.

2.6.2 Demonstração da Posição Financeira

No mínimo, a Demonstração da Posição Financeira (no Brasil, denominada de Balanço Patrimonial) deverá ser composta por linhas que apresentem os seguintes valores:

   a) imobilizado;
   b) propriedades de investimento;
   c) ativos intangíveis;

d) ativos financeiros;
e) investimentos avaliados pelo método de equivalência patrimonial;
f) ativos biológicos;
g) estoques;
h) clientes e outras contas a receber;
i) caixa e equivalentes a caixa;
j) o total de ativos classificados como mantidos para venda e ativos incluídos nos grupos de disposição classificados como mantidos para venda;
k) fornecedores e outras contas a pagar;
l) provisões;
m) passivos financeiros;
n) ativos e passivos relativos a impostos correntes;
o) ativos e passivos relativos a impostos diferidos;
p) passivos incluídos nos grupos de disposição classificados como mantidos para venda;
q) participação dos acionistas não controladores (minoritários) apresentados dentro do patrimônio líquido;
r) capital social e reservas atribuíveis aos acionistas controladores.

Quando a empresa apresentar a classificação entre ativos e passivos correntes e não correntes, os ativos ou passivos fiscais diferidos não poderão ser apresentados como itens correntes.

A Norma não prescreve ordem ou formato para a apresentação dos itens na demonstração da posição financeira, e a lista acima apenas destaca os itens que são suficientemente diferentes em sua natureza ou sua função para determinar a apresentação em linha separada. Assim, a empresa deverá incluir outros itens que, pelo tamanho, natureza ou função, de forma individual ou agregada com outros itens, são relevantes a ponto de determinar a apresentação em linha separada na demonstração. Por outro lado, a natureza e as transações da entidade (por exemplo, uma instituição financeira) também podem determinar alterações nas descrições usadas, na ordem de apresentação e na agregação de itens similares.

As entidades deverão apresentar linhas, títulos e subtotais adicionais quando tal apresentação é relevante para a compreensão da posição financeira da entidade.

Ativos e passivos correntes e não correntes deverão ser apresentados separadamente na demonstração da posição financeira, a menos que a apresentação por ordem de liquidez forneça informação mais relevante e confiável. Nesse caso, todos os ativos e passivos deverão ser apresentados por ordem de liquidez.

Independentemente do método adotado pela entidade, ela deverá divulgar os valores que serão recebidos ou pagos no prazo de 12 meses e após 12 meses da data das demonstrações contábeis.

Ativos correntes são aqueles que provavelmente serão realizados, vendidos ou consumidos dentro do ciclo operacional normal da entidade ou no prazo de 12 meses após a data das demonstrações, ou mantidos com o objetivo de negociação, ou são caixa ou equivalentes a caixa. Todos os outros ativos são classificados como não correntes.

Passivos correntes são aqueles que provavelmente serão quitados dentro do ciclo operacional normal da entidade ou no prazo de 12 meses após a data das demonstrações, ou mantidos com o objetivo de negociação ou cuja entidade não possui o direito incondicional de diferir o pagamento para o longo prazo. Todos os demais passivos são classificados como não correntes.

A entidade também deverá divulgar subclassificações de itens ou na demonstração da posição financeira ou nas notas explicativas. Tais divulgações incluem:

- o número de ações autorizadas, emitidas e totalmente pagas e emitidas e não totalmente pagas;
- o valor nominal das ações ou o motivo de não terem valor nominal;
- uma reconciliação das ações em circulação no início e final do período;
- os direitos, preferências e restrições para cada classe de ações;
- as ações em tesouraria, incluindo as mantidas por coligadas ou controladas;
- as ações reservadas para emissão sob opções e contratos; e
- uma descrição da natureza e objetivo de cada reserva dentro do patrimônio líquido.

Informações equivalentes deverão ser divulgadas pelas entidades com capital constituído por outras formas que não por ações.

Se a entidade reclassificar, entre o passivo e o patrimônio líquido, instrumentos financeiros resgatáveis ou aqueles que impõem a obrigação de entrega de parte do patrimônio líquido somente na liquidação da entidade, ambos classificados como instrumentos patrimoniais, ela deverá divulgar os valores reclassificados e de cada categoria, bem como o momento e o motivo da reclassificação.

2.6.3 Demonstração do Resultado Abrangente e Demonstração do Resultado do Exercício

A entidade deverá divulgar todas as receitas e despesas reconhecidas no período, alternativamente:

- em uma única demonstração denominada de "Demonstração de Resultado Abrangente", que compreende a "Demonstração do Resultado do Período", e após o Lucro (Prejuízo) Líquido do Período são apresentados os "Outros Resultados Abrangentes", finalizando com o "Resultado Abrangente Total"; ou
- em duas demonstrações: uma "Demonstração de Resultado do Período" e uma segunda, denominada "Demonstração de Resultado Abrangente", sendo que esta se inicia com o Lucro (Prejuízo) Líquido do Período, acrescentam-se os "Outros Resultados Abrangentes" e finaliza-se com o "Resultado Abrangente Total".

A Demonstração do Resultado Abrangente deverá compreender os valores dos seguintes itens divulgados por linha:

a) receita;
b) custos financeiros;
c) parcela dos resultados de coligadas e *joint ventures* contabilizada pelo método de equivalência patrimonial;
d) um montante único compreendendo o resultado após impostos de operações descontinuadas e o resultado após impostos sobre a mensuração ao valor justo líquido dos custos de vendas ou sobre a baixa de ativos de operações descontinuadas;
e) lucro ou prejuízo do período;
f) cada componente dos outros resultados abrangentes;
g) parcela dos outros resultados abrangentes de coligadas e *joint ventures* contabilizada pelo método de equivalência patrimonial; e
h) resultado abrangente total.

Adicionalmente, independentemente de a entidade optar por uma única demonstração ou por duas demonstrações separadas, ela deverá divulgar:

a) o resultado do período atribuível aos acionistas não controladores e aos acionistas controladores; e
b) o resultado abrangente total atribuível aos acionistas não controladores e aos acionistas controladores.

As entidades deverão apresentar linhas, títulos e subtotais adicionais quando tal apresentação é relevante para a compreensão do desempenho da entidade.

Nenhuma receita ou despesa deverá ser apresentada como item extraordinário nem na demonstração de resultado abrangente, nem na demonstração do resultado do período separada nem nas notas explicativas.

Na demonstração do resultado abrangente ou nas notas, a entidade deverá divulgar o valor do efeito tributário sobre cada componente dos outros resultados abrangentes, incluindo os ajustes de reclassificação. Esses ajustes de reclassificação referem-se aos valores transferidos para o lucro ou prejuízo do período que estavam classificados em outros resultados abrangentes, no período corrente ou anterior.

A entidade deve divulgar separadamente, na demonstração de resultado abrangente ou nas notas explicativas, a natureza e o valor dos itens de receitas e despesas que são materiais. Algumas circunstâncias que dão origem a essa divulgação separada incluem:

- ajustes dos estoques ao seu valor realizável líquido ou dos itens do imobilizado ao seu valor recuperável, bem como as respectivas reversões;
- reestruturações de atividades e as reversões de qualquer provisão para tal fim;
- baixa de itens do imobilizado e de investimentos;
- operações descontinuadas;
- liquidação de um litígio; e
- outras reversões de provisões.

As despesas deverão ser apresentadas segregadas de acordo com sua natureza ou com sua função na entidade, dependendo, nesta escolha, da informação que seja confiável e mais relevante. Contudo, a entidade que classificar as despesas por função deverá divulgar informação adicional sobre a natureza das despesas, incluindo as despesas de depreciação, amortização e de benefícios de empregados.

Um exemplo de classificação conforme a natureza das despesas é como segue:

Receitas		X
Outras receitas		X
Variação nos estoques de produtos acabados e em elaboração	X	
Matéria-prima e materiais consumidos	X	
Despesa de benefícios de empregados	X	
Despesa de depreciação e amortização	X	
Outras despesas	X	
Total de despesas		(X)
Resultado antes dos impostos		X

O método de classificação das despesas por função pode oferecer informação mais relevante aos usuários do que o de acordo com a natureza das despesas, mas pode exigir alocações arbitrárias e envolver julgamentos consideráveis. Um exemplo de classificação segundo a função das despesas é como segue:

Receitas	X
Custo das mercadorias vendidas	(X)
Lucro Bruto	X
Outras receitas	(X)
Custos de distribuição	(X)
Despesas administrativas	(X)
Outras despesas	(X)
Total de despesas	(X)
Resultado antes dos impostos	X

2.6.4 Demonstração das mutações do patrimônio líquido

Na demonstração das mutações do patrimônio deverá ser apresentado:

a) o resultado abrangente total do período, mostrando separadamente o montante atribuído aos acionistas controladores e aos acionistas não controladores;

b) para cada componente do patrimônio líquido, os efeitos das mudanças de políticas contábeis e de correções de erros, conforme a IAS 8; e

c) uma reconciliação entre os valores do início e final do período para cada componente do patrimônio líquido.

Adicionalmente, deverá ser divulgado ou na demonstração do patrimônio líquido ou nas notas explicativas o valor dos dividendos reconhecidos e o valor de tais dividendos por ação.

2.6.5 Demonstração dos fluxos de caixa

A informação sobre os fluxos de caixa da entidade permite aos usuários avaliar a capacidade da empresa em gerar caixa e seus equivalentes e as necessidades para utilizar esses fluxos de caixa. As orientações detalhadas da Demonstração dos Fluxos de Caixa são tratadas pela IAS 7.[1]

2.6.6 Notas explicativas

Nas notas explicativas deverá ser divulgada a base de preparação das demonstrações contábeis, as políticas contábeis significantes, informações exigidas pelas IFRS mas não divulgadas nas demonstrações e informações adicionais não apresentadas nas demonstrações contábeis mas que são relevantes para a sua compreensão. As notas deverão ser apresentadas de maneira sistemática e cada item das demonstrações contábeis deve apresentar referência cruzada com a informação relacionada nas notas.

2.6.7 Políticas contábeis

O sumário das políticas contábeis relevantes divulgado nas notas explicativas deverá incluir a base (ou bases) de mensuração adotadas para a preparação das demonstrações contábeis e outras políticas contábeis que sejam relevantes para compreensão daquelas demonstrações. A entidade também deverá divulgar, no referido sumário ou em outras notas explicativas, os julgamentos relevantes feitos pela administração, na aplicação das políticas contábeis.

2.6.8 Fontes das incertezas nas estimativas

As notas explicativas deverão conter as principais suposições feitas pela entidade sobre o futuro e as outras principais fontes de incerteza na realização de estimativas no final do período contábil que tenham riscos significativos de resultar em ajustes materiais, nos valores de ativos e passivos. Com relação a esses ativos e passivos, as notas deverão incluir detalhes sobre sua natureza e seus valores contábeis.

2.6.9 Divulgações sobre capital

Uma das alterações introduzidas na revisão da IAS 1 diz respeito às divulgações sobre o capital. Entretanto, o termo *capital* não é definido pela Norma, o que pode gerar divergências com relação ao que cada empresa divulga sobre o tema.

---

[1] Para mais detalhes sobre a DFC, ver Capítulo 4 do livro Contabilidade Internacional: aplicação das IFRS 2005, de L. Nelson Carvalho, Sirlei Lemes e Fábio Morais da Costa, publicado pela Editora Atlas.

A IAS 1 determina que deverão ser divulgadas as informações que permitam aos usuários das demonstrações contábeis avaliarem os objetivos, políticas e processos de gestão do capital pela entidade. Para cumprir com essa exigência a entidade deverá divulgar:

- a informação qualitativa sobre a gestão do capital (objetivo, políticas e processos), se este está sujeito a restrições externas e como ela atinge seus objetivos na gestão do capital;
- os dados quantitativos sobre o que ela considera como capital;
- se ela cumpriu com qualquer requisito externamente imposto sobre o capital e, se ela não cumpriu com tal requisito, as consequências desse não cumprimento.

2.6.10 Instrumentos financeiros resgatáveis classificados como patrimônio líquido

Com relação aos instrumentos financeiros resgatáveis classificados como instrumentos patrimoniais, se não divulgado em outro local das demonstrações contábeis, a entidade deverá divulgar:

a) um sumário com os dados quantitativos sobre seus valores;
b) seus objetivos, políticas e processos da gestão da obrigação de recompra ou resgate; e
c) a saída de recursos esperada para a recompra ou resgate e a informação sobre como essa saída foi determinada.

2.6.11 Outras evidenciações

Deverão ser divulgados nas notas explicativas:

a) o valor dos dividendos propostos antes da data de autorização das demonstrações contábeis (para mais detalhes, vide Capítulo 5), mas não reconhecido como distribuição aos proprietários durante o período, e o valor por ação relacionado; e
b) o valor de qualquer dividendo preferencial cumulativo não reconhecido.

Se não apresentado em outro local das informações publicadas com as demonstrações contábeis, a entidade também deverá divulgar: o domicílio e forma jurídica, seu país de registro e o endereço da sede (ou o endereço principal dos negócios, se diferente do endereço da sede); uma descrição da natureza das operações da entidade e de suas principais atividades; o nome da controladora e a controladora final do grupo; e, se a entidade foi constituída por tempo limitado, informação sobre esse período.

2.7 Demonstrações contábeis publicadas

2.7.1 British American Tobacco p.l.c.

Balanço Patrimonial de dezembro de 2008
(Demonstração da Posição Financeira)

	2008 £m	2007 £m Restabelecido
ATIVO		
Ativo não Corrente		
Ativo intangível	12.318	8.105
Imobilizado	3.076	2.378
Investimentos em coligadas e *joint ventures*	2.552	2.316
Benefícios de empregados	75	37
Impostos Diferidos	392	264
Clientes e outras contas a receber	193	123
Investimentos disponíveis para venda	27	22
Instrumentos financeiros derivativos	176	153
Total do ativo não Corrente	**18.809**	**13.398**
Ativo Corrente		
Estoques	3.177	1.985
Imposto de renda a recuperar	137	85
Clientes e outras contas a receber	2.395	1.845
Investimentos disponíveis para venda	79	75
Instrumentos financeiros derivativos	420	82
Caixa e equivalentes a caixa	2.309	1.258
	8.517	5.330
Ativos classificados como mantidos para venda	225	36
Total do Ativo Corrente	**8.742**	**5.366**
TOTAL DO ATIVO	**27.551**	**18.764**

	2008 £m	2007 £m

	2008 £m	2007 £m Restabelecido
PATRIMÔNIO LÍQUIDO		
Capital e reservas		
Capital em ações	506	506
Reservas de prêmio de ações, resgate de capital e de incorporação	3,905	3,902
Outras reservas	955	658
Lucros Acumulados	1,578	1,805
Fundos dos acionistas	6,944	6,871
Ações em tesouraria	(745)	(296)
Acionistas minoritários	271	218
TOTAL DO PATRIMÔNIO LÍQUIDO	**7,215**	**7,089**
PASSIVO		
Passivo não Corrente		
Empréstimos	9,437	6,062
Benefícios de empregados	848	360
Impostos diferidos	599	336
Outras provisões para obrigações e encargos	186	165
Fornecedores e outras contas a pagar	166	149
Instrumentos financeiros derivativos	199	49
Total do Passivo não Corrente	**11,435**	**7,121**
Passivo Corrente		
Empréstimos	2,724	861
Imposto de renda a pagar	300	227
Outras provisões para obrigações e encargos	295	263
Fornecedores e outras contas a pagar	4,718	2,976
Instrumentos financeiros derivativos	864	225
	8,901	4,552
Obrigações diretamente associadas com ativos classificados como mantidos para venda		2
Total do Passivo Corrente	**8,901**	**4,554**
TOTAL DO PATRIMÔNIO LÍQUIDO E PASSIVO	**27,551**	**18,764**

2.7.2 MorphoSys Group

a) Ilustração da Demonstração do Resultado Abrangente em duas demonstrações com a classificação das despesas por função na Demonstração do Resultado do Período

Demonstração do Resultado do Exercício (Intermediária) – Não auditada

	Três meses finalizados em 30/9/2009 €	Três meses finalizados em 30/9/2008 €	Nove meses finalizados em 30/9/2009 €	Nove meses finalizados em 30/9/2008 €
Receita	19,708,225	20,002,476	57,585,938	53,258,282
Despesas Operacionais				
Custo das Mercadorias Vendidas	1,737,379	1,706,263	5,057,271	5,232,897
Pesquisa e Desenvolvimento	9,532,870	6,792,959	27,487,848	18,322,615
Vendas, Gerais e Administrativas	5,723,055	4,392,914	15,714,291	14,602,572
Total de Despesas Operacionais	16,993,304	12,892,136	48,259,410	38,158,084
Lucro das Operações	2,714,921	7,110,340	9,326,528	15,100,198
Receitas Financeiras	736,366	669,438	1,874,561	2,002,316
Despesas Financeiras	1,683	1,617	6,271	4,851
Outras Receitas	10,245	68,637	203,589	351,959
Outras Despesas	385,584	490,837	622,812	1,002,003
Lucro antes dos Impostos	3,074,265	7,355,961	10,775,595	16,447,619
Imposto de Renda	462,940	1,886,962	3,120,279	4,677,222
Lucro Líquido	2,611,325	5,468,999	7,655,316	11,770,397
Lucro Líquido por Ação Básico	0.12	0.25	0.34	0.53
Lucro Líquido por Ação Diluído	0.12	0.24	0.34	0.53
Ações usadas no cálculo do Lucro Líquido por Ação Básico	22,471,053	22,261,362	22,431,195	22,174,437
Ações usadas no cálculo do Lucro Líquido por Ação Diluído	22,591,518	22,398,351	22,508,245	22,298,088

Demonstração do Lucro Abrangente (Intermediária) – Não auditada

	Três meses finalizados em 30/9/2009 €	Três meses finalizados em 30/9/2008 €	Nove meses finalizados em 30/9/2009 €	Nove meses finalizados em 30/9/2008 €
Lucro Líquido	2,611,325	5,468,999	7,655,316	11,770,397
Ajuste nos Ganhos e Perdas não Realizados dos Títulos Disponíveis para Venda	(564,568)	699,693	(1,070,152)	1,679,251
(Reclassificações dos Ganhos e Perdas não Realizados para Resultados)	(661,577)	(102,111)	(1,585,955)	(665,515)
Impostos Diferidos	148,651	(184,229)	281,771	(442,147)
Ajuste nos Ganhos e Perdas não Realizados, líquidos dos Impostos	(415,917)	515,464	(788,381)	1,237,104
Efeitos do Reconhecimento dos Impostos Diferidos relacionados ao Patrimônio Líquido	8,494	(171)	(4,522)	10,309
Ganhos/(Perdas) com Variação Cambial da Consolidação	(536,195)	(2,346)	385,883	(705,862)
Lucro Abrangente	1,667,707	5,981,946	7,248,296	12,311,948

d) Demonstração das Mutações do Patrimônio Líquido – Não auditada

	Ações €	Ações ordinárias €	Ações €	Ações em Tesouraria €	Capital Integralizado €	Reserva de Reavaliação €	Reserva de Tradução €	Prejuízo Acumulado €	Total de participação dos acionistas €
Saldo em 1º de Janeiro de 2008	22,160,259	22,160,259	80,196	(9,811)	155,376,343	2,241,328	(382,418)	(33,848,252)	145,537,449
Remuneração relacionada a Opções e Títulos Conversíveis	0	0	0	0	816,496	0	0	0	816,496
Exercício de Opções e Títulos Conversíveis emitidos a Partes Relacionadas, líquidos dos custos de emissão de € 15,500	245,049	245,049	(300)	37	1,346,569	0	0	0	1,591,655
Reservas:									
Ajustes nos Ganhos não Realizados de Títulos Disponíveis para a Venda, líquidos de Impostos Diferidos	0	0	0	0	0	1,237,104	0	0	1,237,104
Efeitos do Reconhecimento dos Impostos Diferidos relacionados ao Patrimônio Líquido	0	0	0	0	0	10,309	0	0	10,309
Perda com Variação Cambial da Consolidação	0	0	0	0	0	0	(705,862)	0	(705,862)
Lucro Líquido do Período	0	0	0	0	0	0	0	11,770,397	11,770,397
Lucro Abrangente	0	0	0	0	0	1,247,413	(705,862)	11,770,397	12,311,948
Saldo em 30 de Setembro de 2008	22,405,308	22,405,308	79,896	(9,774)	157,539,408	3,488,741	(1,088,280)	(22,077,855)	160,257,548
Saldo em 1º de Janeiro de 2009	22,478,787	22,478,787	79,896	(9,774)	158,523,363	4,163,972	(2,474,261)	(20,694,899)	161,987,188

	Ações ordinárias €	Ações €	Ações em Tesouraria €	Capital Integralizado €	Reserva de Reavaliação €	Reserva de Tradução €	Prejuízo Acumulado €	Total de participação dos acionistas €
Ações								
Remuneração relacionada a Opções e Títulos Conversíveis	0	0	0	1,340,736	0	0	0	1,340,736
Exercício de Opções e Títulos Conversíveis emitidos a Partes Relacionadas	125,670	125,670	0	834,416	0	0	0	960,086
Reservas:								
Ajustes nos Ganhos não Realizados de Títulos Disponíveis para a Venda, líquidos de Impostos Diferidos	0	0	0	0	(788,381)	0	0	(788,381)
Efeitos do Reconhecimento dos Impostos Diferidos relacionados ao Patrimônio Líquido	0	0	0	0	(4,522)	0	0	(4,522)
Ganho com Variação Cambial da Consolidação	0	0	0	0	0	385,883	0	385,883
Lucro Líquido do Período	0	0	0	0	0	0	7,655,316	7,655,316
Lucro Abrangente	0	0	0	0	(792,903)	385,883	7,655,316	7,248,296
Saldo em 30 de Setembro de 2009	22,604,457	22,604,457	79,896	(9,774)	160,698,515	3,371,069	(2,088,378)	(13,039,583)	171,536,306

2.7.3 Gerdau S. A.

Demonstrações consolidadas dos fluxos de caixa
(Valores expressos em milhares de reais)

Fluxo de Caixa da Atividade Operacional	2008	2007*
Lucro líquido do exercício	4.944.898	4.302.966
Ajustes para reconciliar o lucro líquido ao fluxo de caixa das atividades operacionais:		
Depreciação e amortização	1.896.076	1.317.156
Equivalência Patrimonial	(122.808)	(118.399)
Variação Cambial	1.035.576	(723.289)
Perdas (Ganhos) com derivativos, líquido	62.396	(1.170)
Benefícios pós-emprego	130.976	(145.929)
Remuneração baseada em ações	7.545	5.707
Imposto de renda e contribuição social	948.216	952.327
Perda na alienação de imobilizado e investimento	72.782	87.069
Provisão para perda em aplicações financeiras disponíveis para venda	140.166	15.727
Provisão de créditos de liquidação duvidosa	25.613	15.116
(Reversão) Provisão para passivos tributários, cíveis e trabalhistas	(13.120)	178.381
Distribuição de *joint ventures*	68.095	109.959
Receita de juros de aplicações financeiras	(244.501)	(662.944)
Despesa de juros sobre dívidas financeiras	1.151.253	750.033
Provisão para obsolecência e ajuste ao valor de mercado	256.457	(584)
	10.359.620	6.082.126
Variação de ativos e passivos		
Redução (aumento) das contas a receber	1.065.076	(482.616)
Aumento de estoques	(2.489.882)	(777.140)
Redução (aumento) de contas a pagar	(2.215.810)	455.987

Fluxo de Caixa da Atividade Operacional	2008	2007*
Aumento de outros ativos	(427.162)	(456.834)
Aumento de outros passivos	197.636	278.541
Aplicações financeiras de títulos para negociação e disponíveis para venda	(7.224.221)	(4.191.788)
Resgate de aplicações financeiras de títulos para negociação e disponíveis para venda	7.178.198	6.864.285
Caixa líquido gerado pelas atividades operacionais	**6.443.455**	**7.772.561**
Pagamento de juros de empréstimos e financiamentos	(970.986)	(711.518)
Pagamento de imposto de renda e contribuição social	(1.895.419)	(696.728)
Caixa líquido gerado pelas atividades operacionais	**3.577.050**	**6.364.315**
Fluxo de caixa das atividades de investimento		
Adições de imobilizado e intangível	(2.741.048)	(2.757.093)
Pagamentos na aquisição de empresas	(4.076.171)	(8.525.731)
Juros recebidos sobre aplicações financeiras	314.868	191.561
Caixa líquido aplicado nas atividades de investimento	**(6.502.351)**	**(11.091.263)**
Fluxo de caixa das atividades de financiamentos		
Aumento de capital/ações em tesouraria	2.834.799	907.324
Dividendos e juros sobre o capital próprio pagos	(1.649.936)	(1.199.424)
Financiamentos obtidos	5.117.617	11.693.389
Pagamentos de financiamentos	(4.967.812)	(5.622.460)
Financiamentos com empresas ligadas, líquido	1.265.290	291.440
Caixa líquido gerado pelas atividades de financiamentos	**2.599.958**	**6.070.269**
Efeito de variação cambial sobre o caixa e equivalentes de caixa	325.856	(387.749)
Aumento do caixa e equivalentes de caixa	513	955.572
Caixa e equivalentes de caixa no início do exercício	2.026.096	1.070.524
Caixa e equivalentes de caixa no final do exercício	**2.026.609**	**2.026.096**

* Valores comparativos de 2007 foram alterados pela aplicação da adoção do parágrafo 93A do IAS 19, conforme nota 2.19b.

2.8 Testes de múltipla escolha

1. Qual das seguintes divulgações **não** é exigida pela IAS 1?
    (a) objetivo, políticas e processos para a administração do capital;
    (b) reconciliação das ações em circulação no início e final do período;
    (c) nome e endereço dos principais acionistas;
    (d) moeda de apresentação do relatórios e o arredondamento adotado;
    (e) capital social e reservas atribuíveis aos acionistas controladores.

2. Se a empresa optar pela demonstração de resultado com as despesas segregadas por função, todas as seguintes informações deverão ser adicionalmente divulgadas, **exceto**:
    (a) despesa de depreciação;
    (b) despesa com benefícios de empregados;
    (c) natureza da despesa;
    (d) despesa de amortização;
    (e) despesa com pró-labore.

3. Todos os itens a seguir devem ser apresentados como informação mínima na demonstração da posição financeira, **exceto**:
    (a) investimentos avaliados pelo método de equivalência patrimonial;
    (b) contingências passivas;
    (c) ativos financeiros;
    (d) impostos diferidos;
    (e) fornecedores e clientes.

4. Com relação às orientações gerais sobre as demonstrações contábeis é correto afirmar que a entidade:
    (a) deve fazer uma declaração explícita e sem restrições quanto ao cumprimento das IFRS;
    (b) deve usar o mesmo nome para as demonstrações contábeis, conforme indicado na IAS 1;
    (c) está obrigada a fazer todas as divulgações exigidas, mesmo que imateriais;
    (d) é requerida a apresentar as demonstrações contábeis no mínimo a cada dois anos;
    (e) não pode apresentar o valor líquido de clientes com a respectiva provisão para devedores duvidosos.

5. Qual dos seguintes itens não compõe, obrigatoriamente, o conjunto completo das demonstrações contábeis de acordo com a IAS 1:

    (a) demonstração da posição financeira;

    (b) demonstração do valor adicionado;

    (c) demonstração dos fluxos de caixa;

    (d) demonstração do resultado abrangente;

    (e) notas explicativas.

6. A Cia. ABC S. A. é uma fabricante de aparelhos de televisão. O mercado doméstico para aparelhos eletrônicos não está indo muito bem atualmente e, consequentemente, muitas empresas estão optando pela exportação. Além disso, a Cia. ABC teve um prejuízo de $ 5 milhões no último ano. Nessa mesma data, seus ativos correntes somam $ 30 milhões e seus passivos correntes totalizam $ 40 milhões. Com base na análise das mudanças favoráveis na conjuntura econômica para o setor, a companhia projeta lucros para os anos seguintes. Adicionalmente, a empresa tem conseguido empréstimos para seus planos de expansão e para capital de giro para os próximos 12 meses. Atendendo às orientações da IAS 1, a entidade deverá:

    (a) fazer uma declaração explícita sobre o não cumprimento do pressuposto da continuidade, pois ela não tem nenhuma alternativa realística para continuar com suas atividades;

    (b) além de divulgar que as demonstrações contábeis não foram preparadas sob o pressuposto da continuidade, também informar a base em que as demonstrações foram elaboradas;

    (c) contratar um perito em avaliação de empresas para emitir um laudo a ser submetido aos auditores;

    (d) não divulgar que ela opera em descontinuidade, pois a administração tem argumentos para defender que o pressuposto da continuidade está mantido com base na capacidade da entidade de obter empréstimo e na projeção de lucros futuros;

    (e) obter uma declaração das instituições financeiras que a estão financiando sobre as possibilidades de recuperação financeira da entidade.

3

Estoques (IAS 2)

3.1 Introdução

A IAS 2 – Estoques – foi emitida pelo IASC em 1993 em substituição à IAS 2 – Avaliação e Apresentação de Estoques no Contexto do Sistema de Custo Histórico –, originalmente aprovada em 1975. Ajustes limitados foram realizados em 1999 e 2000. Em 2003, o IASB emitiu uma IAS 2 revisada e, em novembro de 2006, foram incorporadas as correções resultantes da aprovação da IFRS 8 – Segmentos Operacionais. A principal questão tratada pela IAS 2 diz respeito aos custos a serem reconhecidos nos estoques. Além da definição desses custos, a norma apresenta orientações sobre as técnicas de mensuração e as fórmulas dos custos,[1] bem como as despesas reconhecidas em relação aos estoques.

3.2 Escopo

A IAS 2 se aplica a todos os estoques, **exceto**:

- às obras em andamento originárias de contratos de construção, incluindo os contratos de serviço relacionados (objeto da IAS 11 – Contratos de Construção);

---

[1] As nomenclaturas aqui adotadas (técnicas, fórmulas, métodos etc.) seguirão aquelas adotadas pelo IASB, sem discutir se são as mais adequadas.

- aos instrumentos financeiros (objeto das IAS 32 – Instrumentos Financeiros: Apresentação e IAS 39 – Instrumentos Financeiros: Reconhecimento e Mensuração); e
- aos ativos biológicos relacionados à atividade agrícola e aos produtos agrícolas no ponto de colheita (objeto da IAS 41 – Agricultura).

A Norma também não se aplica à **mensuração** de estoques mantidos por:

a) produtores de produtos agrícolas e florestais, produtos agrícolas **após** a colheita e exploradores de recursos minerais;
b) negociadores de *commodities*.

Os estoques das atividades supracitadas, em certos estágios de produção, devem ser mensurados ao valor realizável líquido e as alterações desses valores são reconhecidas no resultado do próprio período da alteração. Esse é o caso, por exemplo, quando determinada safra agrícola é colhida ou certos minerais são extraídos e a venda futura de tais produtos é assegurada por um contrato ou por uma garantia governamental, ou ainda quando um mercado agrícola existe e os riscos de a venda não se realizar são desprezíveis.

> Observe que nesse caso, os itens (a) e (b) acima são excluídos das orientações da IAS 2 somente no que se refere a mensuração, sendo, portanto, válidas todas as demais orientações para tratamento dos estoques das mencionadas atividades. Assim, os métodos de mensuração para os estoques determinados na IAS 2 (menor entre custo e valor realizável líquido) não se aplicam aos dois itens supracitados.

3.3 Definições de termos-chave

Estoques são ativos:

- mantidos para venda no curso normal dos negócios da empresa;
- em processo de produção para venda;
- na forma de materiais ou suprimentos a serem consumidos no processo de produção ou na prestação de serviços.

Valor justo: é o valor pelo qual um ativo pode ser negociado ou um passivo quitado entre especialistas dispostos a negociar numa transação sem favorecimentos.

Valor realizável líquido: é o preço de venda estimado no curso normal dos negócios menos os custos projetados para finalizar o produto e realizar a venda.

> O valor realizável e o valor justo podem ser montantes diferentes. O primeiro refere-se a um valor específico da entidade, enquanto o segundo não o é.

3.4 Mensuração dos estoques

Como regra geral, os estoques devem ser mensurados ao menor entre os custos e o valor realizável líquido. Excluem-se dessa regra os produtos agrícolas, os quais, conforme a IAS 41, devem ser mensurados ao valor justo no momento da colheita menos os custos de venda esperados.[2] Os ganhos ou perdas originados dos ajustes ao valor justo são incluídos no resultado do período e o uso do valor justo é interrompido logo após a colheita.

3.5 Custos de estoques

Os custos dos estoques compreendem:

a) custos de aquisição;
b) custos de produção;
c) outros custos.

Os **custos de aquisição** incluem, além do preço da compra, os impostos de importação e outros tributos não recuperáveis, os custos de transportes e manuseio e outros custos diretamente relacionados com a aquisição de mercadorias, materiais e serviços. Descontos comerciais, abatimentos e outros itens similares são deduzidos do custo de aquisição.

Os **custos de produção** incluem os custos de mão de obra, variáveis e os fixos alocados numa base sistemática. A alocação dos custos fixos (por exemplo, os gastos de depreciação e manutenção de prédios e equipamentos) é feita com base na capacidade normal de produção das instalações. Capacidade normal é a produção esperada, em média, ao longo de alguns anos ou estações sob circunstâncias normais, levando-se em conta a perda da capacidade resultante de manuten-

---

[2] Observe que o valor justo é adotado somente no momento da colheita dos produtos agrícolas. Mensurações posteriores de tais estoques são pelo valor realizável líquido, conforme mencionado no escopo da Norma (seção 3.2 deste capítulo).

ções planejadas. Assim, a alocação dos custos fixos a cada unidade de produção não poderá ser afetada por alterações no volume produzido como consequência de reduções da produção, de capacidade ociosa e de períodos anormais de alta produção. Os gastos que não podem ser razoavelmente alocados aos custos de produção devem ser reconhecidos como despesa no período de sua ocorrência. No caso de produção conjunta gerando coprodutos ou subprodutos, a alocação dos custos fixos deve acontecer numa base racional e consistente considerando, por exemplo, as vendas relativas de cada produto ou o estágio do processo produtivo, quando os produtos tornarem-se identificáveis separadamente. Os subprodutos imateriais devem ser mensurados ao seu valor realizável líquido e esse valor deduzido dos custos do produto principal.

Outros custos, que não os de aquisição ou produção, só podem compor o valor dos estoques se forem incorridos para trazer os estoques para sua condição e localização presentes. Um exemplo desses custos são aqueles relacionados ao projeto de um produto para um cliente específico.

Os **custos excluídos** dos estoques e tratados como despesas do período são:

a) os valores anormais referentes a perdas de material, mão de obra e outros custos de produção;

b) os gastos de estocagem, a menos que eles sejam essenciais ao processo de produção;

c) os gastos administrativos que não contribuem para trazer os estoques para sua condição e localização presentes;

d) as despesas de venda.

Os custos dos empréstimos (juros e outros encargos financeiros e cambiais), de acordo com a IAS 23 – Custos de Empréstimos –, comporão o valor dos estoques somente nos limitados casos em que estes requeiram um longo período de tempo de produção. Os custos dos empréstimos não serão capitalizados (ativados) nos casos em que os estoques são produzidos de forma rotineira ou em larga escala, repetidamente e durante um curto período de tempo. De forma similar, os encargos financeiros resultantes de aquisição a prazo de estoques para revenda são contabilizados como despesa ao longo do período do financiamento.

Os estoques das empresas prestadoras de serviços são mensurados ao custo de sua produção. Esses custos encampam os custos de mão de obra e de pessoal diretamente relacionados com o fornecimento do serviço, incluindo pessoal de supervisão e gastos gerais atribuíveis. Gastos relacionados com a venda, bem como os gastos com o pessoal administrativo, são tratados como despesa. A margem de lucro e os gastos gerais não atribuíveis ao serviço, que frequentemente são faturados ao cliente, também são contabilizados como despesa.

3.6 Técnicas de mensuração dos custos

O custo dos estoques pode, por conveniência, ser mensurado pelo método de custo-padrão ou pelo método de varejo (*retail método*) se os resultados se aproximarem do custo real. O custo-padrão leva em conta os níveis normais de materiais, suprimentos, mão de obra, eficiência e capacidade de utilização. O método de varejo é usado, frequentemente, para mensurar estoques de itens numerosos, de giro rápido, que possuem margens similares e para os quais é impraticável usar outros métodos de custo. O custo do estoque, por esse método, é apurado reduzindo do preço de venda uma porcentagem de margem bruta.

3.7 Fórmulas de custos

Os custos de estoques de produtos ou serviços produzidos e segregados para projetos específicos e aqueles que não são rotineiramente negociáveis devem ser apurados usando o preço específico dos seus custos individuais. Nos demais casos, os estoques devem ser baixados usando a fórmula de custo PEPS (primeiro-que-entra-primeiro-que-sai) ou média ponderada. A empresa pode adotar, simultaneamente, as duas fórmulas se as diferenças de natureza ou de uso dos estoques justificarem. É o caso, por exemplo, de um mesmo tipo de estoque que tem usos diferentes em dois segmentos operacionais distintos da empresa. Contudo, diferentes localizações geográficas ou regras fiscais distintas não justificam, por si só, a adoção de diferentes fórmulas de custo. O uso da fórmula de custo UEPS (último-que-entra-primeiro-que-sai) é proibido.

3.8 Valor realizável líquido

Os estoques, quando considerados não recuperáveis, devem ser baixados ao seu valor realizável líquido. Eles tornam-se irrecuperáveis por várias razões, como, por exemplo, por avarias, obsoletismo, declínio do preço de venda e elevação excessiva dos custos de finalização ou de venda do produto. Esse procedimento é consistente com o conceito de que os ativos não podem ser registrados por montantes maiores que o valor esperado de realização pela venda ou uso.

O ajuste ao valor realizável líquido deve ser feito item por item, ou, se apropriado, por itens relacionados ou similares. Para as empresas prestadoras de serviço, cada serviço pode ser tratado como um item distinto.

A estimativa do valor realizável líquido é baseada na evidência mais confiável, disponível no momento da avaliação do valor provável de realização dos estoques. Nessas estimativas devem ser levadas em consideração as flutuações de preços ou custos diretamente relacionados a eventos após o final do período, bem como o objetivo pelo qual o estoque é mantido. Por exemplo, o valor realizável líquido de determinado estoque mantido para cumprir com um contrato de venda ou de prestação de serviços pode ser baseado no valor do contrato.

Estoques de materiais e de outros suprimentos mantidos para uso na produção não precisam ser reduzidos ao valor realizável líquido se existirem expectativas de que o produto final ao qual eles serão incorporados atingirá valores maiores ou iguais aos custos de produção. Contudo, indícios de que o custo do produto acabado também excederá o valor realizável líquido determinarão que os materiais sejam reduzidos aos seus valores realizáveis líquidos e, para esse caso, os custos de reposição são boas estimativas desses valores.

A cada período contábil o valor realizável deve ser revisto. A reversão da baixa de período anterior pode ocorrer em função das mudanças nas circunstâncias que resultaram naquela baixa ou por evidências claras do aumento do valor realizável líquido. O valor contábil, após a reversão, é o menor entre o custo anterior à baixa e o novo valor realizável líquido.

3.9 Reconhecimento de despesas

O valor contábil do estoque vendido deve ser reconhecido como despesa quando a venda é reconhecida. Adicionalmente, a redução ao valor realizável líquido e a perda nos estoques são reconhecidas como despesa. A reversão de baixas deve ser contabilizada como redução das despesas de estoques.

3.10 Evidenciação

As principais evidenciações exigidas quanto aos estoques dizem respeito a:

a) política contábil adotada, incluindo o método de custos;
b) valor total dos estoques, bem como as classificações adotadas pela empresa;
c) valor dos estoques registrados ao valor justo deduzido dos custos para vender;
d) valor de estoques reconhecidos como despesas, por venda, consumo ou baixa ao valor realizável líquido;
e) valor de reversão de baixa, bem como os motivos que levaram à reversão; e
f) valor de estoques dados em garantia de dívidas.

3.11 Notas de demonstrações contábeis publicadas

3.11.1 Louis Vuitton (relatório anual de 2008)

Inventários, exceto vinhos produzidos pelo grupo, são registrados pelo menor valor entre o custo (excluindo despesas de juros) e o valor realizável líquido; custos incluem o custo de produção (produtos acabados) ou preço de compra, mais custos incidentes (matérias-primas, mercadorias). Os vinhos produzidos pelo grupo, especialmente champanhe, são mensurados pelo valor de mercado de colheita aplicáveis, como se as uvas colhidas tivessem sido adquiridas de terceiros. Até a data da colheita, o valor das uvas é calculado proporcionalmente à rentabilidade estimada e ao valor de mercado. Os estoques são avaliados usando o custo médio ponderado ou método FIFO. Devido à duração do processo de envelhecimento exigido para o champanhe e o conhaque, o período de manutenção de investimento para esses estoques geralmente ultrapassa um ano. No entanto, de acordo com as práticas do setor, esses estoques são classificados como ativos correntes. Provisões para perdas por *impairment* são sobretudo reconhecidas para os negócios, exceto os da *Wines and Spirits*. Elas são geralmente necessárias devido à obsolescência do produto (data de vencimento, fim de temporada ou coleção etc.) ou à falta de perspectivas de vendas.

3.11.2 ArcelorMital (relatório anual de 2008)

O custo dos inventários reconhecidos como despesa no período foi de 43,455 e 42,433 em 2007 e 2008, respectivamente. O montante da baixa dos estoques ao valor realizável líquido, reconhecidos como despesa de vendas na demonstração de resultados, é de 483 e 3,049 em 2007 e 2008, respectivamente, e foi reduzido por 407 e 303 pela reversão de tais baixas em 2007 e 2008, respectivamente.

3.11.3 Royal Philips Electronics (relatório anual de 2008)

Os estoques são resumidos como segue:

	2007	2008
Matéria-prima e suprimentos	908	976
Produtos em elaboração	391	530
Produtos acabados	1,968	1,066
Pagamentos antecipados sobre prod. elaboração	(121)	(201)
	3,146	3,371

Os valores registrados acima são líquidos da provisão para a obsolescência. Em 31 de dezembro de 2008, o valor contábil dos estoques registrados ao valor justo menos os custos para vender é 257 milhões de Euros (2007: 190 milhões de Euros). Como discutido no âmbito das Políticas Contábeis Significativas, Reclassificação e Revisões, o saldo dos estoques anteriormente reportados em 31 de dezembro de 2007 foi ajustado para menos, em 57 milhões de Euros, para corrigir as eliminações de lucros intercompanhias.

3.11.4 Indústrias Romi S. A. (relatório anual de 2008)

	Controladora		Consolidado	
	31/12/2008	31/12/2007	31/12/2008	31/12/2007
Produtos acabados	70.808	41.517	100.209	55.014
Prod. em elaboração	91.099	71.404	95.574	71.404
Matéria-prima e componentes	84.066	65.273	97.306	65.273
Importações em andamento	7.556	1.606	7.739	1.606
Provisão p/ realização dos estoques	(15.484)	(10.253)	(15.484)	(10.253)
	238.045	169.547	285.344	183.044

A provisão para realização dos estoques refere-se a materiais e componentes de baixa movimentação com perspectivas remotas de realização por venda ou utilização.

3.12 Estudos de casos

Estudo de caso 1

Dados:

A Cia. Importacaro adquire carros de vários países e os revende no mercado nacional. No ano de 2006, a Importacaro incorreu nos seguintes itens:

(a) Custo de aquisição conforme Nota Fiscal dos vendedores.

(b) Garantias pós-venda.

(c) Salários do departamento financeiro.

(d) Taxas de importação.

(e) Descontos comerciais sobre o valor da compra.

(f) Fretes e seguros sobre a compra.

(g) Comissão de corretagem para intermediação das importações.

(h) Comissão de vendedores.

(i) Juros sobre empréstimos para aquisição dos carros para revenda.

Questão:

Aconselhe a Cia. Importacaro sobre quais dos itens acima poderão ser considerados no custo dos estoques de acordo com a IAS 2.

Estudo de caso 2

Dados:

A Cia. Estelar produz móveis de madeira sob encomenda. De uma mesma tora, a empresa fabrica o móvel encomendado e gera, como subproduto, serragem, sendo que esta dá origem a um compensado com valor comercial. Os móveis respondem, normalmente, por 80% do faturamento da empresa e o compensado, pelo restante. Para atender a um pedido de um cliente específico para fabricação de móveis de escritório, no ano de 2005, a Cia. Estelar incorreu nos seguintes gastos:

(a) $ 75.000,00 de toras de madeira.

(b) $ 12.000,00 de gastos de energia da fábrica (2 produtos).

(c) $ 6.000,00 de salário do pessoal da fábrica (2 produtos).

(d) $ 23.000,00 para acabamento dos móveis.

(e) $ 3.500,00 de fabricação dos compensados.

(f) $ 1.000,00 de frete da madeira adquirida.

(g) $ 2.000,00 de salários do pessoal da administração.

Em função da baixa qualidade da madeira adquirida, a empresa teve uma perda de 10% das toras, as quais não puderam ser aproveitadas nem para a fabricação dos móveis nem para a fabricação dos compensados.

Questão:

Ajude o gestor da empresa a identificar o custo dos móveis fabricados e dos compensados gerados para esse pedido, de acordo com a IAS 2.

Estudo de caso 3

Dados:

A Cia. Barcelona se dedica à revenda de computadores de uma marca bem conhecida. Ela iniciou suas atividades em 2006. Por orientação do seu contador, ela adota o método PEPS na avaliação de seus estoques. A seguir, listam-se as compras e vendas realizadas pela empresa durante o ano de 2006.

Compras:

Fevereiro: 10.000 unidades a $ 40,00

Abril: 5.000 unidades a $ 42,00

Outubro: 7.000 unidades a $ 41,00

Vendas:

Março: $ 8.000 unidades

Novembro: $ 9.000 unidades

Questão:

Com base no método PEPS, calcule o valor do estoque em março, outubro e dezembro.

Estudo de caso 4

Dados:

A Cia. Exuberante é uma empresa comercial que revende móveis de escritório, atuando basicamente em quatro linhas de produtos: mesas, cadeiras, luminárias e sofás. Em função da entrada de uma forte concorrente no mercado, a empresa está prevendo que alguns itens do estoque podem não ser vendidos por preço igual ou maior que o registrado pela contabilidade. Em 31 de dezembro de 2004, data de fechamento do balanço, a Cia. Exuberante possuía em estoques as seguintes quantidades, com seus respectivos valores de custo e realizável líquido (V.R.L.):

Linhas de produtos	Quantidade	Custo Unitário ($)	Valor Realizável Líquido Unit. ($)
Mesas	500	100,00	130,00
Cadeiras	1.200	80,00	70,00
Luminárias	400	120,00	140,00
Sofás	300	150,00	115,00

Questão:

Identifique o valor total dos estoques da Cia. Exuberante em dezembro de 2004, de acordo com a IAS 2.

3.13 Testes de múltipla escolha

1. Os estoques devem ser mensurados:
   (a) ao valor de aquisição;
   (b) ao menor entre o custo e o valor realizável líquido;
   (c) ao menor entre o custo e o valor justo;
   (d) ao maior entre o custo e o preço de reposição líquido;
   (e) nenhuma das alternativas anteriores.

2. Todos os gastos a seguir compõem os custos de produção e devem compor os estoques de produtos acabados, exceto:
   (a) aluguel da fábrica;
   (b) salário do pessoal da fábrica;
   (c) frete sobre compra de matéria-prima;
   (d) custos fixos alocados com base na capacidade normal;
   (e) salários do pessoal da administração.

3. Todas as transações abaixo terão como contrapartida o aumento de uma conta de despesa, exceto:
   (a) baixa dos estoques pela venda;
   (b) ajuste dos estoques ao valor realizável líquido;
   (c) perdas em estoque por obsoletismo;
   (d) reversão dos ajustes ao valor realizável líquido;
   (e) comissão sobre vendas.

4. Os custos dos estoques **não** incluem:
   (a) juros de financiamento de compras a prazo de estoques produzidos em curto período de tempo;
   (b) preço de compra;
   (c) impostos e taxas de importação;
   (d) gastos de estocagem essenciais ao processo de produção;
   (e) gastos de fabricação fixos e variáveis.

5. A Cia. Califórnia fabrica embalagens de papelão de tamanho, formas e qualidades diferenciadas. No balanço encerrado em 31/12/2005, a Cia. Califórnia apresentava, em seu ativo, estoques de caixas especiais para presentes pelo custo de $ 70,00 cada unidade. A empresa de auditoria contratada alertou a empresa que as vendas projetadas das caixas para janeiro de 2006 poderiam não ser superiores a $ 60,00 cada. Adicionalmente, ao fazer a verificação por amostragem, os auditores detectaram que as caixas estavam danificadas em consequência da umidade no local da estocagem. A Cia. Califórnia avaliou que, para deixar todas as caixas em condições de comercialização, teria um custo adicional de $ 15 por caixa. O valor realizável líquido e o valor da baixa contabilizada para ajuste a tal valor são, respectivamente:

(a) $ 60 e $ 10;

(b) $ 45 e $ 25;

(c) $ 45 e $ 15;

(d) $ 60 e $ 15;

(e) $ 55 e $ 2.

4

Políticas Contábeis, Estimativas e Erros (IAS 8)

4.1 Introdução

As orientações da IAS 8 visam promover a **comparabilidade** e a **confiabilidade** das informações divulgadas pelas empresas. Dentro da Estrutura Conceitual do IASB, comparabilidade e confiabilidade são duas das quatro características ou atributos qualitativos das demonstrações contábeis.[1]

Sob o ponto de vista dos usuários, é importante **comparar** não somente as demonstrações contábeis de uma empresa de um ano para outro, mas também as demonstrações contábeis de empresas diferentes. Tal informação é necessária para possibilitar comparações de desempenho e de mudanças na posição financeira.

Por sua vez, a informação é **confiável** quando é livre de erros materiais e de viés e quando os usuários confiam que ela representa fielmente aquilo que se propõe a representar.

4.2 Escopo

A IAS 8 apresenta os critérios para selecionar e mudar políticas contábeis, bem como as divulgações relacionadas. Adicionalmente, a Norma Internacional prescreve os requerimentos e divulgações para as mudanças das estimativas contábeis e para as correções de erros. As orientações da IAS 8 fundamentam-se nos seguintes objetivos:

---

[1] As outras duas características qualitativas são compreensibilidade e relevância.

- ressaltar a relevância e a confiabilidade das demonstrações contábeis da entidade; e
- assegurar a comparabilidade de demonstrações contábeis de uma companhia ao longo do tempo, bem como com aquelas de outras companhias.

4.3 Definições de termos-chave

Erro de período anterior: se refere a informação falsa ou omissa nas demonstrações contábeis de um ou mais períodos anteriores surgida de um mau uso ou do uso incorreto de uma informação confiável que estava disponível naquele momento e que poderia, razoavelmente, ter sido obtida e considerada na preparação e apresentação dos relatórios contábeis.

Material: omissões ou inexatidões são materiais se elas podem, individual ou coletivamente, influenciar as decisões econômicas que os usuários tomam com base nas demonstrações contábeis. Materialidade depende do tamanho e da natureza da omissão ou inexatidão. O tamanho ou a natureza do item, ou a combinação de ambos, pode ser um fator determinante para a determinação de se aquele item é material ou não.

Mudança de estimativa contábil: trata-se de um ajuste nos valores de ativos e passivos ou no consumo periódico de um ativo, resultante da avaliação presente de tais itens, bem como dos benefícios futuros esperados e obrigações associadas com esses ativos e passivos.

Política contábil: são os princípios específicos, bases, normas, convenções e práticas aplicados pela entidade na preparação e apresentação de demonstrações contábeis.

4.4 Políticas contábeis

As políticas contábeis são essenciais para a adequada compreensão da informação contida nas demonstrações contábeis preparadas pela administração da entidade. A entidade deverá destacar toda política contábil relevante que foi usada na elaboração das demonstrações. A possibilidade de adoção de tratamentos alternativos previstos nas IFRS reforça a importância de a companhia claramente identificar quais foram as políticas contábeis adotadas. Por exemplo, como visto no Capítulo 3, seção 3.7, a IAS 2 permite que os estoques possam ser avaliados pelas técnicas de média ponderada ou PEPS (primeiro-que-entra-primeiro-que-sai). A menos que a entidade divulgue a técnica adotada, os usuários não poderão comparar adequadamente as demonstrações contábeis dessa entidade com as de outras entidades.

4.5 Seleção e aplicação de políticas contábeis

A empresa deve adotar a política contábil específica a transações, eventos ou circunstâncias determinada na respectiva Norma Internacional, Interpretação ou nos pontos relevantes do Guia de Implementação. Na ausência de tratamento específico pelo IASB, a administração da empresa deve desenvolver e aplicar a política que seja relevante e confiável para a tomada de decisão pelos usuários das demonstrações contábeis. Nesse contexto, confiável significa:

- representar fielmente a posição e o desempenho financeiros e o fluxo de caixa;
- refletir a essência econômica de transações, outros eventos e condições;
- ser neutra;
- ser prudente;
- ser completa, em todos os aspectos materiais.

Assim, ao selecionar políticas contábeis que não foram diretamente tratadas por um pronunciamento do IASB, a seguinte hierarquia deve ser observada:

a) Normas, Interpretações e Guias do IASB para questões similares;

b) definições, critérios de reconhecimento e conceitos de mensuração para ativos, passivos, receitas e despesas da Estrutura para Preparação e Apresentação de Demonstrações Contábeis do IASB;

c) pronunciamentos recentes de outros órgãos emissores de normas contábeis que adotam uma estrutura conceitual similar, outras literaturas contábeis e práticas empresariais aceitas, desde que estes não conflitem com os pronunciamentos do IASB.

> Observa-se que de acordo com a IAS 8, para problemas não cobertos expressamente por um pronunciamento do IASB, a entidade poderá fundamentar sua decisão em normas de outros órgãos contábeis, esgotadas as alternativas anteriores (pronunciamentos do IASB para problemas similares e a Estrutura conceitual daquele órgão). Assim, a consulta a normas contábeis locais poderá ser uma realidade para problemas relacionados a determinados setores empresariais, para os quais o IASB ainda não se pronunciou. Até o momento, existem Normas do IASB específicas para as seguradoras, instituições financeiras, empresas agrícolas e extrativistas. No caso das normas brasileiras, estas contemplam, de maneira geral, os mesmos setores tratados pelas IFRS. Dessa forma, outras regulamentações poderão ser consultadas, como os U.S. GAAP (normas contábeis norte-americanas), que contêm pronunciamentos contábeis e guias de orientação para setores que vão de empresas de óleo e gás até aquelas do ramo imobiliário.

Uma vez selecionada determinada política contábil, ela deverá ser aplicada consistentemente para transações, eventos ou circunstâncias similares. Ela deverá ser mudada somente se exigida por uma norma do IASB ou se resultar em demonstrações contábeis com informações confiáveis e mais relevantes.

> Esse é o caso, por exemplo, de uma empresa que, em função da implantação de um novo sistema operacional padronizado, é obrigada a abandonar o critério de baixa dos estoques pela técnica PEPS para a de média ponderada. Essa mudança pode ser justificada pela utilização de um sistema computadorizado feito sob medida para o setor ao qual a empresa pertence e que resultará em informação confiável e mais relevante, além da comparabilidade com as demais empresas do setor.

Não são consideradas mudanças de políticas contábeis:

- a aplicação de política contábil para transações, eventos ou circunstâncias que diferem, em essência, daqueles anteriormente ocorridos;
- a aplicação de uma nova política para transações, eventos ou circunstâncias que não ocorreram anteriormente ou que eram imateriais.

> A adoção do procedimento de reavaliação de ativos, de acordo com a IAS 16 (Ativo Imobilizado) ou com a IAS 38 (Ativos Intangíveis), é também uma mudança de prática contábil, mas que deverá ser tratada de acordo com as orientações daquelas Normas e não de acordo com a IAS 8.

Se a mudança de uma determinada política contábil é requerida por uma IFRS ou uma Interpretação, as orientações para a transição contidas naqueles pronunciamentos deverão ser observadas. Na inexistência dessa orientação para a transição ou no caso de mudança voluntária, a mudança deverá ser aplicada retrospectivamente.

O resultado prático dessa orientação é que os valores correspondentes ou comparativos apresentados nas demonstrações contábeis publicadas no ano da mudança devem ser restabelecidos como se a nova política tivesse sempre sido adotada, ou seja, os períodos anteriores devem ser restabelecidos. O impacto da adoção da nova política sobre os lucros acumulados anteriores ao ano mais antigo publicado deverá ser ajustado contra o saldo de lucros acumulados do balanço de abertura, ou seja, do balanço do ano anterior.

As seguintes Interpretações determinam a adoção da IAS 8 para as mudanças de práticas contábeis ocorridas:

- SIC 10 – Subsídios Governamentais – Nenhuma Relação Específica com as Atividades Operacionais
- SIC 12 – Consolidação – Entidades de Propósitos Especiais
- SIC 13 – Entidades Controladas Conjuntamente – Contribuições Não Monetárias de Investidores
- SIC 15 – *Leases* Operacionais – Incentivos
- SIC 21 – Imposto de Renda – Recuperação de Ativos Reavaliados Não Depreciáveis
- SIC 25 – Imposto de Renda – Mudanças no *Status* Fiscal de uma Entidade ou de seus Acionistas
- SIC 27 – Avaliação da Essência de Transações Envolvendo a Forma Legal de um *Lease*
- SIC 31 – Receitas – Transações de Troca Envolvendo Serviços de Publicidade
- IFRIC 1 – Alterações nas Obrigações de Desmontar, Restaurar e Passivos Similares
- IFRIC 4 – Determinando se um Acordo Contém um *Lease*
- IFRIC 5 – Participações em Fundos para Desativação, Restauração e Recuperação Ambiental
- IFRIC 6 – Passivos Originados da Participação em um Mercado Específico – Refugos de Equipamento Eletrônico e Elétrico
- IFRIC 12 – Acordos de Concessão de Serviços
- IFRIC 13 – Programas de Fidelidade de Clientes
- IFRIC 14 – IAS 19 – Limite sobre um Ativo de Benefício Definido, Exigências de Recursos Mínimos e sua Interação
- IFRIC 15 – Contrato para a Construção de Imóveis
- IFRIC 16 – *Hedges* de um Investimento Líquido em uma Operação Estrangeira

4.6 Limitações à aplicação retrospectiva das mudanças de políticas contábeis

Quando for impraticável determinar o efeito cumulativo da mudança da política contábil, a nova política deverá ser aplicada para o período mais antigo para o qual é praticável aplicar a mudança (que pode ser até o período corrente), com os ajustes correspondentes no balanço de abertura para aquele período. Normalmente, o ajuste é feito contra a conta de lucros ou prejuízos acumulados. Contudo, o ajuste pode ser feito contra outro elemento das demonstrações contábeis (por exemplo, por determinação de uma IFRS). Qualquer outra informação sobre períodos anteriores, tais como sumários históricos de dados financeiros, deve também ser ajustada até a data em que seja praticável.

Aplicar determinada mudança para um período anterior é impraticável quando:

a) os efeitos da aplicação retrospectiva não são determináveis;

b) a aplicação retrospectiva exige suposições sobre qual poderia ter sido a intenção da administração naquele período;

c) a aplicação retrospectiva exige estimativas de valores e é impossível distinguir tais valores, objetiva e separadamente, de outras informações da empresa disponíveis na data das estimativas.

4.7 Evidenciações para as mudanças de políticas contábeis

Quando a aplicação inicial de uma IFRS ou Interpretação tem efeito sobre o período corrente ou anterior, a identificação do efeito não é praticável ou poderia ter efeito somente em futuros períodos, deverá ser divulgado:

a) o título da Norma ou Interpretação;

b) a natureza da mudança;

c) o valor do ajuste realizado em cada item das demonstrações contábeis e o lucro por ação básico e diluído (se a IAS 33[2] for aplicável), para o período corrente e cada período anterior apresentados, até quando for praticável;

d) o valor dos ajustes relacionados a períodos anteriores àqueles apresentados;

e) quando aplicável:

   e.1) que a mudança atende a uma orientação de transição de uma nova Norma;

---

[2] Lucro por ação, escopo da IAS 33, é o resultado do lucro do período dividido pelo número de ações. O lucro por ação básico é calculado dividindo-se o resultado do período atribuível às ações ordinárias mantidas pelos acionistas (numerador) pelo número médio ponderado das ações ordinárias em circulação durante o período (denominador). No cálculo do lucro por ação diluído, o resultado do período atribuível às ações ordinárias mantidas pelos acionistas e o número médio ponderado das ações ordinárias em circulação deverão ser ajustados pelos efeitos de todas as ações ordinárias potencialmente dilutíveis (instrumentos financeiros conversíveis em ações ordinárias, como ações preferenciais conversíveis, debêntures conversíveis etc.).

e.2) a descrição das orientações para a transição;

e.3) as orientações da transição que podem ter efeito sobre períodos futuros;

f) se a aplicação retrospectiva é impraticável, as circunstâncias que levaram à existência daquela condição e à descrição de como e a partir de quando a mudança da política contábil foi aplicada.

Uma vez divulgadas, essas informações não precisam ser repetidas nas demonstrações contábeis de períodos subsequentes.

Se a mudança para a nova política é voluntária, similares divulgações às acima descritas devem ser feitas, juntamente com as razões pelas quais a adoção da nova política fornece informação confiável e mais relevante.

Quando a empresa opta por não aplicar uma IFRS já aprovada mas que ainda não entrou em vigor, além desse fato, a entidade deverá divulgar informações relevantes, que sejam estimáveis razoavelmente ou conhecidas, para avaliar os possíveis impactos que a adoção futura da nova IFRS irá provocar nas demonstrações contábeis.

4.8 Mudanças das estimativas contábeis

Em função de incertezas inerentes à própria atividade empresarial, muitos itens das demonstrações contábeis não podem ser mensurados com precisão, mas podem ser estimados. O uso de estimativas é uma parte fundamental da preparação de demonstrações contábeis e não compromete a confiabilidade destas. Estimativas são necessárias, por exemplo, para os créditos de liquidação duvidosa, garantias de produtos, estoques obsoletos, valor justo de ativos e passivos financeiros e vida útil ou padrão de consumo de benefícios futuros de ativos para fins de depreciação.

As estimativas necessitam ser revisadas se ocorrerem mudanças nas circunstâncias que fundamentaram a análise ou como resultado de novas informações ou de maior experiência por parte da empresa. Por sua natureza, a revisão de uma estimativa não se relaciona a períodos anteriores e tampouco é correção de um erro.

Se houver dificuldades na distinção entre mudança de uma política contábil e mudança de estimativa, a alteração deve ser tratada como mudança de estimativa.

Mudanças de estimativas são ajustadas prospectivamente, ou seja, a partir do momento em que a estimativa é corrigida e para os períodos futuros, caso eles também sejam afetados. Uma mudança na estimativa da provisão para créditos de liquidação duvidosa, por exemplo, afeta somente o período corrente. Todavia, uma revisão na estimativa da vida útil de um ativo depreciável tem reflexo na despesa de depreciação do período da mudança e na despesa de depreciação de períodos futuros. Dessa forma, os ajustes são incluídos no resultado do período (ou do período e do futuro), com as contrapartidas nos valores contábeis de ativos, passivos e patrimônio líquido.

4.9 Evidenciações para as mudanças de estimativas

A entidade deverá divulgar os valores e a natureza da mudança da estimativa contábil relacionada ao período corrente. Adicionalmente, os efeitos sobre períodos contábeis futuros também deverão ser divulgados, a menos que seja impraticável (o conceito aqui de impraticabilidade é o mesmo atribuído às mudanças de práticas contábeis). Quando for impraticável estimar o valor do efeito para períodos futuros, esse fato também precisa ser divulgado.

4.10 Erros de exercícios anteriores

Erros podem surgir no reconhecimento, mensuração, apresentação ou divulgação de elementos das demonstrações contábeis.

A entidade deverá corrigir erros materiais de períodos anteriores, retrospectivamente, a menos que seja impraticável (o conceito aqui de impraticabilidade é o mesmo atribuído às mudanças de práticas contábeis), no primeiro conjunto de demonstrações publicadas após a descoberta do erro, da seguinte forma:

a) restabelecendo os valores comparativos para o período anterior apresentado;

b) se o erro ocorreu antes do período mais antigo apresentado, restabelecendo os valores patrimoniais do período mais antigo apresentado.

4.11 Evidenciações para erros de exercícios anteriores

A entidade deverá divulgar, com relação à correção de erros de exercícios anteriores:

a) a natureza do erro;

b) para cada demonstração contábil apresentada, até quando for praticável, o valor da correção:

b.1) para cada item afetado das demonstrações contábeis; e

b.2) para o lucro por ação básico e diluído, nas entidades nas quais a IAS 33 se aplica;

c) o valor da correção no início do período mais antigo apresentado;

d) se a aplicação retrospectiva é impraticável, as circunstâncias que levaram à existência daquela condição e à descrição de como e a partir de quando o erro foi corrigido.

Uma vez divulgadas, essas informações não precisam ser repetidas nas demonstrações contábeis de períodos subsequentes.

4.12 Notas de demonstrações contábeis publicadas

4.12.1 Fiat Group (relatório anual de 2008)

Estimativas

A preparação das demonstrações financeiras e das divulgações relacionadas em conformidade com as IFRS requer que a administração faça julgamentos, estimativas e suposições que afetam os valores de ativos e passivos e a divulgação de ativos contingentes e passivos contingentes na data das demonstrações financeiras. As estimativas e suposições relacionadas baseiam-se na experiência histórica e de outros fatores considerados relevantes. Resultados reais podem diferir dessas estimativas. Estimativas e suposições são revistas periodicamente e os efeitos de quaisquer mudanças são reconhecidos no período em que a estimativa é revista, se a revisão afeta apenas aquele período, ou em períodos futuros, se a revisão afeta períodos atuais e futuros. Nesse sentido, a situação provocada pela crise econômica e financeira atual tem levado à necessidade de fazer suposições sobre o desempenho futuro, que se caracteriza por significativa incerteza; como consequência, portanto, não se pode negar que os resultados do próximo ano podem diferir das estimativas, e que, por conseguinte, podem exigir ajustes, até mesmo significativos, nos valores contábeis dos itens em questão, que nesse momento, claramente, não podem ser nem estimados nem previstos. Os principais itens afetados por essas situações de incertezas são as provisões para devedores duvidosos e estoques, ativos não correntes (tangíveis e intangíveis), os valores residuais dos veículos arrendados que não sob *lease* operacionais ou vendidos com cláusulas de recompra, fundos de pensão e outros benefícios de empregados e impostos fiscais diferidos.

4.12.2 Royal Ahold (relatório anual de 2008)

Erros

a) Receita de aluguel de propriedades para investimento, incluída na demonstração de resultados consolidado, atingiu 72 milhões de Euros (2007: EUR 64 milhões, o qual foi aumentado em 6 milhões de Euros para corrigir o valor divulgado no Relatório Anual de 2007 da Ahold).

b) Em 2008, 212 milhões de Euros foram reconhecidos como baixa dos estoques na demonstração de resultados consolidada (2007: EUR 195 milhões, os quais foram aumentados em 110 milhões de Euros para corrigir o valor divulgado no Relatório Anual de 2007 da Ahold), dos quais zero milhão de Euro (2007: 26 milhões de Euros) se relaciona a operações descontinuadas.

4.13 Estudos de casos

Estudo de caso 1

Dados:

A Cia. Muda Tudo S. A. alterou sua política contábil em 2001 com relação à avaliação dos estoques. Até 2000, os estoques eram avaliados usando a média ponderada. Em 2001, a empresa passou a adotar a técnica PEPS por considerá-la mais apropriada para refletir o uso e fluxo de mercadorias durante seu ciclo econômico. O impacto acumulado nos estoques foi determinado como segue:

Em 31 de dezembro de 1999: aumento de $ 20.000.

Em 31 de dezembro de 2000: aumento de $ 25.000.

Em 31 de dezembro de 2001: aumento de $ 30.000.

As Demonstrações de Resultados anteriores aos ajustes, desconsiderando o efeito dos impostos, eram:

	2001 ($)	2000 ($)
Receita	370.000	300.000
(–) CMV	(120.000)	(100.000)
Lucro Bruto	250.000	200.000
(–) Despesas Gerais e Administrativas	(80.000)	(70.000)
(–) Despesas de Vendas	(30.000)	(20.000)
Lucro Líquido do Exercício	140.000	110.000

A Demonstração de Lucros ou Prejuízos Acumulados de 2001, anterior aos ajustes, era:

	Lucros Acumulados ($)
Saldo em 1/1/2000	400.000
Lucro Líquido do Exercício (2000)	110.000
Saldo em 31/12/2000	510.000
Lucro Líquido do Exercício (2001)	140.000
Saldo em 31/12/2001	650.000

Questão:

Apresente o reflexo da mudança de política contábil na Demonstração de Resultados e na Demonstração de Lucros ou Prejuízos Acumulados de acordo com os requerimentos da IAS 8.

Estudo de caso 2

Dados:

O auditor interno da Cia. Agnus & Petra S. A. anunciou em 2002 que em 2001 a entidade não havia contabilizado uma despesa de amortização de $ 40.000 relacionada a determinado ativo intangível. Um resumo da Demonstração de Resultados da empresa para os anos encerrados em 31 de dezembro de 2001 e de 2002, antes da correção do erro, é como segue:

	2002 ($)	2001 ($)
Lucro Bruto	550.000	650.000
(–) Despesas Gerais e Administrativas	(80.000)	(130.000)
(–) Despesas de Vendas	(30.000)	(40.000)
(–) Despesa de Amortização	(40.000)	0
Lucro antes do Imposto de Renda	400.000	480.000
(–) Imposto de Renda	(60.000)	(72.000)
Lucro Líquido do Exercício	340.000	408.000

Os Lucros Acumulados da Cia. Agnus & Petra, para os anos de 2001 e 2002, antes da correção dos erros, são:

	2002 ($)	2001 ($)
Lucros Acumulados, no início do ano	458.000	50.000
Lucros Acumulados, no final do ano	798.000	458.000

A Cia. Agnus & Petra está sujeita à alíquota de 15% ao ano de Imposto de Renda.

Questão:

Apresente o tratamento contábil prescrito pela IAS 8 para a correção do erro.

4.14 Testes de múltipla escolha

1. Os objetivos da IAS 8 se fundamentam em:
   (a) orientar as empresas no cálculo das estimativas contábeis;
   (b) distinguir as políticas contábeis materiais das imateriais para permitir que a empresa priorize aquelas que são relevantes para os usuários;
   (c) determinar os controles a serem implementados na empresa para identificação de erros e fraudes;
   (d) listar as políticas contábeis a serem adotadas pelas empresas;
   (e) nenhuma das alternativas anteriores.

2. A Cia. ABC muda sua técnica de avaliação do custo dos estoques de média ponderada para PEPS. A Cia. ABC deverá contabilizar essa mudança como:
   (a) mudança de estimativa e contabilizá-la prospectivamente;
   (b) mudança de política contábil e contabilizá-la prospectivamente;
   (c) mudança de política contábil e contabilizá-la retrospectivamente;
   (d) correção de erro e contabilizá-la retrospectivamente;
   (e) nenhuma das alternativas anteriores.

3. Na ausência de tratamento específico pelo IASB de determinada política contábil, a empresa deverá:
   (a) observar pronunciamentos recentes de outros órgãos emissores de normas contábeis, mesmo que não se assemelhem com a estrutura conceitual do IASB;
   (b) seguir práticas contábeis locais, independentemente de divergirem dos pronunciamentos do IASB;
   (c) procurar políticas similares nos projetos em discussão do IASB ainda não aprovados (os *Exposure Draft*);
   (d) identificar, em primeiro lugar, nas Normas, Interpretações e Guias do IASB, tratamentos de políticas similares;
   (e) nenhuma das alternativas anteriores.

4. Mudança de política contábil inclui:

    (a) mudança de vida útil de um ativo, para fins de depreciação, de dez para sete anos;

    (b) mudança no valor de provisão para garantias de produtos em função de novas informações sobre defeitos de produtos recém-lançados;

    (c) mudança no valor da depreciação acumulada em função de a empresa não ter contabilizado a depreciação de dois anos atrás;

    (d) mudança da técnica de avaliação do custo dos estoques de média ponderada para PEPS;

    (e) nenhuma das alternativas anteriores.

5. Quando um especialista em avaliação independente comunica à empresa que o valor contábil líquido de um item do Imobilizado mudou drasticamente e que a mudança é material, a empresa deverá:

    (a) retrospectivamente mudar a taxa de depreciação com base no novo valor revisado;

    (b) mudar a taxa de depreciação e tratá-la como correção de erro;

    (c) mudar a depreciação anual para o ano corrente e os anos futuros;

    (d) ignorar o efeito da mudança na depreciação anual, considerando que o valor remanescente afetará somente o futuro, e no futuro o valor poderá ser recuperado;

    (e) nenhuma das alternativas anteriores.

6. Quando for difícil para a empresa distinguir entre uma mudança de estimativa e uma mudança de política contábil, a empresa deverá:

    (a) tratar a mudança como sendo de estimativa, com as divulgações apropriadas;

    (b) distribuir o valor do ajuste, proporcionalmente, entre valores relativos a mudança de política contábil e de estimativas e tratar cada uma delas de acordo com a IAS 8;

    (c) tratar toda a mudança como sendo de política contábil, com as divulgações apropriadas;

    (d) como essa mudança é uma mistura de dois tipos de alterações, é melhor ignorá-la no ano da mudança e esperar o ano seguinte para ver como a mudança se desenvolve e então tratá-la de acordo com a IAS 8;

    (e) nenhuma das alternativas anteriores.

5

Eventos Após a Data do Balanço (IAS 10)

5.1 Introdução

As demonstrações contábeis evidenciam os eventos ocorridos dentro de determinado período contábil. Contudo, eventos ocorridos no período compreendido entre a data das demonstrações (data do balanço) e o momento em que tais demonstrações são autorizadas para publicação podem provocar impactos nos resultados e na posição financeira da entidade. Mesmo que tais eventos não provoquem impactos nos números das demonstrações contábeis, eles podem determinar a divulgação de notas explicativas que auxiliarão os tomadores de decisão na análise da situação econômica e financeira da empresa.

5.2 Escopo

A IAS 10 é a norma que deve ser observada na contabilização e divulgação de eventos ocorridos após a data do balanço. Mais especificamente, ela prescreve:

a) em que casos uma entidade deve ajustar as demonstrações contábeis em consequência de eventos ocorridos após a data do balanço;

b) as divulgações que devem ser feitas sobre a data em que as demonstrações contábeis foram autorizadas para emissão e sobre os eventos ocorridos até essa data.

A Norma também determina que uma entidade não deve preparar suas demonstrações contábeis numa base de continuidade se os eventos após a data do balanço indicarem que o pressuposto da continuidade não é mais válido. Indícios dessa descontinuidade ocorrem quando a administração tenciona liquidar a empresa ou cessar o negócio. Assim, nesses casos, além de preparar as demonstrações contábeis numa base de descontinuidade, a empresa também deve observar a IAS 1 para as divulgações pertinentes.

5.3 Definições de termos-chave

Eventos após a data do balanço: são aqueles, favoráveis ou desfavoráveis, que ocorrem entre a data do balanço e a data em que as demonstrações contábeis são autorizadas para emissão.

Eventos após a data do balanço que geram ajustes: são aqueles que fornecem evidências de condições que existiam na data do balanço.

Eventos após a data do balanço que não geram ajustes: são aqueles que são indicativos de condições que surgiram após a data do balanço.

5.4 Data de autorização

A informação sobre a data de autorização é primordial para o cumprimento da IAS 10. A data de autorização se refere à data em que as demonstrações contábeis tornam-se legalmente aprovadas para emissão. Ao determinar a data de autorização, a entidade poderá considerar as seguintes orientações:

a) quando a entidade submete suas demonstrações contábeis aos acionistas após elas já terem sido emitidas, a data de autorização será a data de emissão original e não a data de aprovação pelos acionistas;

b) quando a entidade submete suas demonstrações contábeis a um órgão supervisor do conselho de administração (não composto por executivos), a data de autorização é a data na qual a administração autoriza a emissão para tal órgão.

Eventos após a data do balanço incluem todos aqueles ocorridos até a data de autorização para emissão das demonstrações contábeis, mesmo que tais eventos tenham ocorrido após o anúncio público de lucros ou de outras informações financeiras selecionadas.

5.5 Eventos que geram ajustes e eventos que não geram ajustes

A Norma distingue dois tipos de eventos após a data do balanço: eventos que geram ajustes das demonstrações contábeis e aqueles que não geram ajustes (somente divulgação).

Os **eventos que geram ajustes** são aqueles que fornecem evidências de condições que já existiam na data do balanço, embora eles não fossem conhecidos naquela data. Nesse caso, as demonstrações contábeis devem ser ajustadas para refletir tais eventos.

São exemplos de eventos após a data do balanço que determinam ajustes nos valores das demonstrações contábeis ou o reconhecimento de novos itens:

- o acordo entre as partes em um processo judicial, o que confirma que a entidade tinha uma obrigação presente no fim do período contábil (a empresa não deve simplesmente divulgar o valor do acordo nas notas explicativas como um "passivo contingente", pois o acordo fornece evidências de que a obrigação já existia na data do balanço, e como consequência, a saída de recursos para a quitação da dívida é provável);
- a falência de um cliente, o que indica a existência de perdas em contas a receber na data do balanço;
- a venda de um estoque a um preço substancialmente menor que seu custo, o que indica qual será seu valor realizável líquido na data do balanço;
- a venda de um item do imobilizado a um preço de venda líquido menor que seu valor contábil, o que aponta para a existência de uma perda por *impairment* (ajuste ao valor realizável) na data do balanço;
- a definição de valores referentes a participação nos lucros ou a bonificações, se a entidade tinha uma obrigação legal ou implícita[1] de efetuar tais pagamentos como resultado de eventos ocorridos até a data do balanço;
- a descoberta de fraude ou erro que mostra que as demonstrações contábeis estão incorretas;
- a deterioração na posição financeira (por exemplo, por perdas recorrentes) e no resultado operacional (por exemplo, por deficiência de capital de giro) de uma entidade que afete a continuidade da empresa em um futuro previsível.

Os **eventos que não geram ajustes** não resultam em correções dos números das demonstrações contábeis após a data do balanço. Um exemplo desses eventos é o declínio no valor de mercado de investimentos entre o final do período contábil e a data de autorização das demonstrações. O declínio no valor de mercado, normalmente, não se relaciona às condições que existiam na data das demonstrações, mas reflete circunstâncias que surgiram posteriormente. Assim, a empresa não ajusta os valores dos investimentos nas demonstrações contábeis, tampouco

---

[1] Obrigação implícita é aquela que deriva das ações da própria empresa, conforme a IAS 19 – Benefícios a Empregados.

atualiza as divulgações para tal item, embora ela deva apresentar divulgações adicionais, conforme seção 5.6, item 3.

São exemplos de eventos ocorridos entre a data das demonstrações contábeis e a data de autorização de emissão que **não** geram ajustes:

- declaração de dividendos (veja parágrafo na sequência);
- queda no valor de mercado de um investimento após a data do balanço;
- classificação de ativos como mantidos para venda de acordo com a IFRS 5[2] e a compra, alienação ou desapropriação de ativos após a data do balanço;
- início de ação judicial relacionada a eventos que ocorreram após a data do balanço.

Os **dividendos** declarados após a data do balanço não poderão ser reconhecidos como passivo na data dos relatórios contábeis, já que nenhuma obrigação existia nessa data. Assim, nessas circunstâncias, os dividendos representam eventos subsequentes que não geram ajustes e, como os demais eventos que não geram ajustes, devem ser somente divulgados em notas explicativas, a menos que sejam imateriais, quando nem a divulgação é exigida.

5.6 Evidenciação

A IAS 10 determina, basicamente, três divulgações:

1. a data de autorização de emissão das demonstrações contábeis e quem concedeu essa autorização. Se os proprietários ou outras pessoas têm o poder de alterar as demonstrações após a emissão, esse fato também deverá ser divulgado;
2. se após a data do balanço alguma informação for recebida sobre condições que existiam na data do balanço, as divulgações que se relacionam àquelas condições deverão ser atualizadas à luz da nova informação, mesmo que tal informação não tenha gerado ajustes nos valores das demonstrações contábeis;
3. quando os eventos após a data do balanço que não geram ajustes são materiais, de forma que poderiam influenciar os usuários das demonstrações contábeis em suas análises e decisões, deverão ser divulgadas, para cada categoria desses eventos, sua natureza e uma estimativa de seu efeito financeiro ou uma demonstração de que tal estimativa não pode ser feita.

---

[2] A IFRS 5 determina que a empresa deverá classificar ativos não correntes como mantidos para venda se seu valor contábil for recuperável somente por meio da venda e não por meio do seu uso.

Adicionalmente, a IFRIC 17 (Distribuição de Ativos Não Financeiros a Acionistas) determina que se a entidade declara dividendos a serem pagos por meio de ativos não financeiros (por exemplo, imobilizado ou participações acionárias em outra entidade) após o final do período contábil mas antes de as demonstrações contábeis terem sido autorizadas para emissão, as seguintes informações deverão ser divulgadas:

a) a natureza e o valor contábil do ativo a ser distribuído; e

b) uma estimativa do valor justo de tais ativos, se diferente do valor contábil, e a informação sobre o método usado para determinar aquele valor justo.

5.7 Notas de Demonstrações Contábeis Publicadas

5.7.1 Indústrias Romi S. A. (Relatório Anual de 2008)

Conforme mencionado na nota nº 17, a companhia está no processo de aquisição das ações de própria emissão. De 1º de janeiro de 2009 até a data de emissão desse relatório, foram adquiridas 923.800 ações, pelo valor total de R$ 6.612, ao preço médio de R$ 7,16 por ação. O total de ações ordinárias adquiridas é de 3.210.700 ações, pelo valor de R$ 22.178, ao preço médio de R$ 6,91 por ação.

5.7.2 T. LM Ericsson (Relatório Anual de 2008)

Em 3 de fevereiro de 2009, Ericsson e a ST Microelectronics anunciaram o fechamento do seu acordo de fusão das unidades de plataformas móveis da Ericsson e ST-NXP Wireless em uma *joint venture* 50/50, a ser chamada ST Ericsson. O acordo foi concluído sob os termos inicialmente anunciados em 20 de Agosto de 2008. A ST Ericsson adquirirá os ativos relevantes das empresas proprietárias. Depois dessas aquisições, a *joint venture* terá uma posição de caixa em torno de USD 0,4 bilhão. A Ericsson contribuiu com USD 1,1 bilhão líquido para a *joint venture*, do qual USD 0,7 bilhão foi pago à ST. Ericsson ST deverá entrar em operação durante o primeiro trimestre de 2009.

5.7.3 Fiat Group (Relatório Anual de 2008)

Em 27 de janeiro de 2009, Magneti Marelli e SAIC Motor Corporation Ltd., por meio de sua subsidiária Shanghai Automobile Gear Works (SAGW), assinaram um acordo de *joint venture* na China para a produção de componentes hidráulicos para o Freechoice™ Automated Manual Transmission (AMT) feitos por Magneti Marelli. Pelo acordo, a Magneti Marelli e a SAGW terão participações iguais. A *joint venture* será localizada próxima a Shanghai e entrará em operação no segundo semestre de 2009. Em plena capacidade, a nova entidade será capaz de produzir componentes para cerca de 350.000 caixas de marcha por ano.

5.8 Estudos de Casos

Estudo de caso 1

Dados:

A administração da Global S. A. finaliza, em 14 de março de 2008, as demonstrações contábeis para o período finalizado em 31 de dezembro de 2007. Em 31 de março de 2008, a diretoria revisou as demonstrações contábeis e autorizou sua emissão. A entidade divulgou seu lucro e outras informações selecionadas em 5 de abril de 2008. As demonstrações contábeis tornaram-se disponíveis aos acionistas em 10 de abril de 2008. A assembleia geral dos acionistas (AGO) realizada em 15 de abril de 2008 aprovou as demonstrações contábeis e autorizou sua emissão, as quais foram arquivadas junto à agência reguladora em 20 de abril de 2008.

Questão:

Qual a data de autorização das demonstrações contábeis de acordo com a IAS 10?

Estudo de caso 2

Dados:

Em 28 de fevereiro de 2008, a diretoria da Softall S. A. autoriza a emissão das demonstrações contábeis para o conselho supervisor. O conselho, composto somente por não executivos, incluindo representantes do sindicato e outros interessados externos, aprova essas demonstrações em 12 de março de 2008. As demonstrações contábeis são disponibilizadas aos acionistas em 17 de março de 2008, que as aprovam em sua assembleia geral ordinária de 10 de abril de 2008. As demonstrações são arquivadas junto à agência reguladora em 22 de abril de 2008.

Questão:

Qual a data de autorização das demonstrações contábeis de acordo com a IAS 10?

Estudo de caso 3

Dados:

No ano de 2006, a Cia. LCato foi autuada por um órgão fiscal que alegava o não recolhimento de determinado imposto no valor de $ 7 milhões. Com base na análise do departamento jurídico da empresa, a Cia. LCato constituiu uma provisão no valor de $ 5 milhões nas demonstrações contábeis de 31 de dezembro de 2006 e impetrou recurso administrativo junto ao referido órgão. Em 15 de março de 2007, o recurso da empresa foi julgado e o órgão fiscal determinou que a empresa recolhesse a quantia de $ 6 milhões. A empresa optou por não recorrer da decisão. A elaboração das demonstrações contábeis foi finalizada pela contabilidade em 28 de fevereiro de 2007 e a diretoria autorizou, em 25 de março do mesmo ano, a emissão de tais demonstrações.

Questão:

A Cia. LCato deve ajustar as demonstrações contábeis de 31 de dezembro de 2006? Se sim, por qual valor?

Estudo de caso 4

Dados:

A Cia. VHO, uma concessionária de veículos, registra seus estoques ao menor valor entre custo e valor realizável líquido. Em 31 de dezembro de 2007, o valor dos estoques nas demonstrações contábeis era de $ 5 milhões, apurado pela média ponderada. Devido a uma severa recessão econômica que afetou o setor, o estoque não foi vendido durante os meses de janeiro e fevereiro. Somente em março, após uma grande promoção, ela conseguiu vender seus estoques, faturando um total de $ 3 milhões. As demonstrações contábeis da Cia. VHO foram autorizadas para emissão em 10 de abril de 2008.

Questão:

A Cia. VHO deve ajustar suas demonstrações contábeis de 31 de dezembro de 2007? Se sim, por qual valor?

Estudo de caso 5

Dados:

Os auditores independentes da Cia. GRM emitiram seu relatório em 28 de fevereiro de 2007 referente às demonstrações contábeis de 31 de dezembro de

2006. A diretoria administrativa da Cia. GRM autorizou a emissão das demonstrações contábeis em 10 de março de 2007 e os acionistas aprovaram tais demonstrações em 22 de março de 2007. Os seguintes eventos ocorreram:

a) a Cia. GRM declarou dividendos, acima do mínimo obrigatório, no valor de $ 120.000 em 15 de janeiro de 2007, que serão pagos em 10 de abril do mesmo ano;

b) um cliente da Cia. GRM pediu falência em 5 de fevereiro de 2007. As demonstrações contábeis da Cia. GRM incluem um valor a receber desse cliente de $ 300.000 e uma provisão para créditos de liquidação duvidosa, também para esse cliente, no valor de $ 30.000;

c) um equipamento utilizado na fábrica do principal produto da Cia. GRM, adquirido em março de 2006 por $ 730.000, foi totalmente danificado por um superaquecimento ocorrido em 10 de dezembro do mesmo ano. Com base na apólice de seguro existente para o equipamento, a Cia. GRM reconheceu um valor a receber da seguradora de $ 680.000. Após as investigações, a companhia de seguros concluiu, em 2 de março/2007, que o superaquecimento foi causado por negligência dos operadores do equipamento. Como consequência, nenhum passivo foi reconhecido pela seguradora.

Questão:

Como a Cia. GRM deverá tratar esses eventos após a data do balanço, de acordo com a IAS 10?

5.9 Testes de múltipla escolha

1. A Cia. Alpha, uma empresa especializada na construção de pontes, viadutos e túneis, possuía, em 2004, um equipamento de perfuração de grande porte, contabilizado por $ 25 milhões. Ao encerrar as demonstrações contábeis daquele ano (31/12/2004), após o teste de *impairment*, o veículo assumiu o valor recuperável de $ 24 milhões. Em 2 de fevereiro de 2005, o equipamento foi danificado durante um serviço de perfuração para construção de um grande túnel. Em março de 2005, após realizar investigações, a companhia de seguros não concordou com o pagamento da indenização, pois concluiu que o equipamento foi usado em um tipo de rocha para a qual não era recomendado, de acordo com as especificações do equipamento. A data de autorização para emissão das demonstrações contábeis foi 5 de abril de 2005. A Cia. Alpha deverá:

   (a) baixar integralmente o valor de $ 24 milhões do balanço patrimonial de 31/12/2004;

(b) baixar integralmente o valor de $ 25 milhões do balanço patrimonial de 31/12/2004;

(c) após fazer uma análise com o setor jurídico da empresa, reconhecer somente um valor parcial que o setor considera que será recebido da seguradora;

(d) baixar 50% do valor contábil líquido;

(e) divulgar o fato somente em notas explicativas, pois é um evento que não gera ajustes.

2. A Cia. ABC encerrou suas demonstrações contábeis de 31 de dezembro de 2006 em 5 de fevereiro de 2007. Atendendo ao estatuto da empresa, a administração autorizou, em 8 de fevereiro de 2007, que as referidas demonstrações fossem emitidas para seu conselho supervisor, composto somente por representantes do sindicato, da prefeitura local e de um órgão ambiental estadual, que as aprovou em 28 de fevereiro de 2007. A assembleia geral dos acionistas realizada em 10 de março de 2007 aprovou as demonstrações contábeis de 2006. As demonstrações contábeis foram arquivadas com a agência reguladora em 31 de março de 2007. A data de autorização das demonstrações contábeis, de acordo com a IAS 10, é:

(a) 31 de março de 2007;

(b) 5 de fevereiro de 2007;

(c) 8 de fevereiro de 2007;

(d) 10 de março de 2007;

(e) 28 de fevereiro de 2007.

3. São exemplos de eventos após a data do balanço que geram ajustes nas demonstrações contábeis:

(a) um investimento em uma controlada estrangeira que foi reduzido consideravelmente em função da queda no preço das ações como consequência de forte crise que afetou o setor de atuação da controlada;

(b) dividendos propostos pela administração;

(c) reclassificação de um equipamento industrial do imobilizado para o ativo circulante, em função de a administração da empresa concluir que o referido equipamento gerará benefícios somente pela venda;

(d) desapropriação de uma das instalações da empresa em função da construção de uma usina hidrelétrica;

(e) venda de um equipamento industrial por um valor inferior ao seu valor contábil.

4. A Cia. Oregon realizou, em 12 de novembro de 2004, uma venda a prazo para a Cia. Oráculo por um valor que representa 80% dos seus valores a receber, a ser recebido em 36 meses. O período contábil da Cia. Oregon se encerra em 31 de dezembro de cada ano. Em 22 de fevereiro de 2005, foi decretada a falência da Cia. Oráculo. As demonstrações contábeis foram encaminhadas à administração para aprovação em 17 de fevereiro de 2005 e a diretoria autorizou sua emissão em 28 de fevereiro do mesmo ano. A Cia. Oregon deverá:

   (a) registrar nas demonstrações contábeis uma provisão para perdas com clientes;

   (b) divulgar o fato somente nas notas explicativas, já que ele ocorreu antes da aprovação das demonstrações contábeis pela assembleia dos acionistas;

   (c) ignorar o fato, já que a decretação da falência ocorreu após a data de encerramento do período contábil;

   (d) reverter a venda nas demonstrações contábeis do próximo ano e tratá-la como ajuste de erro de exercício anterior;

   (e) nenhuma das alternativas anteriores.

5. A indústria Pardalite S. A. passou a fabricar, em 2005, um novo equipamento de perfuração de poços de petróleo em águas profundas. A fabricação foi possível devido ao desenvolvimento de uma nova tecnologia pela própria empresa, como resultado de alguns anos de pesquisa. A nova tecnologia foi patenteada pela Pardalite S. A. ainda em 2005, de forma que ela tornou-se, naquele ano, a única indústria fabricante do equipamento. Em 18 de fevereiro de 2006, quando do uso do referido equipamento num poço de petróleo, ocorreu uma explosão que causou a morte de 22 funcionários da empresa petrolífera. Em 5 de março de 2006, um processo judicial foi aberto contra a Pardalite S. A. pelos familiares dos funcionários mortos, exigindo uma indenização de $ 220.000.000. Após uma série de investigações, as autoridades concluíram, no final de março, que a explosão foi consequência do uso inadequado do equipamento pela empresa petrolífera e que o fabricante do equipamento não teve culpa. As demonstrações contábeis foram autorizadas para emissão pela diretoria em 10 de abril de 2006. Qual procedimento a Pardalite deverá adotar de acordo com a IAS 10?

   (a) a empresa deverá reconhecer os $ 220.000.000 no Patrimônio Líquido por não se referir a despesa do exercício de 2005;

   (b) a empresa deverá reconhecer no passivo a dívida de $ 220.000.000 porque se refere a um evento que gera ajuste;

   (c) a empresa deverá reconhecer no passivo a dívida de $ 220.000.000, pois apesar de ser um evento que não gera ajuste, o valor é material;

   (d) a empresa deverá somente divulgar em notas explicativas os $ 220.000.000 ("passivo contingente"), pois apesar de ser um evento após a data do balanço que gera ajustes, é uma obrigação presente com uma saída improvável de recursos;

   (e) a empresa não deverá fazer nada a respeito de tal evento.

6

Imobilizado (IAS 16)

6.1 Introdução

A IAS 16 normatiza os procedimentos contábeis para os itens do ativo imobilizado, conhecidos como ativos fixos, de forma que os usuários da informação contábil possam compreender os investimentos da entidade em tais ativos e suas variações.

As principais questões relacionadas ao ativo imobilizado relacionam-se ao seu reconhecimento, ao tratamento dos custos iniciais e subsequentes, ao cálculo da depreciação e das perdas por *impairment* (redução ao valor recuperável).

6.2 Escopo

As orientações da IAS 16 se aplicam a todo imobilizado, exceto:

- àqueles classificados como mantido para venda de acordo com a IFRS 5 – Ativos Não Correntes Mantidos para Venda e Operações Descontinuadas;
- aos ativos biológicos relacionados a atividade agrícola de acordo com a IAS 41 – Agricultura;
- aos direitos de exploração mineral, reservas minerais e recursos similares não regenerativos, parcialmente tratados pela IFRS 6 – Exploração e Avaliação de Recursos Minerais.

Outras Normas, que também devem ser observadas, requerem tratamentos contábeis específicos para o imobilizado, tais como o reconhecimento de ativos arrendados tratados pela IAS 17 (*Leases*) e ativos imobilizados construídos para investimento normatizados pela IAS 40 (Propriedades de Investimento).

6.3 Definições de termos-chave

Custo: é o valor pago em dinheiro ou equivalente ou o valor justo de outra forma de pagamento usado para adquirir ou construir um ativo.

Imobilizado:[1] é composto por itens tangíveis com vida útil prevista de mais de um período contábil e que são mantidos para uso na produção ou fornecimento de bens e serviços, para aluguel a terceiros ou para fins administrativos.

Valor contábil: é o valor pelo qual um ativo é reconhecido, líquido da depreciação acumulada e das perdas por *impairment*.

Valor depreciável: é o custo de um ativo, ou outro valor substituto para o custo, menos seu valor residual.

Valor recuperável: é o maior entre o valor justo do ativo menos os custos para vender e seu valor em uso.

Valor residual: é o valor que poderia ser obtido com a venda do ativo se ele já estivesse com o tempo de uso e condição esperados para o fim de sua vida útil, líquido dos custos estimados com a venda.

Vida útil: é o período esperado ou unidades esperadas de produção pelo uso do ativo.

6.4 Reconhecimento de um ativo imobilizado

Um item do imobilizado deve ser reconhecido como um ativo **se**, e **somente se**, for provável que benefícios econômicos futuros associados com o item irão fluir para a entidade e os custos do ativo puderem ser confiavelmente mensurados. Esse é o critério básico adotado pelo IASB para o reconhecimento de todo e qualquer item como imobilizado.

Apesar de ser prática de algumas empresas delimitarem um valor a partir do qual um item seria reconhecido como imobilizado, a Norma não determina tais valores. Assim, a empresa deve aplicar o critério de reconhecimento com base em

---

[1] Adotou-se, por simplificação, a palavra *imobilizado* por ser o termo que melhor resume a expressão em inglês *property, plant and equipment*, lembrando que na contabilidade brasileira o grupo imobilizado inclui também itens intangíveis (*software* e benfeitorias em propriedades de terceiros). Aqui o termo *imobilizado* incluirá somente os itens tangíveis que compõem esse grupo.

seu julgamento. Contudo, a Norma permite que a empresa agregue itens insignificantes individualmente, tais como moldes e ferramentas, para aplicar o critério de reconhecimento aos itens agregados.

Peças de reposição e de manutenção são normalmente tratadas como estoques e reconhecidas como despesa quando utilizadas. Entretanto, peças de reposição importantes e equipamentos sobressalentes que a empresa pretende usar por mais de um período ou que são usados somente em conexão com algum ativo fixo devem ser classificados no imobilizado.

Itens do imobilizado podem ser adquiridos por razões de segurança ou ambientais (por exemplo, a instalação de um novo equipamento para tratamento químico). Apesar de esses itens não aumentarem diretamente os benefícios econômicos de qualquer item já reconhecido no imobilizado, podem permitir que a entidade retire os benefícios econômicos futuros dos ativos relacionados, o que não seria possível sem a aquisição. Nesse caso, os itens adquiridos devem ser reconhecidos como imobilizado.

Dúvidas existiram durante os anos de revisão da IAS 16 quanto ao tratamento dos gastos subsequentes ao reconhecimento do ativo imobilizado. Até a revisão de 2004 da IAS 16, a ativação de tais gastos era condicionada ao aumento do fluxo de benefícios econômicos para a empresa, o que poderia gerar interpretações dúbias. Com a revisão, o reconhecimento dos gastos subsequentes no imobilizado passou a ser condicionado ao atendimento do critério de reconhecimento básico, qual seja, a probabilidade de fluxo de benefício econômico e a confiabilidade na mensuração. Assim, os gastos com manutenção e reparos, que podem incluir gastos com pessoal e materiais, e também os gastos, regulares ou esporádicos, com pequenas partes incorporadas a determinado item do imobilizado devem ser reconhecidos como despesas.

Partes de alguns itens do imobilizado podem requerer troca em períodos regulares, como é o caso de caldeiras, bancos e cozinhas de aeronaves. Em outras situações, para que o ativo possa continuar a operar (por exemplo, uma aeronave), a empresa deve realizar grandes inspeções regulares, independentemente da substituição de partes. Em ambos os casos, a empresa deve reconhecer o custo da troca ou da inspeção no valor contábil do imobilizado, desde que o critério de reconhecimento seja atendido, procedendo da seguinte forma:

- baixar o valor da peça substituída, mesmo se tal valor não estivesse sendo depreciado separadamente; se for impraticável definir o valor da peça substituída, o custo da nova peça, trazido a valor presente, pode ser usado como indicativo do montante inicial da peça substituída;
- baixar o valor remanescente de qualquer inspeção anterior, mesmo se o valor da inspeção anterior não tivesse sido reconhecido separadamente; uma estimativa de uma inspeção futura similar pode ser usada como indicativo do valor da inspeção baixada.

6.5 Reconhecimento inicial do imobilizado

Um item do imobilizado, desde que satisfaça o critério de reconhecimento, deve ser reconhecido inicialmente ao custo. Esses custos compreendem:

a) preço de compra, incluindo impostos de importação e outras taxas não recuperáveis, após deduzir descontos comerciais e reembolsos;
b) custos diretamente relacionados com o processo de colocar o ativo no local e condição de uso pretendido pela empresa;
c) estimativas para desmontar, remover e restaurar o local de instalação do ativo se a entidade tem essa obrigação gerada na aquisição do ativo ou em momento posterior.

Se a obrigação de desmontar, remover e restaurar a área se relaciona a um imobilizado que é utilizado na produção de estoques durante determinado período de tempo, os custos da obrigação referente àquele período devem ser incorporados aos estoques, de acordo com a IAS 2 (Estoques). A orientação do IASB aqui se fundamenta no efeito que teria o tratamento de tais custos como parte do imobilizado, que pela depreciação seriam consequentemente atribuídos aos estoques, não justificando portanto o reconhecimento no imobilizado.

São exemplos de custos diretamente relacionados ao imobilizado e que devem, portanto, compor o valor dos ativos daquele grupo:

- benefícios dos empregados (salários, férias, abonos, planos de saúde e de aposentadoria) envolvidos na aquisição ou construção do ativo;
- custos de preparação do local;
- custos iniciais de manuseio e entrega;
- custos de montagem e instalação;
- custos de testar, menos qualquer resultado líquido da venda de produtos surgidos na fase de teste;
- custos de empréstimos de acordo com a IAS 23 – Custos de Empréstimos (tratada no Capítulo 9 deste livro); e
- honorários profissionais.

São exemplos de gastos que **não** são diretamente relacionados ao imobilizado e que, portanto, devem ser tratados como despesa quando incorridos:

- pré-operacionais;
- de introduzir um novo produto ou serviço;
- promocionais e de propaganda;

- de mudar para uma nova localização ou para uma nova classe de clientes (incluindo os gastos de treinamento de pessoal);
- gerais e administrativos;
- de ociosidade, quando o ativo já está em condições de uso;
- de realocar ou reorganizar parte ou todas as operações da empresa; e
- perdas operacionais iniciais, como aquelas incorridas enquanto a demanda para o produto aumenta gradualmente.

6.6 Mensuração do custo do imobilizado

O custo de um item do imobilizado é o preço equivalente em moeda na data do reconhecimento. Se o prazo de pagamento excede os prazos normais de crédito (geralmente um ano), a diferença entre o valor à vista e o valor pago deve ser reconhecida como despesa financeira, a não ser que sejam ativados na respectiva conta do imobilizado, se estes se caracterizam como ativos qualificados de acordo com a IAS 23, tratada no Capítulo 9 deste livro.

Na obtenção de itens do ativo imobilizado por meio de uma transação de troca (por um ativo não monetário ou uma combinação de ativos monetários e não monetários), o ativo adquirido deve ser mensurado ao valor justo a menos que falte natureza comercial à transação de troca ou o valor justo não possa ser confiavelmente mensurado. Nesse caso, o ativo recebido deve ser mensurado pelo mesmo valor contábil do ativo cedido.

Para determinar se um ativo imobilizado deve ser reduzido ao valor recuperável (*impaired*), as orientações da IAS 36 – *Impairment* – devem ser observadas. Indenizações recebidas por redução ao valor recuperável ou perdas de um ativo deverão ser reconhecidas como receitas, quando se tornarem recebíveis.

6.7 Modelo de reavaliação

Após o reconhecimento inicial, a empresa pode mensurar o imobilizado usando o modelo de custo ou o modelo de reavaliação. Uma vez selecionado o modelo, a empresa deverá aplicá-lo a toda classe à qual pertence o ativo, ou seja, ela não poderá mensurar alguns ativos de uma classe ao custo e outros ao valor de reavaliação. Uma classe de imobilizado é um grupo de ativos de natureza similar, como por exemplo terrenos, maquinários, aeronaves, navios, motor de veículos e móveis e utensílios de escritório.

No modelo de custo, o ativo é mantido ao valor de custo menos a depreciação acumulada e as perdas por *impairment* reconhecidas. No modelo de reavaliação, o ativo é mantido ao valor reavaliado, ou seja, o valor justo menos a depreciação acumulada e as perdas por *impairment* reconhecidas. As reavaliações devem ser feitas com regularidade suficiente para assegurar que o valor contábil não fique materialmente diferente do valor justo, ou seja, a volatilidade do valor justo é que determinará a frequência de reavaliações ao final de cada período contábil.

Para itens do imobilizado em que não existam evidências do valor justo com base no mercado, em função da natureza do bem ou porque o item é raramente vendido, a entidade pode definir o valor justo usando uma estimativa das receitas geradas pelo ativo ou o custo de reposição depreciado (valor de reposição atual deduzido da depreciação pelo período em que o ativo já foi utilizado).

Na contabilização da reavaliação, a depreciação acumulada deve ser:

- restabelecida proporcionalmente de forma que o valor do ativo menos a depreciação acumulada, na data da reavaliação, iguala-se ao valor reavaliado. Esse método é frequentemente usado quando o valor reavaliado é calculado usando o custo de reposição depreciado; ou
- eliminada contra o valor contábil bruto do ativo.

Na reavaliação, a contrapartida do aumento no valor contábil do ativo é reconhecida como reserva de reavaliação no patrimônio líquido e evidenciada na Demonstração do Resultado Abrangente, conforme determinado pela IAS 1 – Apresentação das Demonstrações Contábeis (ver Capítulo 2, para maiores informações). A única exceção a esse tratamento ocorre quando a reavaliação positiva refere-se a um ativo que foi anteriormente reavaliado negativamente com a redução do ativo contabilizado como despesa. Nesse caso, o aumento no ativo terá como contrapartida uma receita.

Numa reavaliação posterior para o mesmo ativo, em que o novo valor seja menor que o contabilizado (reavaliação negativa), a redução deve ser debitada inicialmente em qualquer saldo remanescente da reserva de reavaliação do mesmo ativo, e se o saldo não for suficiente, a diferença deverá ser contabilizada em resultados, como perda por *impairment*.

A baixa da reserva de reavaliação se dará sempre contra lucros acumulados (nunca em resultados) e ocorrerá nos casos de baixa, alienação ou uso (depreciação) do ativo pela entidade.

A empresa, de acordo com a IAS 12 (Imposto de Renda), deverá reconhecer o ativo e o passivo fiscal diferido sobre a diferença entre o valor contábil do ativo reavaliado e sua base fiscal. A Interpretação SIC 21 (Imposto de Renda – Recuperação de Ativos Reavaliados Não Depreciáveis) determina que o reconhecimento do ativo ou passivo fiscal de ativos reavaliados que não são depreciados (por exemplo, um terreno) deve ser feito com base no efeito fiscal que poderá se realizar pela venda do ativo. Assim, sobre o valor da reserva de reavaliação constituída, a empresa deverá reconhecer o imposto de renda diferido (e outros impostos) correspondente ao valor do imposto que será pago por ocasião da venda do terreno.

O Exemplo 6.1 a seguir ilustra o tratamento contábil da reavaliação, com o uso do custo de reposição depreciado e o restabelecimento proporcional da depreciação.

Exemplo 6.1 Determinado equipamento foi adquirido a vista em 2/1/X3 por $ 250.000, com uma vida útil estimada de 25 anos. O item é depreciado pelo método linear, ou seja, 4% ao ano. Em 1º/1/X5, o ativo foi reavaliado ao seu valor líquido de reposição de $ 276.000 (valor bruto de $ 300.000 menos dois anos de depreciação: 300.000/25 × 2). Em 3/1/X7, o valor justo, com base no custo de reposição líquido da depreciação, era de $ 189.000. Após as reavaliações, a empresa manteve o período de vida útil prevista na aquisição do bem. Caso contrário, qualquer alteração nesse período deveria ser tratada como mudança de prática contábil, e as orientações da IAS 8 são aplicáveis. Desconsiderando o efeito fiscal e resumindo os lançamentos mensais em lançamentos anuais, os seguintes registros contábeis são efetuados:

1. Em 2/1/X3:
   D – Máquinas e Equipamentos
   C – Caixa $ 250.000

2. Em 31/12/X3:
   D – Despesa/Custo de Depreciação
   C – Depreciação Acumulada $ 10.000

3. Em 31/12/X4:
   D – Despesa/Custo de Depreciação
   C – Depreciação Acumulada $ 10.000

4. Em 1º/1/X5:
   D – Máquinas e Equipamentos $ 50.000 (a)
   C – Depreciação Acumulada $ 4.000 (b)
   C – Reserva de Reavaliação $ 46.000 (c)

5. Em 31/12/X5:
   D – Despesa/Custo de Depreciação
   C – Depreciação Acumulada $ 12.000

6. Em 31/12/X5:
   D – Reserva de Reavaliação
   C – Lucros Acumulados $ 2.000

7. Em 31/12/X6:
   D – Despesa/Custo de Depreciação
   C – Depreciação Acumulada $ 12.000

8. Em 31/12/X6:
   D – Reserva de Reavaliação
   C – Lucros Acumulados $ 2.000

9. Em 3/1/X7:
   D – Depreciação Acumulada $ 12.000 (d)
   D – Reserva de Reavaliação $ 42.000 (e)
   D – Perda por *Impairment* de Ativos $ 21.000 (f)
   C – Máquinas e Equipamentos $ 75.000 (g)

Onde:

1: Aquisição do bem

2 e 3: Depreciação antes da reavaliação ($ 250.000/25 × 1)

4: Reavaliação em 1º/1/X5, sendo,
   (a) 300.000 – 250.000 = 50.000
   (b) (300.000/25) × 2 = 24.000 => 24.000 – 20.000 = 4.000
   (c) 300.000 – 24.000 = 276.000 (valor líquido atual)
       250.000 – 20.000 = 230.000 (valor líquido anterior)
   Reserva constituída = 46.000

5 e 7: Depreciação do bem após a reavaliação (300.000/25 ou 276.000/23) = >* 23 = anos restantes para a depreciação do bem

6 e 8: Realização da reserva (46.000/23)

9: Reavaliação negativa em 3/1/X7
   (d) 25% × 48.000 (depreciação acumulada do bem)
   (e) Baixa do saldo remanescente da Reserva de Reavaliação
   (f) Excesso do novo valor justo ($ 252.000 – $ 189.000 = 63.000) sobre a Reserva de Reavaliação ($ 42.000)
   (g) 25% × 300.000 (valor contábil bruto do equipamento)

Para o lançamento de número 9, fez-se necessária uma analogia. O novo valor justo ($ 189.000) corresponde exatamente a uma redução de 25% no atual valor contábil bruto ($ 300.000 – $ 48.000 = $ 252.000), ou seja, $ 189.000

corresponde a 75% de $ 252.000. Contudo, o valor contábil líquido corresponde ao valor contábil bruto do equipamento menos o saldo da respectiva depreciação acumulada, determinando que a redução de 25% seja feita nas duas contas. Assim, reduziram-se 25% de cada uma das duas contas. Essa analogia fez-se necessária porque o valor justo de $ 189.000 é líquido da depreciação. Na sequência, a redução entre os dois valores justos ($ 252.000 – $ 189.000), de $ 63.000, foi alocada, primeiro, eliminando-se o saldo da Reserva de Reavaliação ($ 42.000) e reconhecendo o restante ($ 63.000 – $ 42.000 = $ 21.000) como perda por *impairment*, diretamente em resultados.

Na data da reavaliação, a empresa deve provisionar o Imposto de Renda correspondente desde que seja provável a realização de tais valores, de acordo com elementos de julgamento (de caráter legal) para essa probabilidade, seguindo orientações da IAS 12.

6.8 Depreciação

Cada parte de um item do imobilizado que tenha um custo significativo em relação ao todo (por exemplo, a fuselagem e o motor de uma aeronave) deverá ser depreciada separadamente. A depreciação deverá ser calculada numa base sistemática ao longo de sua vida útil esperada e após deduzir o valor residual. O método de depreciação aplicado, o valor residual e a vida útil esperada deverão ser revistos, no mínimo, a cada final dos exercícios contábeis, e se houver alterações das expectativas anteriores, a mudança será tratada de acordo com a IAS 8 – Políticas Contábeis, Mudanças nas Estimativas Contábeis e Erros (para mais detalhes, ver Capítulo 4).

O registro da depreciação não deve ser interrompido mesmo que o valor justo do ativo seja maior que seu valor contábil, contanto que o valor residual não exceda o valor contábil.

A depreciação deve iniciar-se quando o ativo está nas condições de uso previstas pela empresa. Ela deve cessar quando (a) o valor residual do ativo iguala-se ou torna-se maior do que o valor contábil, (b) o ativo é vendido ou baixado por outros motivos e (c) o ativo é reclassificado para "mantido para venda" de acordo com a IFRS 5 – Ativos Não Correntes Mantidos para Venda e Operações Descontinuadas. Por sua vez, a contabilização da depreciação não deve ser suspensa durante períodos de ociosidade do ativo a menos que a taxa de depreciação seja calculada em função da produção.

Vale lembrar que a vida útil é definida em termos de utilização esperada do ativo, ou de outra forma, a vida útil de um ativo pode ser menor que sua vida econômica. Esse é o caso quando a política da empresa prevê a venda do ativo após um determinado período de tempo ou um determinado volume de produção. Assim, ao determinar a vida útil, a administração da empresa deverá estimar cuidadosamente a vida útil levando em conta o uso, programas de manutenção, capacidade esperada, produção esperada, deterioração, inovações tecnológicas e comerciais e limites legais de cada ativo.

6.9 Indenização por perdas e baixa do Imobilizado

Indenizações recebidas de terceiros por itens do imobilizado que foram perdidos ou baixados ao valor recuperável (*impaired*) deverão ser incluídas em resultados quando tornarem-se recebíveis. A baixa por *impairment*, recebimentos de indenizações e a compra subsequente de um novo imobilizado devem ser tratados como eventos separados, ou seja, baixa por *impairment* de acordo com a IAS 36 (Capítulo 12), baixa (des-reconhecimento) conforme este capítulo (parágrafo a seguir), indenização recebida em resultados e o custo do ativo restaurado, comprado ou construído em substituição àquele baixado, de acordo com este capítulo.

Um item do imobilizado deverá ser baixado (des-reconhecido) quando da venda ou quando não é mais esperado nenhum benefício econômico pelo uso ou venda. O resultado do des-reconhecimento deverá ser reconhecido como ganhos ou perdas e não como receita. Contudo, a empresa que no curso normal de suas atividades normalmente vende itens do imobilizado que são alugados a terceiros deverá transferir tais ativos para estoques, por seus valores contábeis, quando não estiverem alugados. Nesse caso, o resultado da venda deverá ser tratado como receita, de acordo com a IAS 16 (Capítulo 8).

6.10 Mudanças nas estimativas de restauração de áreas

Na seção 6.5, foi mencionado que as estimativas da obrigação de desmontar, remover e restaurar itens do imobilizado, quando não se referirem aos ativos usados para produção de estoques, comporão o custo do respectivo imobilizado. A IFRIC 1 (Mudanças nas Obrigações de Desativar, Restaurar e Passivos Similares) trata do efeito que as mudanças de tais estimativas podem provocar no imobilizado e no respectivo passivo, correspondente à obrigação. As mudanças das estimativas podem decorrer de alterações do fluxo de caixa futuro projetado e da taxa de desconto ou por aumentos dos valores como consequência da passagem de tempo.

O tratamento das alterações dos custos estimados para a obrigação de desmontar, remover e restaurar dependerá do modelo de avaliação (custo ou reavaliação) adotado para o ativo imobilizado:

- se o ativo imobilizado é mensurado ao custo, as mudanças no passivo deverão ser adicionadas ou reduzidas do ativo na data da mudança;

- se a redução é maior que o valor contábil do ativo, o excesso deverá ser reconhecido imediatamente em resultados;
- se o acréscimo no ativo dá indícios de que o novo valor pode não ser recuperável, a empresa deverá realizar o teste de *impairment* (para mais detalhes do teste, ver Capítulo 12 – *Impairment* de Ativos) e reconhecer qualquer perda, se devida.

Se o ativo em questão foi reavaliado:

- uma redução no passivo terá como contrapartida um crédito diretamente no saldo da reserva de reavaliação, exceto quando ela reverte uma reavaliação negativa reconhecida em resultados, quando também a redução deverá ser reconhecida em resultados. Se o valor do decréscimo do passivo excede o valor contábil do ativo, caso ele não tivesse sido reavaliado, o excesso deverá ser reconhecido em resultados;
- um aumento do passivo deverá ser reconhecido em resultados, exceto nos casos em que exista saldo de reserva de reavaliação para o mesmo ativo, quando o débito será na conta de reserva;
- a mudança no valor do ativo pode indicar que o ativo precisa ser reavaliado para assegurar que o valor contábil permaneça próximo ao valor justo na data do balanço, quando então toda a classe do ativo deverá ser reavaliada.

Adicionalmente, a Interpretação $IFRIC_1$ determina que se o ativo, avaliado ao custo ou ao valor reavaliado, atingiu o final de sua vida útil, qualquer mudança no passivo deverá ser reconhecida em resultados.

6.11 Evidenciação

As divulgações exigidas são bastante detalhadas, considerando a extensão dos tratamentos contábeis pertinentes aos itens do imobilizado. De maneira geral, as divulgações para cada classe de imobilizado se relacionam a:

a) base de mensuração adotada no cálculo do valor contábil bruto;
b) métodos de depreciação;
c) vida útil ou taxa de depreciação usada;
d) valor contábil bruto, depreciação acumulada e perdas por *impairment* acumuladas no início e no final do período;
e) adições;
f) ativos classificados como "mantidos para venda";

g) aquisições por meio de combinações de negócios;

h) aumentos e reduções originadas de reavaliações e das perdas por *impairment* e as respectivas reversões;

i) depreciação;

j) diferenças cambiais líquidas calculadas de acordo com a IAS 21 – Efeitos de Mudanças em Taxas Cambiais;

k) outras mudanças;

l) existência de restrições à propriedade (ativos dados em garantia) e os valores correspondentes;

m) ativos dados em garantia de passivo;

n) ativos em construção;

o) acordos contratuais para aquisição de imobilizado; e

p) indenizações recebidas por desvalorizações (*impairment*), perdas e abandonos.

Para itens reavaliados, as seguintes divulgações são exigidas:

- a data efetiva da reavaliação;
- se houve a participação de um avaliador independente;
- métodos e suposições relevantes para a determinação do valor justo;
- se para a determinação dos valores justos os preços foram observados em um mercado ativo ou por meio de transações recentes ou estimados por outras técnicas;
- para cada classe de ativo reavaliado, o valor contábil que poderia ter sido reconhecido se a classe não tivesse sido reavaliada; e
- a reserva de reavaliação, com as respectivas modificações no período e qualquer restrição sobre a distribuição de lucros aos acionistas.

6.12 Notas de Demonstrações Contábeis Publicadas

6.12.1 *Heineken N.V. (Relatório Anual de 2008)*

Itens do imobilizado são mensurados pelo custo menos subsídios governamentais recebidos, depreciação acumulada e perdas por *impairment* acumuladas. Custo compreende o preço da compra inicial acrescido com os gastos diretamente atribuíveis à aquisição do ativo (como fretes e impostos não recuperáveis). O custo dos ativos de construção própria inclui os custos de materiais e de mão de obra direta e quaisquer outros custos diretamente atribuíveis ao ativo para sua condição de uso pretendido (como uma proporção adequada dos custos gerais de produção) e os custos de desmontar e remover os itens e restaurar o local em que estão localizados. Custos de empréstimos relacionados com a aquisição ou construção de ativos qualificados são reconhecidos na demonstração de resultados, quando incorridos. Peças de reposição que são adquiridas como parte de uma compra de equipamentos e que serão utilizadas somente com esse equipamento específico inicialmente são capitalizadas e depreciadas como parte do equipamento. No caso de um item do imobilizado constituído por componentes principais que possuem vidas úteis diferentes, eles são contabilizados como itens separados no imobilizado.

6.12.2 Louis Vuitton (Relatório Anual de 2008)

Com exceção do vinhedo, o valor bruto do imobilizado é mantido ao custo de aquisição. Quaisquer custos de empréstimos incorridos antes da utilização dos ativos são tratados como despesa. O vinhedo é reconhecido ao valor de mercado da data do balanço. Essa avaliação baseia-se em dados oficiais publicados para operações recentes da mesma região ou por avaliações independentes. Qualquer diferença em relação ao custo histórico é reconhecida no patrimônio líquido em "Reserva de Reavaliação". Se o valor de mercado ficar abaixo do custo de aquisição, a perda por *impairment* resultante é reconhecida de demonstração de resultados. Videiras para champanhes, conhaques e outros vinhos produzidos pelo Grupo são considerados como ativos biológicos, como definido na IAS 41 (Agricultura). Como sua avaliação pelo valor de mercado difere pouco do custo histórico, nenhuma reavaliação é realizada para esses ativos.

6.13 Estudos de Casos

Estudo de caso 1

Dados:

A Cia. Química do Sul adquiriu a vista uma caldeira industrial para uso em seu processo produtivo no início de janeiro de 2005 por $ 240.000 e estimou uma vida útil de dez anos. Em 1º de janeiro de 2008, a caldeira foi reavaliada ao custo de reposição bruto (sem a depreciação) de $ 300.000.

Questão:

Desconsiderando os efeitos fiscais, como a Cia. Química do Sul deverá contabilizar a reavaliação da caldeira em 1º de janeiro de 2008, se ela optar por restabelecer proporcionalmente o saldo da depreciação acumulada?

Estudo de caso 2

Dados:

A Cia. Internacional, uma empresa de exploração mineral, adquiriu um novo equipamento de perfuração para uso numa determinada área de exploração. Ela incorreu nos seguintes gastos:

Nº	Item	Valor
1	Custo do equipamento (custo da compra a valor justo + impostos não recuperáveis)	3.000.000
2	Gastos de reorganização do fluxo operacional da empresa para evitar retrabalhos	50.000
3	Gastos iniciais de manutenção e frete	100.000
4	Gastos de preparação da área para instalação do equipamento	600.000
5	Consultoria que orientou a aquisição do equipamento	200.000
6	Encargos financeiros do financiamento pelo fornecedor	300.000
7	Gastos de desinstalação e restabelecimento da área a serem incorridos após oito anos, conforme contrato	80.000
8	Gastos de ociosidade do equipamento até o início da vigência do contrato	400.000

Questão:

Aconselhe a Cia. Internacional sobre os custos que comporão o valor do equipamento adquirido de acordo com a IAS 16.

Estudo de caso 3

Dados:

A Cia. Transport-Rápido adquiriu um equipamento de transporte pesado ao custo total de $ 500.000 (com nenhuma avaria de seus componentes). A vida útil estimada é de dez anos. Ao final do sexto ano, o motor do equipamento precisa ser substituído e o conserto é inviável economicamente em função do longo período de interrupção da produção. A parte remanescente do veículo está em bom estado de conservação e a empresa espera utilizá-la nos próximos quatro anos. O custo do novo motor é $ 230.000.

Questão:

O custo no novo motor poderá ser reconhecido como imobilizado? Se sim, qual o tratamento contábil a ser adotado pela Cia. Transport-Rápido? Considere a taxa de desconto de 5% a. a.

6.14 Testes de múltipla escolha

1. A Cia. Solar adquire um novo equipamento industrial, o que permitirá que a empresa tenha um ganho de produção considerável, devido à alta tecnologia do equipamento. A empresa incorreu numa série de gastos para deixar o equipamento em condições de uso. Entre esses gastos incluem-se os incorridos com o treinamento do pessoal para operação do novo equipamento. Esses gastos deverão ser:
   (a) contabilizados em lucros acumulados para não comprometer o resultado do período;
   (b) reconhecidos como um item separado do imobilizado para amortizar pelo mesmo prazo do equipamento;
   (c) incorporados ao valor dos estoques que serão produzidos com o uso da máquina;
   (d) reconhecidos como despesa no momento em que ocorrem;
   (e) nenhuma das alternativas anteriores.

2. Dos gastos a seguir incorridos com a aquisição e a instalação de um item do imobilizado, todos devem compor o custo do imobilizado, exceto:
   (a) estimativas de desmontar, remover e restaurar a área em que o ativo está localizado, conforme contrato que estabelece os direitos e deveres da empresa com a exploração da atividade;
   (b) gastos com o lançamento de campanha promocional do produto a ser produzido com o equipamento;
   (c) salários, férias e vale-transporte dos funcionários envolvidos com a instalação do ativo;
   (d) honorários do profissional que orientou a compra;
   (e) impostos de importação não recuperáveis.

3. As revisões das estimativas iniciais da empresa com a obrigação de desmontar, remover e restaurar o local em que o imobilizado está localizado deverão alterar o respectivo passivo tendo como contrapartida:
   (a) lucros acumulados, se o ativo é mensurado ao custo, por se referir a ajuste de exercício anterior;

(b) reserva de reavaliação, se for um aumento do valor estimado, independentemente do modelo utilizado pela empresa (custo ou reavaliação);

(c) resultados, se a empresa adotar o método de reavaliação e a nova estimativa aumentar o passivo, a não ser que exista saldo da reserva de reavaliação referente ao mesmo ativo, quando então o débito deverá ser nesta conta;

(d) não é permitida a contabilização da revisão das estimativas iniciais de tal passivo;

(e) não é permitida a contabilização de tais obrigações como um passivo por se enquadrar no conceito de passivo contingente.

4. A Cia. Estrela do Mar, que se dedica à realização de cruzeiros marítimos contratados por agências de viagens, para enfrentar a concorrência do setor, adquiriu um novo navio, com 3 piscinas, 5 restaurantes e 90 cabines. O custo do navio foi de $ 22 milhões, sendo que nesse valor está incluído o valor de $ 7 milhões do motor e $ 10 milhões das cabines. O navio tem uma vida útil estimada, com base na utilização esperada do ativo pela empresa, de 20 anos, que é menor que sua vida econômica. A empresa identifica como partes principais do navio o motor e as cabines, com uma vida útil estimada, respectivamente, de 8 e 5 anos, e contabilizará a depreciação usando o método linear. Ela deverá considerar os seguintes prazos para o cálculo da depreciação:

(a) 20 anos para todos os itens, já que o prazo de vida útil maior deverá prevalecer na depreciação;

(b) 5 anos para todos os itens, considerando que o princípio do conservadorismo deverá prevalecer na depreciação;

(c) 9,4 anos, considerando a média ponderada da vida útil dos 3 itens;

(d) o período de vida econômica dos ativos e não o período de vida útil;

(e) 20 anos para o navio, 8 anos para o motor e 5 anos para as cabines.

5. Com relação à reavaliação de ativos é correto afirmar que:

(a) a baixa da reserva de reavaliação deverá ser contabilizada contra a conta de lucros acumulados;

(b) a empresa pode reavaliar somente um dos seus imóveis classificados nessa classe de ativos;

(c) o critério de mensuração preferencial do IASB na reavaliação é o valor de reposição depreciado;

(d) uma reavaliação negativa deverá ser contabilizada como uma conta negativa no patrimônio líquido, separada de qualquer saldo de reserva de reavaliação anteriormente contabilizada nesse grupo;

(e) o saldo de depreciação acumulada deverá sempre ser eliminado no momento da contabilização da reavaliação.

7

Leases (IAS 17)

7.1 Introdução

A IAS 17 determina os procedimentos contábeis a serem adotados pelas empresas arrendadoras e arrendatárias com relação às transações de *leasing*. Os principais problemas tratados na Norma decorrem da classificação do *lease* como operacional ou financeiro, pois essa segregação é essencial para definir o tratamento contábil a ser adotado.

7.2 Escopo

Essa Norma determina as práticas contábeis a serem observadas em todas as operações de *lease*, com exceção daquelas estabelecidas para explorar ou usar recursos não regenerativos, como minerais, óleo e gás natural, bem como as que se relacionam às licenças para filmes, gravação de vídeos, músicas e similares.

Essa Norma não deve ser aplicada na **mensuração** de imóveis arrendados que se caracterizam como propriedades para investimentos (tratados pela IAS 40) e ativos biológicos arrendados (tratados pela IAS 41).

7.3 Definições de termos-chave

Aluguel contingente: é aquela parte dos pagamentos do *lease* que não é fixada em valor, mas se baseia num valor futuro de um fator que tem variações não decorrentes do tempo, como, por exemplo, uma porcentagem das vendas futuras, um índice de preço futuro ou uma taxa futura de juros de mercado.

Lease: é o contrato pelo qual a arrendadora transfere à arrendatária, em troca de pagamento, o direito de uso de um ativo pelo período de tempo definido no contrato.

Lease financeiro: é um *lease* que transfere substancialmente todos os riscos e benefícios da propriedade de um ativo. O título de propriedade pode ou não eventualmente ser transferido.

Lease operacional: é um *lease* que não um *lease* financeiro.

Pagamentos mínimos do *lease*: são os pagamentos exigidos durante o período do *lease*. Para uma arrendatária, eles incluem qualquer valor garantido a ser pago, e para a arrendadora, compreendem qualquer valor residual garantido pela arrendatária.

Lease não cancelável: é um *lease* que é cancelável somente: (a) com a ocorrência de alguma contingência remota; (b) com a permissão da arrendadora; (c) se a arrendatária fecha um novo contrato para o mesmo ativo ou um similar com a mesma arrendadora; e (d) no pagamento pela arrendatária de um valor adicional no início do *lease* de forma que a continuidade do *lease* é praticamente certa.

Valor residual garantido: é a parcela do valor residual que é garantida pela arrendatária ou por um terceiro a ele relacionado, ou seja, é o valor máximo que poderia, sob qualquer circunstância, tornar-se pagável.

Valor residual não garantido: é a parcela do valor residual do ativo arrendado cuja realização não é assegurada pela arrendatária ou é garantida somente por um terceiro relacionado à arrendadora.

7.4 Classificação dos *leases*

Um *lease* financeiro se caracteriza pela transferência substancial, da arrendadora para a arrendatária, dos riscos e benefícios associados com a propriedade do ativo arrendado. Caso contrário, é um *lease* operacional. Os riscos incluem obsolescência tecnológica, perdas em função da capacidade ociosa e variações no lucro obtido. Benefícios compreendem as expectativas com operações lucrativas e ganhos com a valorização e com a venda do ativo.

Para estabelecer a distinção entre um *lease* operacional e um *lease* financeiro, é importante analisar a essência do contrato e não somente sua forma legal.

A SIC 27 (Avaliação da Essência de Transações Envolvendo a Forma Legal de um *Lease*) estabelece que a contabilidade deve refletir a essência do *lease* e para isso todos os aspectos e implicações do contrato deverão ser avaliados e ponderados com relação aos seus efeitos econômicos. Quando o efeito econômico de um contrato que inclui uma série de transações não puder ser identificado individualmente, a série de transações poderá ser contabilizada como uma única transação. Esse é o caso, por exemplo, quando uma série de transações inter-relacionadas é negociada como uma única transação e acontece concomitantemente ou em uma sequência contínua.

Situações que individualmente ou conjuntamente, normalmente, **caracterizam** um *lease* como financeiro incluem:

- transferência da propriedade para a arrendatária no final do prazo do *lease*;
- a arrendatária tem a opção de comprar o ativo a um preço esperado menor que seu valor justo, de forma que a opção será provavelmente exercida;
- o prazo do *lease* corresponde à maior parte da vida econômica do ativo, mesmo se o título de propriedade não for transferido;
- o valor presente dos pagamentos mínimos do *lease* é igual a substancialmente todo o valor justo do ativo;
- o ativo arrendado é tão especializado que somente a arrendatária pode usá-lo sem modificações significativas.

Situações que individualmente ou conjuntamente **poderiam** caracterizar também um *lease* como financeiro incluem:

- se a arrendatária pode cancelar o *lease* e as perdas da arrendadora associadas com o cancelamento são assumidas pela arrendatária;
- ganhos ou perdas das mudanças do valor justo do valor residual do ativo são acumuladas para a arrendatária;
- a arrendatária tem a opção de continuar o *lease* por meio de um contrato secundário a um valor substancialmente menor que o aluguel no mercado.

As situações descritas acima não são sempre conclusivas para o enquadramento como um *lease* financeiro e, normalmente, um alto grau de julgamento será necessário. A ênfase no risco, mais que no benefício do ativo, pode ajudar nesse julgamento, ou seja, se a arrendadora mantém pouco ou nenhum risco associado ao ativo, provavelmente se trata de um *lease* financeiro. Por outro lado, se a arrendadora tem de suportar os riscos associados com o uso ou com as alterações no preço de mercado do ativo, ou ainda, com as variações nos parâmetros de um aluguel contingente, normalmente se trata de um *lease* operacional. O objetivo do *lease* também pode ajudar nesse julgamento. Se existe no contrato cláusula prevendo o cancelamento pela arrendatária e é provável que a arrendatária o faça, então provavelmente se está diante de um *lease* operacional.

A classificação entre operacional ou financeiro deve acontecer no início do *lease*. Se as condições do contrato são alteradas posteriormente de tal forma que o *lease* poderia ter tido uma classificação diferente, o acordo revisado é considerado um novo acordo. Mudanças nas estimativas, como a do valor residual ou da vida econômica (vida útil) do ativo, e alterações das circunstâncias, como descumprimento do contrato pela arrendatária, não dão origem a uma nova classificação do *lease* para fins contábeis.

Leases de terrenos e construções devem ser avaliados separadamente. Em geral, os *leases* de terrenos são operacionais e os das construções, financeiros. No caso dos terrenos, isso acontece porque eles têm vida econômica indefinida, e se não for prevista a transferência do título de propriedade para a arrendatária ao final do contrato, deve ser tratado como um *lease* operacional.

Um problema pode surgir com os *leases* de terrenos e construções quando um pagamento mínimo efetuado no início do *lease* precisa ser alocado entre os dois itens, proporcionalmente aos seus valores justos relativos às participações no imóvel arrendado. Se a alocação não pode ser feita confiavelmente, então ambos os *leases* devem ser tratados como *lease* operacional ou *lease* financeiro, dependendo de qual classificação está mais clara no contrato.

Se a arrendatária classifica terrenos e construções como propriedades para investimento de acordo com a IAS 40 (Propriedades de Investimento) e o valor justo é adotado (o que é permitido pela IAS 40), então não é exigida a mensuração separada dos terrenos e das construções. Ainda de acordo com a IAS 40, a propriedade mantida por uma arrendatária sob um *lease* operacional pode ser classificada como propriedade para investimento e, neste caso, deve ser contabilizada como **se fosse** um *lease* financeiro, adotando-se o valor justo para reconhecimento do ativo.

7.5 *Leases* nas demonstrações contábeis da arrendatária

7.5.1 *Reconhecimento do* lease *financeiro*

O tratamento dado pelo IASB ao *lease* financeiro é que ele se configura como um meio de financiar a obtenção do ativo. Assim, no início do *lease*, a arrendatária deve reconhecer um ativo e um passivo ao valor justo do ativo arrendado, ou, se menor, ao valor presente dos pagamentos mínimos do *lease*, ou seja, o ativo e passivo são reconhecidos ao menor valor entre o valor justo do ativo e o valor presente das parcelas a serem pagas. A taxa de desconto a ser usada no cálculo do valor presente é a taxa implícita no *lease* financeiro, se for praticável determiná-la; se não for, uma taxa de juros sobre empréstimos incremental da arrendatária poderá ser usada. Ao valor reconhecido como ativo deverão ser adicionados os custos diretos iniciais assumidos pela arrendatária.

Após o reconhecimento inicial, os pagamentos realizados referentes ao *lease* são apropriados entre a quitação do passivo e o encargo financeiro, de forma a refletir uma taxa de juros periódica constante sobre o passivo. Aluguéis contingentes deverão ser reconhecidos como despesa quando incorridos.

Na prática, ao alocar a taxa de juros aos períodos durante o prazo do *lease*, a arrendatária pode usar uma forma de aproximação para simplificar os cálculos.

Após reconhecer o ativo resultante do *lease* financeiro, a arrendatária inicia o reconhecimento das despesas de depreciação com base na vida útil esperada de acordo com a IAS 16 (Imobilizado), usando as mesmas taxas de ativos similares. Contudo, se não existir nenhuma certeza razoável que a arrendatária obterá a propriedade ao final do contrato, deverá ser adotado no cálculo da depreciação o menor entre o prazo do *lease* e a vida útil.

7.5.2 Evidenciação do lease *financeiro*

As principais divulgações obrigatórias para a arrendatária referente ao *lease* financeiro, além das determinadas pelas Normas sobre instrumentos financeiros, são:

a) para cada classe de ativos, o valor contábil líquido na data do balanço;

b) uma reconciliação entre o total dos pagamentos futuros na data do balanço e seu valor presente;

c) o total dos pagamentos futuros e seu valor presente na data do balanço, segregados pelos seguintes períodos: menores que 1 ano, entre 1 e 5 anos e acima de 5 anos;

d) aluguéis contingentes reconhecidos no período;

e) o total dos recebimentos esperados com relação a subarrendamentos não canceláveis; e

f) uma descrição geral dos contratos materiais.

7.5.3 Reconhecimento do lease *operacional*

Os pagamentos de um *lease* operacional deverão ser reconhecidos linearmente pelo tempo do contrato a não ser que outro modelo represente melhor os benefícios do ativo para o usuário, mesmo se os pagamentos seguirem um modelo diferente.

Ao negociar um novo contrato ou renovar um contrato já existente, a empresa arrendadora pode oferecer incentivos ao fechamento do contrato pela arrendatária. Esses incentivos podem se apresentar sob a forma de pagamentos antecipados para a arrendatária, reembolsos ou compromissos de pagamentos dos custos da arrendatária, períodos de arrendamento gratuitos ou com valor reduzido, dentre outros. A Interpretação SIC 15 (*Leases* Operacionais – Incentivos) determina que tanto a arrendadora quanto a arrendatária deverão reconhecer o valor dos incentivos como redução, respectivamente, da receita e da despesa do arrendamento linearmente ao longo do prazo do contrato. Os custos incorridos pela arrendatária que são reembolsados pela arrendadora deverão ser contabilizados de acordo com a IAS 17, ou seja, em resultados no *lease* operacional e como parte do custo do ativo, no *lease* financeiro. Dessa forma, em um *lease* operacional em que por incentivo da arrendadora não há pagamento pelo uso do bem arrendado por determinado período de tempo, a arrendatária reconhecerá a despesa correspondente na data de sua ocorrência e distribuirá o incentivo pelo período total do *lease*, resultando no reconhecimento da despesa de *lease*, periodicamente, pelo valor líquido, ou seja, a despesa do *lease* menos o valor do incentivo.

7.5.4 Evidenciação do lease *operacional*

As principais divulgações obrigatórias para a arrendatária referentes ao *lease* operacional, além das determinadas pelas Normas sobre instrumentos financeiros, são:

a) o total dos pagamentos futuros de *leases* operacionais não canceláveis, segregados pelos seguintes períodos: menores que 1 ano, entre 1 e 5 anos e acima de 5 anos;

b) o total dos recebimentos esperados com relação a subarrendamentos não canceláveis;

c) pagamentos de arrendamento e subarrendamento e aluguel contingente reconhecidos como despesa; e

d) uma descrição geral dos contratos materiais.

7.6 *Lease* nas demonstrações contábeis da arrendadora

7.6.1 Reconhecimento do lease *financeiro*

A arrendadora deverá reconhecer os ativos arrendados para terceiros como um valor a receber por montante igual ao investimento líquido no *lease*. O investimento líquido é obtido pelo desconto do investimento bruto por uma taxa de juros implícita no *lease*. O investimento bruto é o valor agregado dos pagamentos a serem recebidos somado com qualquer valor residual não garantido atribuído à arrendadora.

A arrendadora pode incorrer em custos diretos iniciais que são aqueles atribuíveis diretamente a negociação e fechamento de um acordo de *leasing*, tais como comissões, honorários legais e custos internos. Esses custos diretos devem ser incluídos no valor a receber do *lease* financeiro e reduzirão a receita reconhecida ao longo do contrato.

Após o reconhecimento inicial, a receita financeira é reconhecida com base no modelo que reflita uma taxa de retorno constante sobre o investimento líquido no *lease*. Os recebimentos do *lease* são aplicados contra o investimento bruto para reduzir tanto o principal quanto a receita financeira não realizada.

Fabricantes ou comerciantes frequentemente oferecem aos clientes a escolha entre comprar ou arrendar um ativo. Um *lease* financeiro feito por uma indústria ou comércio que também age como arrendadora dá origem a dois tipos de receitas:

a) lucro ou prejuízo equivalente ao resultado de uma venda definitiva do ativo que está sendo arrendado, ao preço normal de venda, deduzido de qualquer desconto;

b) receita financeira ao longo do período do *lease*.

Assim, um *lease* financeiro irá gerar um lucro ou prejuízo da venda do ativo ao preço de venda normal e uma receita financeira ao longo do período do *lease*. Se uma taxa de juros menor que a praticada no mercado é adotada para atrair clientes, o lucro da venda deve ser calculado usando uma taxa de juros praticada no mercado.

7.6.2 Evidenciação do lease *financeiro*

Além das determinações das Normas sobre instrumentos financeiros, as seguintes divulgações devem ser feitas pela arrendadora:

- uma reconciliação entre o valor contábil bruto do investimento no *lease* e o valor presente do montante a receber, ambos na data do balanço;
- o valor bruto do investimento e o valor presente na data do balanço do montante a receber, agregados pelos seguintes períodos: menores que 1 ano, entre 1 e 5 anos e acima de 5 anos;
- receita financeira não realizada;
- valor residual não garantido acumulando em benefício do arrendador;
- os créditos de liquidação duvidosa referentes aos valores a receber do *lease*;
- aluguéis contingentes reconhecidos como receita; e
- uma descrição geral dos acordos significativos de *lease*.

7.6.3 Reconhecimento do lease *operacional*

Os arrendadores deverão apresentar nas suas demonstrações contábeis os ativos sujeitos a *lease* operacional de acordo com a natureza do ativo – motor do veículo, equipamento etc.

As receitas do *lease* deverão ser reconhecidas na demonstração de resultados com base em linha reta ao longo do contrato, a menos que outra base reflita melhor a natureza do benefício recebido, com o tratamento de qualquer incentivo, conforme já mencionado na seção 7.5.3.

A depreciação de um ativo sujeito ao *lease* operacional é reconhecida como despesa e poderá ser determinada da mesma forma que ativos similares do arrendador.

Custos diretos iniciais de negociar o acordo de *lease* deverão ser adicionados ao custo do ativo e reconhecidos como despesa ao longo do prazo do *lease* seguindo a mesma base em que as receitas do *lease* são reconhecidas.

7.6.4 Evidenciação do lease *operacional*

Além das determinações das Normas sobre instrumentos financeiros, as seguintes divulgações devem ser feitas pela arrendadora:

- os recebimentos futuros dos *leases* operacionais não canceláveis dos seguintes períodos: menores que 1 ano, entre 1 e 5 anos e acima de 5 anos;
- aluguéis contingentes reconhecidos como receita; e
- uma descrição geral dos acordos significativos de *lease*.

7.7 Transações de venda e de *leaseback*

A transação de venda e *leaseback* envolve a venda de um ativo e, em seguida, a contratação de um *lease* para o mesmo ativo pela empresa vendedora. Usualmente o preço de venda e o valor dos pagamentos do *lease* nessas transações são interdependentes, já que são negociações relacionadas.

Análises cuidadosas são necessárias para assegurar que a essência da transação seja adequadamente refletida, bem como a separação correta como *lease* operacional ou financeiro.

Se a transação de *leaseback* tem por resultado um *lease* financeiro, a arrendatária terá de diferir qualquer lucro sobre a venda do ativo pelo prazo de duração do *lease*.

Por outro lado, se resulta em um *lease* operacional e for claro que a transação é realizada ao valor justo, os ganhos ou perdas sobre a venda deverão ser reconhecidos imediatamente. Se o preço de venda é menor que o valor justo e as perdas são compensadas por pagamentos futuros do *lease* a um preço abaixo do valor de mercado, então a perda poderá ser diferida e amortizada proporcionalmente aos pagamentos do *lease* ao longo da vida útil do ativo. Se as perdas não são compensadas por pagamentos futuros, elas deverão ser reconhecidas imediatamente. Se o preço de venda é maior que o valor justo e os arrendamentos estão acima das taxas normais de mercado, o excesso sobre o valor justo deverá ser diferido e amortizado ao longo da vida útil do ativo.

Outras transações mais complexas precisam ser analisadas quanto à essência e não à forma legal da transação, pois frequentemente compreendem uma série de transações envolvendo *lease*. Em alguns casos, benefícios fiscais surgem; em outros casos, não existe nenhuma transação real quando a série de transações é vista na totalidade.

A IFRIC 4 (Determinando se um Acordo Contém um *Lease*) trata das situações em que o acordo de *lease*, apesar de não assumir uma forma legal, gera o direito de uso de um ativo em troca de pagamentos. Exemplos de acordos nos quais uma entidade (o fornecedor) pode transferir o direito de uso de um ativo a outra entidade (o comprador), frequentemente junto com um serviço relacionado, incluem: (a) um acordo de terceirização da função de processamento de dados de uma entidade; (b) acordos das indústrias de telecomunicações, nos quais os fornecedores de capacidade de transmissão fazem contratos para fornecer aos compradores o direito a capacidade; e (c) e acordos nos quais os compradores devem fazer pagamentos específicos sem considerar se eles terão os produtos e serviços contratados, como é o caso de determinados acordos de aquisição de toda a produção de uma geradora de energia elétrica.

O consenso da IFRIC 4 de se um acordo é ou contém um *lease* deverá ser baseado na essência do acordo e demandará uma avaliação de se:

a) a realização do acordo é dependente de um ativo específico;

b) o acordo transfere o direito de uso do ativo.

Esse pode ser o caso quando qualquer uma das condições é atendida:

- no acordo, o comprador tem a capacidade ou o direito de operar o ativo ou orienta outros nessa operação;
- o comprador tem a capacidade ou o direito de controlar fisicamente o acesso ao ativo;
- existe somente uma possibilidade remota de que terceiros, além do comprador, irão obter montantes significativos do resultado do ativo e o preço que o comprador irá pagar não é nem fixo por unidade nem igual ao preço de mercado no momento da entrega.

7.8 Notas de demonstrações contábeis publicadas

7.8.1 Heineken N.V. (relatório anual de 2008)

Os *leases* nos quais a Heineken assume substancialmente todos os riscos e benefícios da propriedade são classificados como *leases* financeiros. No reconhecimento inicial, P, P & E adquirido por meio de um *lease* financeiro é mensurado a um montante igual ao menor entre seu justo valor e o valor presente dos pagamentos mínimos do *lease* no início do contrato. Os pagamentos do *lease* são apropriados entre o passivo pendente e os encargos financeiros de forma a obter uma taxa de juros constante sobre o saldo remanescente do passivo. Outros *leases* são operacionais e não são reconhecidos no balanço da Heineken. Os pagamentos feitos dos *leases* operacionais são reconhecidos na demonstração de resultados linearmente pelo prazo do *lease*. Quando um *lease* operacional é rescindido antes do vencimento do contrato, qualquer pagamento a ser feito ao arrendador por meio de multas é reconhecido como despesa no período em que se realiza a rescisão.

7.8.2 Porsche Automobile Holding SE (relatório anual de julho/2007 a julho/2008)

Os valores a receber de *leases* financeiros como resultado de financiamento de veículos e analisados por grupo são como segue:

Euro 00	31/7/2008	31/7/2007
Investimento bruto total no *lease*:	1,475,202	1,485,280
Vencimento em um ano	503,699	489,638
Vencimento entre um e cinco anos	971,192	995,334
Vencimento após cinco anos	311	308
Receita Financeira não Realizada	– 158,684	– 168,192
Valor presente dos pagamentos mínimos de *lease* pendentes:	1,316,518	1,317,088
Vencimento em um ano	427,703	413,864
Vencimento entre um e cinco anos	888,504	902,979
Vencimento após cinco anos	311	245

7.9 Estudos de casos

Estudo de caso 1

Dados:

A Cia. Cacique assina um novo contrato de *leasing* com determinada arrendadora para uso de um equipamento industrial durante dez anos, pagando, pelo uso, o valor fixo de $ 50.000 por ano. A arrendadora concorda em reembolsar a arrendatária pelos custos de instalação do equipamento como incentivo ao fechamento do contrato. Os custos de instalação totalizaram $ 10.000. Os riscos e benefícios do ativo não são transferidos da arrendadora para a arrendatária.

Questão:

Qual tratamento contábil deverá ser dado ao *lease* pela arrendadora e pela arrendatária?

Estudo de caso 2

Dados:

A Cia. Madeira Pronta faz um *lease* de uma máquina de carpintaria pelo período de cinco anos com uma cláusula de prorrogação por mais um ano por opção da arrendadora, além de um valor residual garantido (seis anos após a data do contrato) de $ 15.000. Ao final de seis anos a máquina deverá ser devolvida ao arrendador. A taxa de juros de empréstimos incrementais da arrendatária é de 7% ao ano. Estima-se a vida útil da máquina em sete anos, um valor justo de $ 90.000 e um valor residual (valor de revenda para o arrendador previsto ao final do período de seis anos) de $ 5.000, que será descontado do valor residual garantido ao final dos seis anos. Os pagamentos anuais do *lease* são de $ 16.000.

Questões:

a) Determine se o contrato se caracteriza como um *lease* operacional ou financeiro.

b) Calcule o valor presente do ativo.

c) Se o *lease* for financeiro, faça a alocação dos pagamentos entre as despesas de juros e o passivo.

d) Calcule o valor da depreciação anual.

e) Apresente os lançamentos contábeis referentes ao *lease* ao final do contrato.

Estudo de caso 3

Dados:

A Cia. Só-Negócios (arrendatária) fez um *lease* de determinado ativo. O valor justo do ativo é $ 100.000 e cada parcela do *lease* é de $ 18.000 a ser paga semestralmente. O primeiro pagamento é feito na entrega do ativo (data do contrato). O valor residual dos pagamentos previsto do ativo para exercer a opção de compra é de $ 4.000 após os três anos do contrato. A taxa de juros implícita no contrato é de, aproximadamente, 9,3% ao período (semestre) e o valor presente das parcelas é de $ 87.472. A empresa considera que provavelmente vai exercer a opção de compra do ativo, ao final do contrato.

Questão:

Calcule os valores que serão reconhecidos semestralmente como juros do contrato e apresente os lançamentos contábeis realizados na data do contrato nas contas da Cia Só-Negócios.

Estudo de caso 4

Dados:

A Cia. Sol-a-Sol faz um *lease* para uso em suas atividades de um imóvel, incluindo o terreno e a construção. De acordo com os termos do contato, após 15 anos (prazo do contrato) o título de propriedade da construção passará para a Cia. Sol-a-Sol, o que não ocorrerá com o terreno. O *lease* se inicia em 1º de julho de 2005, quando o valor justo do terreno era de $ 54.000.000 e o valor justo da construção era $ 18.000.000. A primeira parcela do *lease* foi paga em 30 de junho de 2006 pelo valor de $ 6 milhões pelo terreno e $ 2 milhões pela construção. Os pagamentos das parcelas do *lease* de acordo com o contrato são reduzidos após seis anos e o prazo mínimo do *lease* é de 30 anos. O valor presente das parcelas, na assinatura do contrato, era de $ 40 milhões para o terreno e $ 17 milhões para a construção. A construção é depreciada pelo período de 15 anos. A taxa de juros efetiva é de 7% ao ano.

Questão:

Descreva como a Cia. Sol-a-Sol deverá tratar o *lease* do terreno e da construção.

Estudo de caso 5

Dados:

A Cia. Luz & Lua faz um *lease* em 1º/7/2006 com duração de sete anos. A vida econômica do ativo objeto do *lease* é de sete anos e meio. O valor justo do ativo é de $ 5 milhões e as parcelas do *lease* no valor de $ 450.000 serão pagas a cada seis meses. O valor presente das parcelas do *lease* é de $ 4,6 milhões. O pagamento da primeira parcela do *lease* estava previsto para acontecer no dia 1º/7/2006, mas a arrendadora concordou em prorrogar o primeiro pagamento para 1º/1/2007. O ativo foi recebido pela empresa na data do contrato (1º/7/2006).

Questão:

Descreva como o *lease* será tratado para o ano finalizado em 31/12/2006.

Estudo de caso 6

Dados:

A Cia. Negocia-Bem vende uma máquina de produção industrial para uma controlada integral e faz um *leaseback* por um período de quatro anos. A vida útil remanescente da máquina é de dez anos. O preço de venda da máquina é 20% abaixo de seu valor contábil e de mercado. Os pagamentos pelo *lease* se basearam nos valores praticados no mercado. A Negocia-Bem não tem nenhuma obrigação de recomprar a máquina.

Questão:

Como essa transação deverá ser tratada pela Cia. Negocia-Bem?

7.10 Testes de múltipla escolha

1. Em um *lease* envolvendo terreno e construção, para uso na atividade principal da entidade, sem pagamento efetuado no início do contrato e com a transferência do título de propriedade da construção ao final do contrato, o tratamento contábil correto é:

    (a) o terreno dá origem a um *lease* operacional e a construção a um *lease* financeiro;

    (b) o terreno dá origem a um *lease* financeiro e a construção a um *lease* operacional;

    (c) ambos os ativos dão origem a *leases* operacionais;

    (d) ambos os ativos dão origem a *leases* financeiros;

    (e) depende do uso que a arrendatária dará aos dois ativos.

2. A classificação do *lease* como operacional ou financeiro terá por base:
   (a) a taxa de juros praticada no contrato;
   (b) a opção da entidade por um ou outro tipo;
   (c) os pagamentos correspondentes a pelo menos 50% do valor justo do ativo;
   (d) a natureza e uso do ativo;
   (e) nenhuma das alternativas anteriores.

3. O tratamento contábil correto para um *lease* financeiro pela arrendadora é reconhecer:
   (a) um valor a receber de igual montante ao investimento líquido no *lease* e os recebimentos posteriores como receita de *lease*;
   (b) um valor a pagar de igual montante ao investimento líquido no *lease* e os pagamentos posteriores no caixa e como receita de juros;
   (c) um valor a receber de igual montante ao passivo contingente do *lease* e os recebimentos posteriores no caixa e como redução do valor a receber;
   (d) um valor a receber de igual montante ao investimento líquido no *lease* e os recebimentos posteriores distribuídos entre redução do valor a receber e receita de juros no resultado;
   (e) um ativo não circulante igual ao investimento líquido no *lease* e reconhecer todo o recebimento no resultado.

4. O princípio fundamental que determina a classificação do *lease* como operacional ou financeiro é:
   (a) prudência;
   (b) essência sobre a forma;
   (c) conservadorismo;
   (d) objetividade;
   (e) materialidade.

5. Determinada arrendatária faz um *lease* de terrenos e construções classificados como propriedade para investimento, de acordo com a IAS 40, e adota o valor justo dos ativos no reconhecimento. Nesse caso:
   (a) o *lease* é tratado como operacional;
   (b) o *lease* é tratado como financeiro;
   (c) a mensuração separada dos ativos arrendados não é exigida;
   (d) o tratamento está incorreto, pois ela não poderia adotar o valor justo;
   (e) a mensuração separada dos ativos arrendados é compulsória.

6. No caso de uma transação de venda e *leaseback*, se a venda ocorre por um valor abaixo do valor justo do ativo e a perda é compensada por pagamentos futuros do *lease*, então a perda é:
   (a) reconhecida imediatamente em resultados;
   (b) diferida e amortizada ao longo da vida útil do ativo;
   (c) diferida até o final do contrato;
   (d) reconhecida imediatamente como reserva de *leasing*;
   (e) reconhecida em lucros acumulados por se referir a perda de vários anos.

7. O lucro de uma transação de *lease* financeiro para a arrendadora que é um fabricante ou comerciante deverá:
   (a) ser reconhecido pelo modo normal da transação;
   (b) não ser reconhecido separadamente da receita financeira;
   (c) ser alocado linearmente ao longo do prazo do *lease*;
   (d) ser alocado linearmente ao longo da vida útil do ativo negociado;
   (e) somente ser reconhecido no final do *lease*.

8

Receita (IAS 18)

8.1 Introdução

A Estrutura para a Preparação e Apresentação de Demonstrações Contábeis do IASB define receitas como aumentos nos benefícios econômicos durante o período contábil nas formas de entradas ou acréscimos de ativos ou decréscimos de passivos que resultem em aumento no patrimônio líquido e que não se originam de participações patrimoniais (por exemplo, por aumento de capital) de sócios e acionistas.

A IAS 18 ressalta a distinção entre receitas e ganhos. As receitas são aquelas que surgem no curso das atividades normais da entidade e são de diversas origens, como vendas, prestação de serviços, e aquelas obtidas pelo uso dos ativos da empresa, como as de juros, dividendos, honorários, franquias e *royalties*. Ganhos, por sua vez, incluem itens como o lucro na venda de ativos permanentes ou sobre a tradução de balanços em moeda estrangeira ou os ajustes ao valor justo de ativos financeiros e não financeiros. A IAS 18 trata especificamente de receitas originárias de certos tipos de eventos e transações, identificados na seção 8.2.

A questão central do tratamento contábil das receitas é a identificação do momento em que efetivamente a receita deve ser reconhecida com base na probabilidade de geração de benefício futuro e na mensuração confiável daquele benefício. A solução para o problema de identificação aponta para o uso efetivo do reconhecimento das receitas de acordo com o regime de competência dos exercícios.

O item receita tem ganhado importância considerável nos últimos anos, principalmente, como consequência dos recentes escândalos do mercado financeiro.

Em alguns casos de manipulação de resultados, o reconhecimento inadequado das receitas é apontado como o principal item. O impacto direto no resultado do período reforça a preocupação quanto à definição do momento adequado de reconhecimento das receitas. Por exemplo, quando a empresa deve reconhecer uma receita de venda? No pedido do cliente? No final da produção? No envio ou na entrega da mercadoria ao cliente? São questões como essa que a Norma tenta elucidar.

8.2 Escopo

Os requerimentos da IAS 18 aplicam-se nas receitas originárias de:

a) vendas de mercadorias por empresas industriais e comerciais;
b) prestação de serviços;
c) juros, *royalties* e dividendos.

A IAS 18 não aborda as receitas surgidas dos itens a seguir, que são tratadas especificamente ou não por outras normas do IASB:

- contratos de *leasing* (IAS 17);
- dividendos sobre investimentos avaliados pelo método de equivalência patrimonial (IAS 28);
- contratos de seguros (IFRS 4);
- alterações no valor justo de ativos e passivos financeiros e suas alienações (IAS 39);
- alterações nos valores de outros ativos correntes;
- reconhecimento inicial e mudanças no valor justo de ativos biológicos relacionados à atividade agrícola (IAS 41);
- extração de minerais.

8.3 Definições de termos-chave

Receita: representa a entrada bruta para a entidade de benefícios econômicos durante o período, que se origina das atividades ordinárias, que resulta em aumento do patrimônio líquido e que não seja produto de contribuições de investidores patrimoniais (sócios e acionistas).

Valor justo: é o valor pelo qual um ativo pode ser negociado ou um passivo quitado entre especialistas dispostos a negociar numa transação sem favorecimentos.

8.4 Mensuração das receitas

As receitas devem ser mensuradas ao valor justo do pagamento recebido ou a receber. Na maioria dos casos, esse valor é facilmente identificado com base no contrato, após se considerarem os descontos e reembolsos.

Na contabilização de receitas diferidas (vendas e serviços a prazo), se a negociação efetivamente é uma transação de financiamento, o valor justo do pagamento deve ser determinado pelo desconto do recebimento futuro usando uma taxa de juros imputada. A taxa de juros imputada é a mais claramente determinável entre:

a) a taxa de um título e risco similares; ou

b) a taxa de juros usada para descontar o valor nominal de um título ao preço de venda à vista dos bens e serviços.

A diferença entre o valor justo e o valor nominal do título deve ser reconhecida como receita de juros.

No caso de troca de mercadorias ou serviços, cada situação deve ser analisada separadamente. Se as mercadorias e os serviços trocados são de valor e natureza similares, essencialmente nenhuma transação ocorreu e, portanto, nenhuma receita é reconhecida. Esse é caso quando há troca de estoques de *commodities* de petróleo ou leite para atender à demanda de um local em particular.

Por outro lado, se as mercadorias e serviços não são similares, a receita gerada deve ser reconhecida pelo valor justo das mercadorias ou serviços recebidos. Se o valor justo dos itens recebidos não está disponível, a receita deve ser reconhecida pelo valor justo das mercadorias entregues ou dos serviços prestados. Em ambos os casos, a receita deve ser ajustada por qualquer valor transferido em complemento à troca.

A SIC 31 (Receita – Transações de Permuta Envolvendo Serviços de Publicidade) trata do reconhecimento de receita originária de transações de troca de serviços de publicidade não similares. Nesse caso, a receita não pode ser mensurada ao valor justo do serviço de publicidade recebido. Assim, na permuta, a empresa reconhece a receita do serviço fornecido, pelo valor de uma transação normal (não de permuta) que envolve publicidade similar àquela fornecida na transação de permuta.

8.5 Identificação da receita

Os critérios de reconhecimento das receitas apresentados nas seções 8.6, 8.7 e 8.8 a seguir são usualmente aplicados separadamente a cada transação. Contudo, pode haver transações mais complexas quando o critério de reconhecimento deverá ser aplicado aos vários componentes identificáveis de uma única transação ou deverá ser aplicado a duas ou mais transações conjuntamente. O primeiro caso pode ocorrer, por exemplo, quando no preço de venda de um produto está incluído um valor referente à prestação de serviço de assistência técnica subsequente a venda. Nessa circunstância, a receita de serviço deverá ser diferida e reconhecida à medida que o serviço é desempenhado. Um exemplo do segundo caso pode acontecer quando há a venda de um produto e o fechamento de um contrato de recompra do produto em uma data futura, anulando o elemento que caracteriza a transação. Nessa situação, as duas transações – venda e recompra – devem ser tratadas conjuntamente.

8.6 Venda de mercadorias

A receita da venda de mercadorias deverá ser reconhecida quando todas as condições descritas a seguir são atendidas:

I – **os riscos e benefícios significativos relacionados com a propriedade das mercadorias foram transferidos ao comprador:** na maioria das vezes, a transferência dos riscos e benefícios coincide com o momento da transferência da propriedade ou com a passagem da posse para o comprador. Entretanto, a empresa vendedora pode manter os riscos associados à propriedade, quando, por exemplo:

- a vendedora mantém a responsabilidade pelo desempenho insatisfatório do produto não coberta pelas garantias normais provisionadas;
- o recebimento da receita é condicionado à revenda do produto pelo comprador;
- as mercadorias despachadas estão sujeitas à instalação e/ou inspeção como etapas importantes do contrato e ainda não foram finalizadas; e
- o comprador tem o direito de rescindir a compra, conforme cláusula do contrato de venda, e a entidade está incerta sobre a probabilidade de retorno do bem vendido.

Nos exemplos acima, nenhuma receita é reconhecida. Contudo, se a entidade mantém somente um risco pouco significativo associado à propriedade, ela deve reconhecer a receita. Esse pode ser o caso quando a empresa vendedora somente mantém o documento legal da venda para garantir o recebimento do valor devido. Ou ainda, quando ocorre uma venda a varejo com a garantia de reembolso se o cliente não estiver satisfeito. Em ambos os casos, desde que o vendedor possa estimar as devoluções numa base racional (por exemplo, com suporte em experiências anteriores) e reconheça, para tais devoluções, um passivo, a receita deve ser reconhecida no momento da venda.

II – **o vendedor não mantém envolvimento gerencial contínuo associado com a propriedade nem o controle efetivo sobre a mercadoria vendida:** a venda deve se caracterizar pela total independência das partes envolvidas na transação.

III – **é provável que os benefícios econômicos associados com a transação fluirão para o vendedor:** podem ocorrer circunstâncias em que a probabilidade somente se confirma pelo recebimento ou pela eliminação da incerteza, como, por exemplo, quando o recebimento de uma exportação depende de permissão da autoridade governamental estrangeira. Se a incerteza sobre o recebimento surge após o reconhecimento da receita, o valor correspondente deve ser tratado como despesa e não como ajuste da receita anteriormente reconhecida.

IV – **o valor da receita e dos custos associados com a transação podem ser confiavelmente mensurados**: as receitas e os custos relacionados deverão ser confrontados e reconhecidos simultaneamente. Assim, quando os custos relacionados com a receita, como garantias e outros incorridos após o despacho da mercadoria, não puderem ser mensurados confiavelmente, qualquer recebimento pela venda deve ser reconhecido como um passivo.

Apresentam-se a seguir exemplos de algumas receitas de vendas de produtos e seus respectivos momentos de reconhecimento:

- venda em que a entrega é atrasada em relação à solicitação do cliente mas este assume o direito de propriedade e assume a dívida: quando o comprador assume o direito de propriedade, desde que seja provável que a entrega será feita e que o produto vendido está em mãos, identificado e pronto para remessa ao comprador, o comprador conhece as instruções de entrega e as formas de pagamento são as usuais;

- venda sujeita a instalação e inspeção: quando o comprador aceita a entrega e a instalação e/ou inspeção é finalizada, exceto quando o processo de instalação é simples (de um aparelho de TV, por exemplo) ou a inspeção só é realizada para definição do preço final do contrato (por exemplo, na expedição de minério de ferro, soja ou açúcar), quando então poderá ser reconhecida mediante o aceite da entrega pelo comprador;

- venda com direito limitado de devolução negociado pelo comprador e cuja ocorrência de devolução é incerta: quando o tempo de devolução transcorreu;

- venda consignada: na revenda da mercadoria para terceiros;

- recebimento mediante entrega: quando ocorre a entrega e o recebimento da venda pelo vendedor ou seu agente;
- venda com entrega mediante a finalização do pagamento de todas as prestações: quando as mercadorias são entregues, a não ser que a experiência da empresa indique que a venda será consumada, quando então a receita poderá ser reconhecida desde que o produto esteja em mãos, identificado e pronto para entrega ao comprador;
- encomenda com recebimento (ou parte dele) antecipado: quando as mercadorias são entregues ao comprador;
- venda com contrato de recompra: os termos do contrato devem ser analisados quanto a transferência ou não dos riscos e benefícios;
- venda a intermediários (distribuidores, comerciantes etc.): quando os riscos e benefícios são transferidos, exceto quando o comprador atua, em essência, como um agente, quando, então, a transação deve ser tratada como venda consignada;
- assinatura de revistas: linearmente, pelo período de remessa do bem, se os valores de cada período são similares; se os valores variarem, a receita deve ser reconhecida com base no valor do item despachado em relação ao preço total da subscrição;
- venda a prestação: na data da venda, mediante o cálculo a valor presente das prestações, com os juros reconhecidos como tal, quando ganhos;
- venda de imóveis: quando o título legal passa para o comprador. Em algumas jurisdições, em que a posse é conferida ao comprador antes do documento legal, com a consequente transferência de riscos e benefícios, a receita pode ser reconhecida nesse momento. Quando o vendedor mantém um envolvimento continuado com o comprador (por exemplo, o vendedor garante a ocupação do imóvel ou um retorno do investimento por determinado período de tempo), a transação deverá ser analisada, pois poderá se caracterizar como uma venda, um *leasing* ou outra forma: se como venda, poderá ocorrer a postergação no reconhecimento da receita. As condições de pagamento do comprador também deverão ser consideradas, e se houver evidências insuficientes das condições do comprador para efetuar o pagamento, a receita deve ser reconhecida somente mediante o recebimento.

8.7 Prestação de serviços

A receita da prestação de serviços deve ser reconhecida de acordo com o seu estágio de acabamento, desde que o resultado final possa ser estimado confiavelmente. Esse pode ser o caso se:

- o valor da receita, o estágio de acabamento, os custos incorridos e os custos para finalizar o serviço puderem ser mensurados confiavelmente; e
- for provável que os benefícios econômicos associados fluirão para o prestador de serviços.

Os critérios estabelecidos na IAS 18 para reconhecimento de receitas são similares aos previstos na IAS 11 – Contratos de Construção. Destacam-se, na IAS 18, as seguintes orientações para reconhecimento das receitas de serviços:

a) se a incerteza sobre o recebimento de um serviço a prazo surge após o reconhecimento da receita, o valor correspondente da provisão para perdas deve ser tratado como despesa e não como ajuste da receita;

b) para estimar a receita é necessário, geralmente, a elaboração de orçamentos internos e sistemas de custos;

c) o estágio de acabamento pode ser determinado com base em inspeções no serviço desempenhado, e estabelecido como um percentual do total do serviço previsto ou como uma taxa de custos incorridos com relação ao custo total estimado;

d) pagamentos escalonados ou antecipados pelo cliente frequentemente não refletem o serviço desempenhado;

e) por praticidade, se o serviço é realizado por meio de inúmeras atividades ao longo do período, a receita pode ser reconhecida de forma linear, a menos que existam evidências de que outro método reflita melhor o estágio de acabamento;

f) se o resultado da prestação do serviço não puder ser confiavelmente estimado, a receita deve ser reconhecida somente até o valor recuperável das despesas.

Apresentam-se a seguir exemplos de algumas receitas de serviços e suas respectivas formas de reconhecimento:

- honorários por instalações: ao longo do período da instalação com relação ao estágio de acabamento;
- honorários de suporte pós-venda: valor do serviço deverá ser diferido e reconhecido como receita ao longo do período no qual o serviço é realizado;
- serviços de mídia: quando o anúncio ou comercial é veiculado;
- comissões de seguradoras: no início do período de vigência da apólice, a menos que haja a probabilidade de a seguradora ter de fornecer serviços adicionais durante o contrato, quando então a comissão ou parte dela deverá ser diferida para cobrir os custos do fornecimento daquele serviço;

- honorários de serviços financeiros vinculados ao fornecimento de determinado serviço, como a concessão de um empréstimo: na maioria das vezes, quando o serviço é fornecido;
- receitas de apresentações artísticas e similares: quando o evento ocorre; se um pacote para um número de apresentações é vendido, a receita da venda é alocada de acordo com a realização de cada evento;
- taxas escolares: ao longo do período em que as aulas são fornecidas;
- franquias: com base no objetivo para o qual os valores foram cobrados;
- taxas de associação: a partir de uma análise, de forma que a receita reconhecida reflita o tempo, a natureza e o benefício fornecido (por exemplo, se as taxas financiam somente a associação, se cobrem outros serviços ou produtos ou se os produtos e serviços fornecidos futuramente são subsidiados pela taxa etc.);
- honorários do desenvolvimento de *software* sob encomenda: de acordo com o estágio de acabamento, incluindo o suporte após a entrega.

8.8 Juros, *royalties* e dividendos

O uso dos ativos da empresa por terceiros pode gerar receitas de juros, de *royalties* e de dividendos, as quais são reconhecidas da seguinte forma:

- juros: usando o método da taxa efetiva, tratado na IAS 39;[1]
- *royalties*: seguindo o regime de competência de acordo com a essência do contrato;
- dividendos: mediante o estabelecimento do direito de recebimento dos acionistas.

As formas de reconhecimento acima, como já mencionado, são condicionadas à probabilidade de benefícios econômicos fluírem para a entidade e à mensuração confiável da receita.

8.9 Programas de fidelidade de clientes

A IFRIC 13 (Programas de Fidelidade do Cliente) apresenta orientações para o reconhecimento de receitas decorrentes de créditos ou pontos (como os programas de milhagem das empresas aéreas) para a fidelidade dos clientes que são:

---

[1] É o método usado para calcular o custo amortizado de ativos e passivos financeiros e para alocar as despesas e receitas de juros ao longo de um período de tempo relevante. A taxa de juros efetiva é aquela que desconta os caixas futuros estimados de pagamentos e recebimentos ao longo da vida útil esperada do instrumento financeiro. O cálculo da taxa inclui todos os honorários, comissões, prêmios, descontos e demais custos da transação.

a) concedidos aos clientes como consequência das vendas (ou seja, venda de mercadorias, prestação de serviços ou uso dos ativos da entidade pelo cliente); e

b) condicionados ao atendimento de determinada condição; o cliente pode, no futuro, trocar por mercadorias ou serviços gratuitamente ou obter descontos.

O consenso da Interpretação é que:

- a entidade deverá aplicar a IAS 18 e contabilizar os créditos (pontos) como um item separado (no Passivo) da receita da transação inicial na qual eles foram concedidos (a venda ou a prestação de serviço inicial);
- o valor justo do pagamento recebido ou a receber referente à venda ou à prestação de serviço inicial deverá ser alocado (distribuído) entre o crédito (pontos) concedido ao cliente e a receita da venda ou da prestação do serviço; e
- o pagamento alocado ao crédito (pontos) deverá ser mensurado ao valor justo, ou seja, o valor pelo qual tal crédito poderia ser negociado separadamente.

A Interpretação IFRIC 13 foi emitida em junho de 2007 e tornou-se efetiva para períodos contábeis iniciados em ou após 1º de julho de 2008.

8.10 Evidenciação

A empresa deverá divulgar:

- a política contábil adotada para o reconhecimento das receitas, incluindo o método adotado para determinar o estágio de acabamento das receitas de serviços;
- o valor de cada categoria significativa de receitas reconhecidas durante o período, incluindo as de vendas, prestação de serviços, juros, *royalties* e dividendos;
- o valor da receita originária de trocas de mercadorias ou serviços, para cada categoria significativa de receitas.

8.11 Notas de demonstrações contábeis publicadas

8.11.1 TAM S. A. (relatório anual de 2008)

Os bilhetes vendidos são lançados como vendas antecipadas, no Passivo Corrente, devido a nossa obrigação de transportar os passageiros. A receita de voo (transporte de passageiros e de carga) é reconhecida quando os serviços de transporte são efetivamente prestados. Outras receitas são reconhecidas para bilhetes não utilizados no prazo de 12 meses seguintes da data da viagem originalmente agendada. Esses bilhetes são cancelados de acordo com a regulamentação da IATA e a receita é reconhecida nesse momento.

8.11.2 Royal Dutch Shell (relatório anual de 2008)

As receitas de venda de petróleo, gás natural, produtos químicos e todos os outros produtos são reconhecidas pelo valor justo do pagamento recebido ou a receber, após dedução de impostos sobre vendas, impostos sobre o consumo e tributos similares, quando riscos e benefícios significativos da propriedade são transferidos, o que ocorre quando o direito de propriedade passa para o cliente. Na Exploration & Production, Gás & Power e Oil Sands isso geralmente ocorre quando o produto é fisicamente transferido para um navio, tubo ou outro mecanismo de entrega. Nas vendas pelas refinarias, ocorre quando o produto é colocado dentro do navio ou descarregado do navio, dependendo dos termos contratualmente acertados. Para as vendas por atacado de produtos de petróleo e químicos, o reconhecimento da receita ocorre no momento da entrega ou no ponto de recebimento, dependendo das condições contratuais.

8.11.3 Louis Vuitton (relatório anual de 2008)

Provisões para Devolução de Produtos

Perfumes e Cosméticos e, em menor medida, as companhais Fashion and Leather Goods e Watches and Jewelry podem aceitar a devolução dos produtos não vendidos ou desatualizados de seus clientes e distribuidores. Nos casos em que essa prática é aplicada, as receitas e os valores a receber correspondentes são reduzidos pelo montante estimado de tais retornos, e um lançamento correspondente é feito em estoques. A taxa de retorno estimada baseia-se em estatísticas históricas.

8.12 Estudos de casos

Estudo de caso 1

Dados:

(a) A Cia. XYZ vende mercadorias à Cia. ABC. No contrato de venda, existe uma cláusula segundo a qual o vendedor tem obrigação pelo desempenho insatisfatório, o qual não é coberto pelas garantias normais provisionadas.

(b) A Cia. Beta despachou um maquinário para o endereço especificado pelo cliente. Uma parte relevante da transação envolve a instalação da máquina, a qual ainda não foi realizada pela Cia. Beta.

(c) O comprador tem o direito de cancelar a compra por razões não especificadas no contrato de venda (devidamente assinado por ambas as partes) e o vendedor está incerto sobre os desdobramentos da transação.

Questão:

Qual(is) da(s) situação(ões) acima significa(m) que "riscos e benefícios" **não** foram transferidos para o comprador? Por quê?

Estudo de caso 2

Dados:

A Cia. Atacadista vende mercadorias que custaram $ 100.000 para a Cia. Bom-de-Negócio pelo valor final de $ 200.000 para pagamento em seis meses. O preço seria $ 140.000 para pagamento em 30 dias e $ 130.000 para pagamento a vista.

Questão:

Como deveria a Cia. Atacadista reconhecer a receita da transação?

Estudo de caso 3

Dados:

A Cia. Monte Verde, revendedora de peças importadas para autos, diante de uma forte crise do setor, lançou uma promoção de vendas. Durante a promoção, ela oferecerá ao cliente que tiver adquirido $ 2 milhões de mercadorias durante o período de 12 meses finalizado em dezembro um desconto retroativo de 4% sobre o valor das compras. A Cia. Monte Verde encerra suas demonstrações contábeis em 30 de setembro e vendeu a determinado cliente, durante o período de 1º de janeiro de 2006 a 30 de setembro de 2006, com vendas distribuídas linearmente no período, $ 1.700.000 de mercadorias.

Questão:

Qual o valor de receita a ser reconhecida pela Cia. Monte Verde no balanço de 30 de setembro de 2006?

Estudo de caso 4

Dados:

A Cia. Engenho Novo construiu uma máquina especificamente para atender ao projeto apresentado por um cliente. A máquina não poderá ser utilizada em nenhuma outra função. A Cia. Engenho Novo nunca construiu esse tipo de máquina e prevê que, no primeiro ano de uso, alguns defeitos poderão aparecer. De acordo com o contrato, a empresa é responsável pela retificação da máquina sem nenhum custo adicional para o cliente. A natureza desses defeitos poderá ser bastante significativa, mas a empresa não consegue fazer uma estimativa confiável da provisão para garantia. No final do ano, a máquina foi entregue e instalada, o cliente pagou os $ 500.000 (preço do contrato) e os custos incorridos pela empresa com a construção somam $ 225.000 até o momento da entrega.

Questão:

Como a Cia. Engenho Novo deverá reconhecer essa transação?

Estudo de caso 5

Dados:

A Serviço-Completo S.A. vende um equipamento, cujo preço de venda a vista é $ 150.000, sendo $ 200.000, também a vista, se o cliente contratar uma garantia de revisão do equipamento pelo período de dois anos, sem nenhum valor adicional, caso o serviço venha a ser realizado.

Questão:

Como a Serviço-Completo S.A. deverá reconhecer esses dois valores?

Estudo de caso 6

Dados:

A perfumaria Rosecravo S.A. lançou, em 20X1, um programa de fidelidade do cliente. Ela concederá pontos aos membros do programa, durante um ano, mediante a compra de qualquer perfume da rede de lojas da empresa. Os pontos não têm data de vencimento e podem ser resgatados por qualquer produto das lojas da rede. Até o final do ano, a entidade concedeu um total de 1.000 pontos. A administração da empresa projeta que somente 800 desses pontos serão resgatados por meio da troca por produtos. Com base na estimativa da administração de que o valor justo de cada ponto do programa de fidelidade corresponde a $ 1, a empresa difere $ 1.000, reconhecendo como um passivo.

Questões:

a) Durante 20X2, 400 pontos foram trocados por produtos. Qual a receita reconhecida pela Rosecravo S.A. em 20X2?

b) Para 20X3, a administração revê suas expectativas referentes aos pontos acumulados pelos clientes em 20X2 e conclui que, no total, 900 pontos serão resgatados. Durante 20X3, mais 450 pontos são resgatados. Qual a receita reconhecida pela Rosecravo S.A. em 20X3?

c) Em 20X4, os 50 pontos adicionais são resgatados. A administração mantém sua projeção de que, no total, 100 pontos não serão resgatados, mantendo a expectativa de troca somente de 900 pontos. Qual a receita reconhecida pela Rosecravo S.A. em 20X4?

8.13 Testes de múltipla escolha

1. Em todas as transações a seguir a receita é reconhecida no momento da venda, exceto na:

    (a) venda de um aparelho DVD sujeito a instalação;

    (b) venda com reembolso previsto e provisionado, no caso de insatisfação do cliente;

    (c) venda a prestação;

    (d) venda consignada;

    (e) venda com manutenção do documento legal para garantia do recebimento, com provisão das perdas prováveis.

2. A receita de realização de um *show* musical por determinada empresa deve ser reconhecida quando:

    (a) a empresa recebe o valor correspondente à venda dos bilhetes;

    (b) o *show* musical acontece;

    (c) o público cadastra-se *on line* para compra posterior dos bilhetes;

    (d) os bilhetes para o *show* são vendidos;

    (e) os artistas assinam o contrato de realização do *show*.

3. Em todas as situações a seguir, os riscos e benefícios **não** são transferidos ao comprador, exceto quando:

    (a) as mercadorias despachadas estão sujeitas à instalação pelo vendedor, que ainda não a realizou;

    (b) o vendedor somente receberá quando o comprador revender a mercadoria;

(c) o comprador pode cancelar a venda, conforme contrato estabelecido, e o desfecho da transação ainda é desconhecido pelo vendedor;

(d) a venda é a prazo;

(e) o vendedor se compromete a substituir um produto recém-lançado no mercado por desempenho insatisfatório e a empresa não consegue estimar confiavelmente a extensão dos custos que poderá vir a ter.

4. A empresa industrial Beta e Gama Ltda. recebeu um pedido de determinado cliente, mas a entrega foi realizada com atraso em relação à data combinada. Mesmo assim, o cliente assumiu a propriedade sobre a mercadoria e aceitou a fatura. A venda da Beta e Gama Ltda. deverá ser reconhecida por ela quando:

    (a) o comprador faz o pedido;

    (b) a empresa inicia o processo de produção para o atendimento do pedido;

    (c) tornou-se provável que a entrega seria feita, as condições de pagamento foram estabelecidas e o comprador tomou conhecimento das condições de entrega;

    (d) a empresa negocia com o cliente novo prazo de entrega;

    (e) a propriedade foi transferida mas a mercadoria permaneceu no escritório do vendedor.

5. Quanto ao reconhecimento das receitas de serviços é correto afirmar que:

    (a) a receita de serviços de propaganda de um canal de televisão deve ser reconhecida quando ocorre a venda do produto anunciado pelo cliente;

    (b) no caso de venda de determinado produto juntamente com o contrato de garantia estendida, as receitas da venda e da prestação do serviço da garantia deverão ser reconhecidas no momento da venda, e se o serviço vier a ser prestado posteriormente, por defeito do produto, a despesa correspondente deverá ajustar o valor da receita anteriormente reconhecida;

    (c) se após a finalização da prestação de serviço a prazo para determinado cliente e o reconhecimento da respectiva receita o cliente começa a ter problemas financeiros, tornando-se pouco provável que ocorra o recebimento remanescente do serviço, a perda estimada deverá ser reconhecida como ajuste da receita;

    (d) as receitas de mensalidades escolares referentes a um ano letivo recebidas antecipadamente deverão ser reconhecidas à medida que as aulas são oferecidas;

    (e) as comissões deverão ser reconhecidas como receitas pelas seguradoras quando finaliza o período do contrato de seguro.

6. Cia. Fabrick é uma grande indústria fabricante de máquinas. A Cia. Industry, seu principal cliente, encomenda uma máquina sob medida para suas atividades, e faz um pagamento antecipado para a Cia. Fabrick no valor de $ 150.000. O preço final da máquina será $ 180.000. De acordo com os termos do contrato estabelecido entre as empresas, a entrega será FOB (*free on board*), ou seja, o frete e o seguro serão por conta da Cia. Fabrick até o carregamento da máquina no navio, quando então a propriedade é assumida pelo comprador. Quando a Cia. Fabrick deverá reconhecer a receita?

    (a) quando a máquina for despachada no porto;

    (b) quando o cliente fez o pedido;

    (c) quando o pagamento antecipado foi recebido;

    (d) quando a máquina foi recebida pelo cliente;

    (e) nenhuma das alternativas anteriores.

7. A Cia. Cosmetic, uma grande fabricante de cosméticos, vende mercadorias para a Beleze Ltda., um varejista, que por sua vez revende as mercadorias aos consumidores por meio de uma rede de lojas. A Beleze Ltda. compra mercadorias da Cia. Cosmetic sob um contrato de consignação. Quando a Cia. Cosmetic deve reconhecer a receita com as vendas para a Beleze Ltda?

    (a) quando o contrato de consignação é assinado;

    (b) quando as mercadorias são entregues à Beleze Ltda.;

    (c) quando as mercadorias são revendidas pela Beleze Ltda.;

    (d) depende do contrato estabelecido entre a Beleze Ltda. e a Cia. Cosmetic quanto às condições de entrega (ou seja, se é FOB – *free on board* – ou CIF – *cost, insurance and freight*);

    (e) depende das condições de pagamento (a vista ou a prazo) acertadas entre as duas empresas.

8. A empresa Cia. Geratudo, uma fabricante de produtos alimentícios perecíveis, lança no mercado um tipo diferenciado de queijo e, para atrair a clientela, se compromete a reembolsar o cliente que não estiver satisfeito com o produto, dentro de um mês da data da compra. A empresa consegue estimar que 10% das vendas serão devolvidas. Quando a receita da venda do queijo deve ser reconhecida pela Cia. Geratudo?

    (a) quando o produto é vendido ao cliente;

    (b) após um mês da venda;

    (c) apenas se o produto for devolvido pelo cliente no prazo de um mês;

    (d) no momento da venda, juntamente com um passivo de igual valor da receita em função da possibilidade de retorno pelo cliente;

    (e) no momento em que ela lança o novo produto, em função de o nome da empresa ser amplamente reconhecido no mercado.

9

Custos de empréstimos (IAS 23)

9.1 Introdução

A IAS 23 estabelece as orientações a serem seguidas na contabilização dos custos relacionados aos empréstimos obtidos para a aquisição, construção ou produção de determinados ativos. As questões que surgem no tratamento contábil dos custos dos empréstimos dizem respeito à identificação desses custos e à decisão de se eles devem compor ou não o valor do ativo para o qual o empréstimo foi obtido.

Até março de 2007, o IASB permitia dois tratamentos contábeis para os custos dos empréstimos. O tratamento preferido (*benchmark*) previa o reconhecimento como despesa e o tratamento alternativo permitia o reconhecimento como parte dos custos do ativo qualificado. Como parte do processo de convergência do IASB com o FASB, o tratamento como despesa, que era a principal divergência entre os dois organismos, foi eliminado. A IAS 23 revisada tornou-se efetiva a partir de períodos contábeis iniciados em 1º de janeiro de 2009. A aplicação da nova Norma para períodos anteriores foi encorajada, mas a aplicação retrospectiva não foi permitida, ou seja, a mudança de prática, de despesa para ativo, só pode ser feita para capitalizações (reconhecimento como parte do ativo) ocorridas em ou após 1º de janeiro de 2009.

9.2 Escopo

A IAS 23 aplica-se à contabilização dos custos de empréstimos obtidos externamente. A Norma não trata dos custos reais ou imputados pelas participações patrimoniais, como ações preferenciais ou ordinárias. Adicionalmente, ela **não** se aplica aos custos de empréstimos relacionados a ativos qualificados mensurados ao valor justo (por exemplo, os ativos biológicos) e aos estoques que são produzidos em larga escala e de forma repetitiva.

9.3 Definições de termos-chave

Ativos qualificados: são aqueles que necessariamente levam um período de tempo substancial para ficarem prontos para uso ou venda.

Custos de empréstimos: são as despesas de juros calculadas pelo método dos juros efetivos e outros custos incorridos referentes aos empréstimos obtidos pela entidade; por exemplo, as diferenças cambiais de empréstimos em moeda estrangeira relacionadas aos ajustes dos juros.

Método dos juros efetivos: é aquele utilizado para calcular o custo amortizado (valor inicialmente reconhecido menos amortização do principal, acrescido ou reduzido dos juros efetivos, menos provisão para perdas) de um ativo ou passivo financeiro e para alocar as receitas e despesas de juros sobre um período relevante. A taxa de juros efetiva é a taxa que desconta os pagamentos ou recebimentos futuros estimados pela vida útil esperada do título. No cálculo da taxa efetiva, a entidade deve levar em conta todos os termos do contrato, como os pagamentos antecipados e resgates. O cálculo inclui todos os honorários e obrigações pagas ou recebidas, os custos da transação e todos os outros prêmios e descontos.

9.4 Custos de empréstimos passíveis de capitalização

Inicialmente, devem ser identificados quais são os custos de empréstimos que, de acordo com a IAS 23, são passíveis de ativação, juntamente com os demais custos dos ativos qualificados para os quais os empréstimos foram utilizados. São considerados custos de empréstimos, de acordo com a IAS 23:

- juros sobre empréstimos de curto prazo, como os originados por saques bancários a descoberto, contratos ou notas promissórias;
- juros sobre empréstimos de longo prazo, como os oriundos de contratos com prazo determinado e as hipotecas imobiliárias;
- descontos ou rendimentos relacionados aos empréstimos;
- custos acessórios incorridos em função da contratação do empréstimo, como seguros, comissões etc.;

- despesas financeiras originadas de um *leasing* financeiro, reconhecido de acordo com a IAS 17 (*Lease*);
- variações cambiais de empréstimos em moeda estrangeira, quando se referirem a ajustes dos custos dos juros.

9.5 Ativos qualificados

Os ativos qualificados são aqueles que levam um tempo considerável para ficar nas condições previstas de uso ou venda. Assim, estão excluídos do conceito de ativos qualificados os que estão prontos para uso ou venda quando adquiridos. Também não são ativos qualificados os estoques produzidos em um curto período de tempo e os ativos financeiros. Exemplos de ativos qualificados incluem:

- uma ponte construída durante alguns anos;
- uma planta industrial que leva um período de tempo considerável para ficar em condições de uso;
- uma represa de hidrelétrica cuja construção será no longo prazo;
- determinados ativos intangíveis de longo período de formação, como um projeto de longo prazo para o desenvolvimento de um novo produto;
- um imóvel construído ao longo dos anos e que, quando pronto, será mantido como investimento;
- estoques com um período de tempo de produção substancial.

9.6 Reconhecimento dos custos de empréstimos

As empresas deverão incluir os custos dos empréstimos que são diretamente atribuíveis a aquisição, construção ou produção de um ativo qualificado nos custos daquele ativo. Os demais custos de outros empréstimos que são obtidos com objetivo distinto do financiamento de um ativo qualificado (por exemplo, empréstimo para capital de giro) devem ser tratados como despesa.

A capitalização dos custos de empréstimos como parte dos custos dos ativos qualificados depende do atendimento de duas premissas:

- probabilidade de geração de benefícios econômicos para a entidade pelos ativos; e
- mensuração confiável dos custos.

Nos empréstimos realizados especificamente para a aquisição, construção ou produção de um ativo identificado, os custos dos empréstimos que se relacionam diretamente àquele ativo são, em geral, prontamente identificáveis. Para tanto, toma-se por base a identificação daqueles custos que não teriam ocorrido, caso não houvesse o dispêndio com o ativo qualificado. Contudo, dificuldades podem surgir na identificação dos custos que poderiam ser evitados. É o caso de um grupo de companhias em que os empréstimos são centralizados ou em que nem todo o valor do empréstimo é utilizado na construção do ativo qualificado. Em tais circunstâncias, uma taxa de capitalização média ponderada poderá ser aplicada para calcular os custos dos recursos com o ativo qualificado.

Quando o empréstimo obtido especificamente para financiar um ativo qualificado não é utilizado imediatamente, e, ao contrário, é aplicado temporariamente, os custos do empréstimo deverão ser reduzidos por qualquer receita gerada pela aplicação.

Nos casos em que o valor contábil ou os custos finais previstos do ativo qualificado exceder seu valor recuperável ou seu valor realizável líquido, o valor registrado deverá ser baixado, parcialmente ou totalmente, de acordo com outras Normas, como a IAS 36 (*Impairment*).

9.7 Início, suspensão e cessação da capitalização

A capitalização dos custos dos empréstimos deve **iniciar** quando a entidade cumpre todas as seguintes condições:

a) os gastos com o ativo são incorridos;

b) os custos de empréstimos são incorridos;

c) as atividades necessárias para a preparação do ativo para seu uso ou venda são empreendidas.

A capitalização dos custos de empréstimos deverá ser **suspensa** durante um período prolongado no qual a entidade interrompe o desenvolvimento das atividades relacionadas ao ativo qualificado. Contudo, a capitalização dos custos **não** deverá ser suspensa durante o período no qual trabalhos técnicos ou administrativos são desempenhados nem tampouco naquele período em que o atraso seja uma parte necessária e prevista do processo de produção do ativo. Assim, a capitalização deve continuar, por exemplo, durante o período em que a elevação do nível das águas atrasa a construção de uma ponte, se essa elevação é comum na região da construção.

A capitalização dos custos de empréstimos **cessa** quando substancialmente todas as atividades necessárias para deixar o ativo qualificado em condições de uso ou venda forem completadas. Se somente pequenas modificações estão pendentes, tal como a decoração de um imóvel para atender a especificações do cliente, as atividades podem ser consideradas completas.

Quando um ativo qualificado é construído em partes e cada parte pode ser usada enquanto a construção continua nas outras partes, como um parque industrial compreendendo vários prédios, a entidade deve cessar a capitalização dos custos de empréstimos para cada uma das partes finalizadas.

9.8 Evidenciação

A entidade deverá divulgar os valores dos custos dos empréstimos capitalizados no período e a taxa de capitalização usada para determinar tais custos.

9.9 Notas de demonstrações contábeis publicadas

9.9.1 Gerdau S. A. (relatório anual de 2008)

A Companhia agrega mensalmente ao custo de aquisição do imobilizado em formação os juros incorridos sobre empréstimos e financiamentos considerando os seguintes critérios para capitalização:

(a) o período de capitalização ocorre quando o imobilizado encontra-se em fase de construção, sendo encerrada a capitalização de juros quando o item do imobilizado encontra-se disponível para utilização;

(b) os juros são capitalizados considerando a taxa média ponderada dos empréstimos vigentes da data da capitalização;

(c) os juros capitalizados mensalmente não excedem o valor das despesas de juros apuradas no período de capitalização; e

(d) os juros capitalizados são depreciados considerando os mesmos critérios e vida útil determinados para o item do imobilizado ao qual foram incorporados.

9.9.2 Royal Ahold (relatório anual de 2008)

As adições ao imobilizado incluem os custos de empréstimos capitalizados de 4 milhões de Euros (2007: 6 milhões de Euros). Em geral, a taxa de capitalização usada para determinar o montante dos custos dos empréstimos capitalizados é uma média ponderada da taxa de juros aplicável às respectivas companhias em operação. Essa taxa variou entre 5,8% e 8,4% (2007: 4,3% e 6,7%).

9.9.3 Porsche Automobile Holding SE (relatório anual de julho/2007 a julho/2008)

Mudança no tratamento dos custos dos empréstimos da IAS 23

A alteração exige o reconhecimento dos custos dos empréstimos que podem ser atribuídos diretamente à compra, construção ou fabricação de um ativo qualificado. A opção pelo reconhecimento imediato no resultado, portanto, foi abolida. A alteração é aplicável para exercícios iniciados em ou após 1º de janeiro de 2009.

9.10 Estudos de casos

Estudo de caso 1

Dados:

Em 1º de janeiro de 2007, a Construtora Boa-Fé inicia a construção de um condomínio fechado de luxo. O valor total do projeto é de $ 9 milhões. O período previsto de construção é de quatro anos. A construção é financiada, parcialmente, pela emissão de debêntures no valor de $ 5 milhões a uma taxa de juros de 14% a. a., com resgate (liquidação) também em quatro anos. A escritura de emissão de tais debêntures não prevê a participação dos debenturistas nas decisões da entidade. Os títulos foram emitidos no início da construção. A empresa incorre em 2% de custos sobre o valor das debêntures, referente aos serviços de divulgação e negociação dos títulos pela instituição financeira. A outra parte do projeto é financiada pela emissão de ações preferenciais no montante total de $ 4 milhões, com um custo de capital (custo de oportunidade do acionista) previsto de 15% a. a.

Questão:

Calcule os custos que deverão ser capitalizados pela Construtora Boa-Fé referentes ao financiamento do projeto de construção para o ano de 2007.

Estudo de caso 2

Dados:

A Cia. Ostentação contratou uma firma de consultoria para orientá-la sobre alguns projetos que ela planeja realizar para diversificar suas operações e melhorar sua imagem e conceituação pública. Com essa orientação, a firma de consultoria prepara um estudo de viabilidade para a construção de um *shopping center* que poderá abrigar, principalmente, lojas de marcas mundialmente conhecidas e lojas de departamento famosas. Esse *shopping center* teria certas características que são distintas em muitos aspectos e isso poderia levar a empresa a conseguir o título de complexo comercial mais famoso do país. Com base nessa orientação, a Cia. Ostentação começou a construção do *shopping center* em um imenso terreno no "coração da cidade". Uma quantia substancial de recursos foi gasta na construção. Os melhores arquitetos mundiais competiram com projetos e a construção foi realizada pela melhor empresa do país. A construção durou três anos da data do lançamento. O custo total da construção foi financiado por um banco internacional. Adicionalmente, a firma de consultoria também orienta a Cia. Ostentação a iniciar um negócio de venda de joias femininas de *designers* famosos, aproveitando a crise financeira nos mercados de capitais que tem tornado esse tipo de investimento bastante atrativo. A comercialização de joias demandará um investimento substancial e a Cia. Ostentação optou por tomar empréstimos de bancos locais. Além dos juros, os bancos locais cobram comissões representativas sobre os valores dos empréstimos.

Questões:

a) O *shopping center* pode ser considerado um ativo qualificado? Se sim, qual(is) custo(s) do empréstimo se qualifica(m) para capitalização?

b) Em função do alto valor envolvido na compra das joias a serem revendidas, elas poderiam ser consideradas como um ativo qualificado, considerando que os juros e as comissões são valores representativos comparados ao custo das joias? Se sim, qual(is) custo(s) do empréstimo se qualifica(m) para capitalização?

Estudo de caso 3

Dados:

A Cia. Capitalizada (controladora) finalizou a construção de um prédio para ampliação de seu parque industrial no final de 2008. O período de construção até o fechamento do balanço foi de três anos. Nos primeiros dias de 2009, a empresa já passou a fabricar seu produto na nova instalação. Para viabilizar a construção da obra a empresa contratou um empréstimo de $ 1.000.000,00 em junho de 2008, liquidando-o em seis parcelas (julho a dezembro/2008) de $ 223.350,00. A vida útil prevista do ativo é de 20 anos e a empresa adota o método linear no reconhecimento da depreciação. Os demais gastos com a construção (material, mão de obra, serviços etc.) totalizaram $ 3.000.000,00.

Questão:

Qual valor será reconhecido como custos de produção referente à depreciação do novo prédio em 2009?

Estudo de caso 4

Dados:

Um grupo empresarial fechou um contrato por meio de um grande processo de licitação para a reconstrução de uma ponte que foi totalmente destruída por uma enchente provocada pelas chuvas do ano anterior. A ponte será construída no período de dois anos e o capital total necessário para a construção será em torno de 15 milhões. Para permitir uma margem de segurança e aproveitando as disponibilidades de crédito e de taxas atrativas do momento, no início do primeiro ano, a companhia tomou emprestado $ 18 milhões de três fontes de financiamento distintas e usará os $ 3 milhões extras como capital de giro. Os empréstimos foram obtidos da seguinte forma:

- Empréstimo bancário: $ 4 milhões à taxa nominal e efetiva de 10% a. a.
- Empréstimo institucional: $ 5 milhões à taxa nominal e efetiva de 11% a. a.
- Emissão de debêntures: $ 9 milhões à taxa nominal e efetiva de 12% a. a.

No primeiro ano da construção da ponte, existiam recursos ociosos da ordem de $ 8 milhões, os quais foram aplicados por um período de seis meses. A rentabilidade desse investimento foi de $ 840.000.

Questão:

Considerando que não há amortizações mensais dos empréstimos, como o grupo deve tratar os custos sobre os empréstimos e como ele procederia com a receita da aplicação? Qual o valor dos custos dos empréstimos capitalizados no primeiro ano?

9.11 Testes de múltipla escolha

1. São exemplos de ativos qualificados, exceto:
   (a) uma ponte construída durante três anos;
   (b) uma planta industrial que demora alguns anos para ficar pronta;
   (c) um navio fabricado por um estaleiro durante um longo período de tempo a ser comercializado quando pronto;
   (d) uma represa de uma hidrelétrica construída ao longo de 4,5 anos;
   (e) estoques de autopeças produzidas durante o mês.

2. São custos de empréstimos passíveis de capitalização, exceto:

   (a) despesa de juros;

   (b) remuneração do capital investido pelos acionistas destinado especificamente para a fabricação de um ativo qualificado;

   (c) tarifas bancárias;

   (d) seguros para obtenção de empréstimos;

   (e) variação cambial dos juros sobre empréstimos em moeda estrangeira.

3. O grupo empresarial XYZ contratou, no início de 2007, dois empréstimos de diferentes instituições financeiras: um no valor de $ 3 milhões à taxa de juros de 15% a. a. do Banco ABC e outro de $ 5 milhões à taxa de juros de 16% a. a. do Banco KWO. Desse montante, a Cia. Industrial TCO, uma das empresas do grupo empresarial XYZ, utilizou, ainda em 2007, $ 6 milhões para dar início à fabricação de um reator industrial encomendado por uma empresa petroquímica, e que será entregue em três anos. O valor remanescente dos empréstimos será utilizado como capital de giro por outras empresas do grupo. Qual valor dos custos dos empréstimos será acrescido ao valor do reator em construção, no ano de 2007?

   (a) $ 1.250.000,00;

   (b) $ 2.000.000,00;

   (c) $ 250.000,00;

   (d) $ 937.500,00;

   (e) $ 7.250.000,00.

4. A capitalização dos custos de empréstimos:

   (a) uma vez iniciada, não poderá mais ser suspensa;

   (b) deverá ser suspensa nos períodos em que a empresa atrasa os pagamentos dos empréstimos;

   (c) somente poderá cessar quando o ativo qualificado for vendido ao cliente e recebido ou entrar em operação;

   (d) somente poderá cessar quando todo o ativo qualificado estiver pronto, nos casos em que tal ativo seja construído em partes;

   (e) deverá ser suspensa durante um período de tempo extenso no qual o desenvolvimento das atividades no ativo qualificado for interrompido, exceto nos casos em que a interrupção se deva a realização de trabalhos administrativos ou técnicos ou ainda por atrasos necessários e previstos.

5. A respeito da IAS 23, **não** é correto afirmar que:

   (a) ativos que estão prontos para uso ou venda quando adquiridos não se enquadram no conceito de ativos qualificados;

(b) os custos sobre empréstimos poderão ser reconhecidos como despesa (tratamento *benchmark*) ou capitalizados (tratamento alternativo permitido);

(c) as divulgações exigidas se referem ao valor dos custos dos empréstimos capitalizados e à taxa de capitalização usada para determinar tais custos;

(d) não deve ser aplicada a ativos qualificados mensurados ao valor justo;

(e) a capitalização deve ser iniciada quando a empresa incorre em gastos com o ativo qualificado e com os custos de empréstimos e inicia as atividades necessárias para preparar o ativo para seu uso ou venda.

10

Demonstrações Contábeis Consolidadas e Separadas (IAS 27)

10.1 Introdução

A Norma sobre consolidação de demonstrações contábeis foi emitida originalmente em 1976. Modificações posteriores ocorreram em 1989, 1994, 1998, 2000, 2003, 2004, 2006, 2007 e 2008. Em janeiro de 2008, o IASB emitiu a IAS 27 e a IFRS 3 (Combinações de Negócios) revisadas como resultado do projeto de convergência com o FASB (*US Financial Accounting Standards Board*), órgão norte-americano responsável pela emissão de normas contábeis. As alterações de 2008 na IAS 27 relacionaram-se, basicamente, à contabilização da participação dos não controladores (referido anteriormente como participação dos acionistas minoritários) e à perda de controle de uma subsidiária. Como consequência do trabalho conjunto dos dois órgãos, o FASB emitiu o *Statement* nº 160, sobre a participação dos não controladores (*Noncontrolling Interest in Consolidated Financial Statements*), e o Statement nº 141, que trata das combinações de negócios (*Business Combinations*).

A IAS 27 revisada em 2008 tornou-se obrigatória para períodos anuais começando em ou após 1º de julho de 2009 e a aplicação antecipada dessa norma só foi permitida mediante a aplicação da IFRS 3 também revisada.

10.2 Escopo

A IAS 27 (*Consolidated and Separate Financial Statements*) trata das informações que a controladora ou parente deve apresentar em suas demonstrações contábeis separadas e consolidadas. Mais especificamente, ela determina em que circunstâncias a entidade deve apresentar demonstrações consolidadas, o tratamento para as mudanças no nível de participação em uma controlada ou subsidiária e para a perda de controle e as divulgações pertinentes.

Não faz parte do escopo da IAS 27 o tratamento dos métodos de contabilização das combinações de negócios e seus efeitos sobre a consolidação, que é abordado na IFRS 3, tratada no Capítulo 15 do presente livro.

É também objeto da IAS 27 os investimentos em subsidiárias, coligadas e entidades controladas conjuntamente quando a entidade opta ou é exigida por regulamentações locais a apresentar demonstrações contábeis separadas. Essa pouca relevância atribuída às demonstrações separadas da controladora tem por origem a própria orientação da IAS 27, que se fundamenta na importância das demonstrações consolidadas para o processo de tomada de decisão dos usuários. De acordo com a IAS 27, as demonstrações consolidadas substituem as demonstrações separadas da parente, tornando-se desnecessária a publicação destas. Assim, a divulgação das demonstrações separadas da controladora só se justifica por normas locais ou por opção da entidade. Nesses casos, as orientações sobre as demonstrações separadas contidas na IAS 27 se aplicam.

10.3 Definições de termos-chave

Controle: é o poder de governar as políticas operacionais e financeiras de uma entidade de forma a obter benefícios das suas atividades.

Demonstrações contábeis consolidadas: são as demonstrações contábeis de um grupo apresentadas como se fossem demonstrações de uma única entidade econômica.

Demonstrações contábeis separadas: são demonstrações não obrigatórias pelas IFRS apresentadas por uma parente, um investidor em coligada ou em entidade de controle conjunto, no qual os investimentos são contabilizados com base na participação patrimonial direta e não com base nos resultados e no patrimônio líquido das investidas. São as demonstrações contábeis apresentadas de forma complementar às demonstrações consolidadas, às demonstrações nas quais os investimentos são avaliados pelo método de equivalência patrimonial e às demonstrações em que as participações em *joint ventures* são consolidadas proporcionalmente. As demonstrações contábeis de uma entidade que não tem subsidiária, coligada ou entidade de controle conjunto não são denominadas de demonstrações separadas. As entidades que tendo tais investimentos são excluídas da obrigatoriedade de consolidar, consolidar proporcionalmente ou de aplicar o MEP podem apresentar as demonstrações separadas como se estas fossem suas próprias demonstrações.

Parente (ou controladora): é a entidade que tem uma ou mais subsidiárias (ou controladas).

Participação dos não controladores: referida nas Normas anteriores como participação dos minoritários, refere-se ao patrimônio da subsidiária não atribuível, direta ou indiretamente, à parente.

Subsidiária (ou controlada): é a entidade controlada por outra entidade.

10.4 Apresentação de demonstrações consolidadas

Toda empresa controladora deverá apresentar demonstrações consolidadas, estando dispensada somente nos seguintes casos:

a) a controladora é uma subsidiária integral ou parcial de outra entidade e seus acionistas não têm objeção à não apresentação de demonstrações consolidadas;

b) os instrumentos de dívida ou de capital não são negociados em um mercado público (nacional ou não);

c) a controladora não está registrada nem em processo de registro em uma comissão mobiliária;

d) a controladora final ou intermediária da parente publica demonstrações contábeis consolidadas de acordo com as IFRS.

10.5 Obrigatoriedade de consolidação

Toda subsidiária deverá ser consolidada, exceto quando for classificada como mantida para venda de acordo com a IFRS 5 (Ativos Não Correntes Mantidos para venda e Operações Descontinuadas), quando aquela Norma deverá ser observada, e quando há a perda de controle da subsidiária.

Presume-se a existência de controle quando a parente possui, direta ou indiretamente por meio de outras subsidiárias, mais da metade do direito a voto de determinada subsidiária, a menos que, em circunstâncias excepcionais, possa ser claramente demonstrado que tal propriedade não constitui controle. O controle também existe quando a controladora possui metade ou menos da metade do direito a voto, mas possui o poder:

a) de mais da metade do direito a voto em função de acordo com os outros investidores;

b) de governar as políticas operacionais e financeiras da entidade por estatuto ou acordo;

c) de apontar ou remover a maioria dos membros da diretoria ou órgão equivalente e o controle é exercido por esses órgãos;

d) sobre a maioria dos votos nas reuniões dos membros da diretoria ou órgão equivalente e o controle é exercido por esses órgãos.

Na avaliação de se a entidade exerce o controle, ela também deverá levar em consideração a existência de direito potencial de voto. O direito potencial de voto se refere a qualquer instrumento de dívida ou patrimonial, como ações com opções de compra e bônus de subscrição, que seja prontamente exercível ou conversível em ação ordinária. O exercício do direito ou a conversão dá à entidade possuidora do título um poder de voto adicional sobre as políticas operacionais e financeiras da investida ou reduziria tal poder dos outros acionistas. Não são considerados potenciais direitos de voto os títulos que não são convertidos ou exercidos até uma data futura ou até a ocorrência de determinado evento.

Na análise da existência de potencial direito de voto, a entidade deve avaliar todos os fatos e circunstâncias que afetam os títulos, incluindo os termos do exercício e qualquer outro acordo contratual. Ela não deverá considerar nessa análise a intenção da administração e a capacidade financeira da entidade detentora dos títulos.

As subsidiárias de atividades diferentes das demais subsidiárias do grupo não devem ser excluídas da consolidação.

A entidade perde o controle sobre a subsidiária, com ou sem alteração no percentual de participação, quando perde o poder de governar suas políticas operacionais e financeiras. Essa perda de controle resulta na não consolidação da subsidiária. Isso pode ocorrer, por exemplo, quando a subsidiária fica sujeita ao controle governamental, judicial, administrativo ou regulador ou por meio de um acordo contratual.

10.6 Outros casos de consolidação

A SIC 12 (Consolidação – Entidades de Propósitos Especiais) trata dos procedimentos de consolidação para as entidades de propósitos especiais, as SPE.

Entidades de propósitos especiais são aquelas criadas para desempenhar um objetivo limitado e bem definido, tais como contratar um *lease* ou realizar uma atividade de pesquisa e desenvolvimento.

A SIC 12 determina que a investidora deverá consolidar as entidades de propósitos especiais quando a essência da relação entre elas indicar a existência de controle. Em cada caso, a investidora deverá avaliar todos os fatores relevantes da relação entre as entidades. Além das circunstâncias descritas na seção 10.5 sobre a existência de controle, os seguintes exemplos também podem determinar a consolidação:

a) a SPE está comprometida com a obtenção de capital de longo prazo para as operações principais da investidora;

b) a SPE fornece bens e serviços essenciais às operações principais da investidora;

c) a investidora tem o poder de, unilateralmente, dissolver a SPE;

d) a investidora tem o poder de mudar ou vetar mudanças no estatuto ou regimento da SPE;

e) a investidora tem o direito à maioria dos benefícios econômicos (lucros, patrimônio líquido, fluxo futuro líquido de caixa etc.) distribuídos pela entidade, na continuidade ou liquidação da SPE;

f) os fornecedores de capital, que são, em essência, emprestadores de recursos, não têm uma participação significativa no patrimônio líquido da SPE;

g) os fornecedores de capital não têm direito aos benefícios econômicos futuros da SPE;

h) em essência, os fornecedores de capital recebem, principalmente, remuneração equivalente ao retorno do empréstimo por meio de instrumentos de dívida ou patrimoniais.

A IFRIC 5 (*Rights to Interests Arising from Decommissioning, Restoration and Environmental Rehabilitation Funds*, Participações em Fundos para Desativação, Restauração e Recuperação Ambiental) estabelece que quando a entidade reconhece um passivo ambiental referente à obrigação de recuperar o meio ambiente e, nesse sentido, contribui para um fundo visando ao pagamento da dívida no futuro, ela deverá aplicar a IAS 27, SIC 12, IAS 28 e IAS 31 para determinar se os fundos deverão ser consolidados, integral ou proporcionalmente, ou se o método de equivalência patrimonial deverá ser aplicado.

10.7 Procedimentos de consolidação

Ao preparar as demonstrações consolidadas, a controladora combina suas demonstrações com as das subsidiárias, somando, linha por linha, os itens do ativo, passivo, patrimônio líquido, receitas e despesas. Em seguida, os seguintes procedimentos devem ser realizados:

a) elimina-se o valor do investimento contra a parcela correspondente da participação do patrimônio de cada subsidiária;

b) identifica-se a participação dos não controladores nos lucros ou prejuízos das subsidiárias;

c) apresenta-se a participação dos não controladores no patrimônio líquido das subsidiárias, dentro do próprio patrimônio líquido consolidado, mas separado do patrimônio líquido da controladora.

Ressalta-se que os percentuais aplicados sobre o resultado e o patrimônio líquido das subsidiárias têm por base a participação efetiva da controladora na data da consolidação e não o percentual calculado com base no potencial direito de voto.

Os saldos e transações intragrupo, incluindo receitas, despesas, lucros, prejuízos e dividendos, devem ser eliminados por completo. Os prejuízos intragrupo podem ser indicativos de *impairment* e, nesse caso, as perdas por redução ao valor recuperável (para mais detalhes, ver Capítulo 12) devem ser reconhecidas no balanço consolidado. Os impostos correspondentes devem ser calculados sobre as diferenças temporárias que surgem da eliminação das transações intragrupo e apresentados como impostos diferidos nas demonstrações consolidadas, de acordo com a IAS 12 (Imposto de Renda).

As demonstrações contábeis da controladora e das controladas deverão ser preparadas usando a mesma data. Se as datas forem diferentes, as subsidiárias deverão preparar demonstrações contábeis adicionais para a mesma data da controladora, refletindo as transações relevantes que ocorreram no intervalo das datas, a menos que seja impraticável. De qualquer forma, a diferença entre essas datas não poderá ser superior a três meses.

O grupo deve adotar políticas contábeis uniformes nas demonstrações consolidadas, sem exceção.

Se os acionistas não controladores da subsidiária possuem ações preferenciais com dividendo cumulativo (aqueles que são acumulados até que a investidora tenha condição de saldá-los e que têm prioridade sobre os dividendos de ações ordinárias), a controladora deverá ajustar os dividendos sobre tais ações ao calcular sua participação no resultado, independentemente de os dividendos terem sido declarados ou não pela subsidiária.

Alterações nos percentuais de participação nas subsidiárias que não resultem em perda de controle são contabilizadas dentro do patrimônio líquido. Nesses casos, as participações dos controladores e dos não controladores deverão ser ajustadas para as novas participações na subsidiária. Nenhum ganho ou perda é reconhecido em resultados sobre tais transações e o *goodwill*, se existente, não deve ser recalculado. Assim, qualquer diferença entre a nova participação dos não controladores e o valor justo dos montantes pagos ou recebidos pela compra ou venda da participação deve ser reconhecida diretamente no patrimônio líquido e atribuída aos donos da controladora.

10.8 Demonstrações contábeis separadas

Quando a entidade prepara demonstrações contábeis separadas, ela deverá reconhecer os investimentos em subsidiárias, em entidades controladas conjuntamente ou em coligadas ao custo ou de acordo com a IAS 39 (Instrumentos

Financeiros: Reconhecimento e Mensuração). A IAS 39 estabelece que, de acordo com a intenção da empresa, os instrumentos financeiros devem ser mensurados ao custo, custo amortizado (custo acrescido dos rendimentos e reduzido pelas amortizações) ou valor justo.[1]

A entidade deverá aplicar a mesma contabilização para cada categoria de investimentos. Investimentos em entidades controladas conjuntamente e coligadas que são contabilizados de acordo com a IAS 39 nas demonstrações consolidadas deverão ser apresentados da mesma forma nas demonstrações contábeis separadas da investidora.

10.9 Evidenciação

As evidenciações determinadas pela IAS 27 são bastante extensas. Nas demonstrações consolidadas, elas se referem:

a) à natureza da relação entre a parente e a subsidiária quando o controle não é exercido pela maioria do capital votante;

b) às razões pelas quais a participação na maioria do capital votante não constitui controle;

c) à data das demonstrações contábeis da subsidiária usadas na consolidação quando de data ou período diferentes das demonstrações da parente e o motivo de tal diferença;

d) à natureza e extensão de qualquer restrição significativa na transferência de recursos da subsidiária para a parente na forma de dividendos, quitação de empréstimos ou adiantamentos; e

e) às perdas ou ganhos resultantes da perda de controle da subsidiária.

Se a controladora opta por não apresentar demonstrações contábeis consolidadas de acordo com as alternativas descritas na seção 10.4 acima, nas demonstrações separadas ela deverá divulgar:

a) o fato de se tratar de demonstrações separadas e que a exceção à consolidação foi usada;

b) o nome e país da entidade cujas demonstrações consolidadas preparadas de acordo com as IFRSs são publicadas, bem como o endereço no qual essas demonstrações podem ser obtidas;

c) uma lista dos investimentos relevantes em controladas, entidades de controle conjunto e coligadas, incluindo nome, país, participação societária e o método usado para contabilizar tais investimentos.

---

[1] Para mais detalhes, ver Capítulo 10 do livro *Contabilidade internacional: aplicação das IFRS 2005*, de L. Nelson Carvalho, Sirlei Lemes e Fábio Moraes da Costa, da Editora Atlas.

Quando a empresa investidora prepara demonstrações separadas como informação complementar, estas deverão divulgar, além dos itens (b) e (c) imediatamente acima, o fato de se tratar das demonstrações separadas e as razões de sua preparação, se não é exigido por lei.

10.10 Notas de Demonstrações Contábeis Publicadas

10.10.1 BMW Group (Relatório Anual de 2008)

72,9% das ações da Cirquent GmbH, Munique, foram vendidas com efeitos a partir de 30 de setembro de 2008. Devido ao fato de essa entidade já não ser mais controlada de acordo com os critérios estipulados na IAS 27, Cirquent GmbH, Munique, e suas subsidiárias arcensis GmbH, Estugarda, Silverstroke AG, Ettlingen, Cirquent Ges. b. m. H., Viena, Cirquent AG, Zurique e Cirquent Ltd., Birmingham, deixaram de ser consolidadas.

10.10.2 Indústrias Romi S. A. (Relatório Anual de 2008)

A Companhia adquiriu o Complexo Empresarial, composto por ativos tangíveis e intangíveis e participações sociais das subsidiárias da Sandretto Itália, a qual no momento da aquisição encontrava-se em Administração Extraordinária (intervenção do governo italiano) e, portanto, a Administração da Companhia é da opinião que não é praticável a apresentação do pró-forma do resultado consolidado do exercício, como se a aquisição tivesse ocorrido em 1º de janeiro de 2008, devido aos seguintes fatores que inviabilizam a leitura dessa pró-forma como uma operação no transcurso normal das suas atividades:

a) a aquisição do Complexo Empresarial da Sandretto Itália, composto por ativos tangíveis e intangíveis, não fornece subsídios para o levantamento das informações necessárias para elaboração de um demonstrativo de *performance* da mesma; e

b) o fato de que a Sandretto Itália e suas subsidiárias encontravam-se sob administração extraordinária, ou seja, possuíam receitas e despesas que não refletiam uma operação no curso normal da sua continuidade. O valor da receita líquida e do lucro líquido dessa subsidiária considerado na demonstração do resultado consolidado, da data da aquisição até 31 de dezembro de 2008, corresponde a R$ 16.631 e R$ 7.739, respectivamente.

10.10.3 Gerdau S. A. (Relatório Anual de 2008)

A companhia não consolida as Demonstrações Financeiras da Dona Francisca Energética S.A., apesar de ter mais de 50% do capital total da associada, devido a direitos de proteção concedidos aos demais acionistas que impedem a companhia de implementar na plenitude as decisões sobre a condução dos negócios da associada.

10.11 Estudos de casos

Estudo de caso 1

Dados:

Existem sérias restrições sobre a transferência de dividendos de uma subsidiária localizada na Venezuela para a empresa controladora. Como consequência, os diretores da controladora desejam deixar de consolidar a subsidiária considerando que, na análise deles, essa restrição permanecerá por vários anos.

Questão:

A controladora poderá deixar de consolidar essa subsidiária?

Estudo de caso 2

Dados:

Uma controladora europeia adota o método de reavaliação para mensurar seu imobilizado, mas sua subsidiária brasileira usa a base de custo em tal mensuração. Os diretores da subsidiária acham que não é praticável proceder à reavaliação do imobilizado desta, considerando a proibição da legislação local e a própria situação de estabilidade econômica do país e, portanto, desejam não realizar a reavaliação para fins de consolidação.

Questão:

Nesse caso, a orientação da IAS 27 sobre política contábil uniforme se aplica?

Estudo de caso 3

Dados:

A Cia. Conglomerado está preparando suas demonstrações consolidadas de 31/12/2009. Nessa data, ela tem investimentos em quatro outras empresas, conforme detalhado a seguir:

a) Cia. Alfa

A Cia. Conglomerado possui 45% de participação na Cia. Alfa, sendo esta a principal fornecedora de matéria-prima para aquela. Adicionalmente, a Cia. Conglomerado estabeleceu um acordo com outros acionistas da Cia. Alfa, que detém 32% do seu capital, de forma que ela poderá receber a quantidade que deseja do produto final da Cia. Alfa. A Cia. Conglomerado também fez um empréstimo substancial para a Cia. Alfa em 2009, a ser pago mediante cobrança, e o pagamento no momento poderia levar a Cia. Alfa a ter sérias dificuldades financeiras.

b) Cia. Beta

A Cia. Conglomerado e a Cia. ACD possuem, respectivamente, 58% e 42% das ações com direito a voto da Cia. Beta. A Cia. ACD possui também bônus de subscrição conversíveis em ações ordinárias, que se convertidos darão à Cia. ACD 60% de participação na Cia. Beta, reduzindo a participação da Cia. Conglomerado para 40%. Os bônus não dependem da ocorrência de qualquer evento ou de uma data futura. A administração da Cia. ACD afirma que não tem intenção de exercer seu direito de converter os bônus em ações, mesmo porque para isso precisaria realizar um desembolso substancial, montante de que ela não dispõe.

c) Cia. Gama

A Cia. Conglomerado adquiriu, em 2009, 100% das ações com direito a voto da Cia. Gama e não há impedimento legal para ela exercer seu poder de governar as políticas operacionais e financeiras da subsidiária. A intenção da Cia. Conglomerado, na data da compra, é vender tal subsidiária em 2010.

d) Cia. Ômega

A Cia. Conglomerado criou a Cia. Ômega, uma SPE, com o objetivo específico de realizar uma pesquisa relacionada ao desenvolvimento de um novo material plástico envolvendo alta tecnologia, e que se bem-sucedida também terá a responsabilidade de fabricá-lo. O material plástico se constitui na principal matéria-prima da Cia. Conglomerado. A pesquisa já se encontra em estágio avançado, com testes em andamento sobre a resistência e durabilidade do novo material. A Cia. Conglomerado terá direito a 75% dos lucros oriundos da comercialização futura do material.

Questão:

Discuta como os quatro investimentos deverão ser tratados nas demonstrações contábeis de 2009 da Cia. Conglomerado.

10.12 Testes de múltipla escolha

1. Demonstrações contábeis separadas são aquelas:

    (a) obrigatórias pela IAS 27 e que complementam as demonstrações consolidadas;

    (b) em que os investimentos em subsidiárias são avaliados pelo método de equivalência patrimonial;

    (c) separadas da entidade que não possui investimentos em controlada, controlada de controle conjunto ou coligada;

    (d) apresentadas pelas investidoras em subsidiárias por opção ou por determinação de normas locais, em complemento às demonstrações consolidadas;

    (e) nenhuma das alternativas anteriores.

2. A investidora Cia. LSV possui 55% das ações com direito a voto na Cia. ABC. A Cia. XYZ possui os demais 45% das ações com direito a voto da Cia. ABC. Adicionalmente, a Cia. XYZ possui instrumentos de dívida emitidos pela Cia. ABC que podem, sem restrições quanto a data ou eventos futuros, ser convertidos em ações ordinárias. Se a conversão ocorrer, a Cia. XYZ passará a ter 60% das ações com direito a voto, reduzindo proporcionalmente a participação da Cia. LSV. Para exercer o direito à conversão dos títulos em ações ordinárias, a Cia. XYZ terá de desembolsar um valor substancial comparado ao seu patrimônio líquido, montante de que ela não dispõe. Nesse caso,

    (a) a Cia. ABC não deverá ser consolidada por nenhuma das empresas investidoras;

    (b) a Cia. ABC somente deverá ser consolidada pela Cia. XYZ se ela comprovar que tem recursos necessários para converter os títulos em ações;

    (c) a Cia. XYZ deverá consolidar a Cia. ABC, independentemente de sua restrição financeira para exercer o direito à conversão dos títulos;

    (d) a Cia. ABC deverá ser consolidada pelas investidoras Cia. LSV e Cia. XYZ proporcionalmente às suas participações;

    (e) a Cia. XYZ deverá consolidar a Cia. ABC usando o percentual potencial de participação, ou seja, 60%.

3. A participação dos não controladores no patrimônio líquido da subsidiária deverá ser apresentada no balanço consolidado:

    (a) dentro do patrimônio líquido consolidado, junto com o patrimônio líquido da controladora;

    (b) numa linha separada, entre o passivo não circulante e o patrimônio líquido do balanço consolidado;

(c) dentro do passivo não circulante, mas numa linha separada dos demais itens do passivo não circulante da controladora;

(d) dentro do passivo circulante, mas somado aos dividendos propostos pela subsidiária;

(e) nenhuma das alternativas anteriores.

4. A Cia. BrB possui 55% das ações com direito a voto da Cia. Caracas, uma empresa estrangeira exploradora de recursos minerais localizada na República da Vlatava. Devido a uma série de problemas políticos naquele país, o governo local restringiu a transferência de recursos em 10% do lucro anual para a Cia. BrB. O procedimento a ser adotado pela Cia. BrB será:

(a) adotar a IFRS 5, pois o investimento se classifica como mantido para venda;

(b) não consolidar a Cia. Caracas em função da restrição imposta pelo governo da República da Vlatava;

(c) consolidar a Cia. Caracas usando a participação correspondente aos recursos a serem recebidos, ou seja, 10%;

(d) consolidar normalmente a Cia. Caracas, pois a restrição na transferência de recursos não a desobriga da consolidação;

(e) nenhuma das alternativas anteriores.

5. Nas demonstrações separadas da controladora, os investimentos em subsidiárias que não se classificam como mantidos para venda devem ser contabilizados:

(a) ao custo;

(b) de acordo com a IAS 39;

(c) ao custo ou de acordo com a IAS 39;

(d) usando o método de equivalência patrimonial;

(e) nenhuma das alternativas anteriores.

6. A controladora não deverá consolidar a subsidiária no seguinte caso:

(a) as práticas contábeis da subsidiária são diferentes das práticas adotadas pela controladora;

(b) a controladora possui 58% das ações com direito a voto da subsidiária mas fez um acordo por meio de contrato com os demais acionistas de que estes assumirão o controle sobre as políticas operacionais e financeiras da subsidiária;

(c) a subsidiária tem restrição na transferência de recursos para a controladora;

(d) a subsidiária exerce atividade financeira e a controladora exerce atividade industrial;

(e) as data das demonstrações contábeis da controladora e da subsidiária são diferentes.

7. A Cia. Norte possui 48% das ações ordinárias da Cia. Sul e é o maior acionista. A Cia. Norte tem o poder de nomear os membros da diretoria e fez um acordo com o acionista Cia. Leste, que possui 12% das ações ordinárias da Cia. Sul, segundo o qual a Cia. Leste sempre votará com a Cia. Norte. A Cia. Norte exerce o controle sobre a Cia. Sul?

(a) sim, pois a IAS 27 exige um percentual mínimo de 40% para configurar o controle;

(b) sim, pois ela controla mais de 50% do poder de voto, além de governar as políticas operacionais e financeiras da Cia. Sul por meio de seu controle sobre a diretoria;

(c) não, pois ela possui somente 48% das ações com direito a voto;

(d) não, pois ela tem o poder sobre a constituição da diretoria, mas não sobre o modo como os membros da diretoria votam;

(e) não, pois o acordo com a Cia. Leste é ilegal.

11

Investimentos em Coligadas (IAS 28)

11.1 Introdução

A IAS 28 (*Investments in Associates*) determina o tratamento a ser dado aos investimentos em coligadas ou associadas. A Norma foi originalmente emitida em 1989, com revisões em 1994, 1998, 1999, 2000 e 2003. Desde 2003, a IAS 28 foi alterada como consequência de novas Normas emitidas em 2004, 2007 e 2008.

Os principais problemas identificados entre a Norma brasileira e a Norma Internacional referem-se basicamente a quais investimentos serão avaliados pelo método de equivalência patrimonial e qual a forma de mensuração daqueles que não são avaliados por tal método.

11.2 Escopo

A IAS 28 trata de todas as participações em empresas coligadas, excetuando os investimentos em coligadas mantidos por meio de sociedades de capital de risco[1] (*venture capital*), fundos mútuos[2] e entidades similares. Esses investimentos

---

[1] *Venture capital* ou capital de risco ou capital de investimento são empreendimentos que exigem investimento de risco mas que oferecem lucros potenciais acima da média. Entre os setores que se destacam na atuação com esses empreendimentos destacam-se os de crescimento emergente e os de alta tecnologia.

[2] Fundos mútuos são fundos administrados por uma sociedade de investimento que mediante determinada taxa arrecada recursos dos investidores e investe em ações, opções, *commodities*, entre outros títulos do mercado.

são reconhecidos inicialmente ao valor justo com os efeitos em resultados ou são classificados como mantidos para negociação e contabilizados de acordo com a IAS 39 (Instrumentos Financeiros: Reconhecimento e Mensuração).

11.3 Definições de termos-chave

Associada ou coligada: é a entidade na qual o investidor exerce influência significativa e que não é nem uma controlada nem uma *joint venture* do investidor.

Influência significativa: é o poder de participar das decisões sobre as políticas operacionais e financeiras da investida, sem controlar, individualmente ou conjuntamente, tais políticas.

Método de equivalência patrimonial (MEP): método no qual o investimento é inicialmente registrado ao custo e ajustado posteriormente pelas alterações correspondentes à participação do investidor no patrimônio líquido da investida. Os lucros ou perdas do investimento na coligada são contabilizados como resultados pelo investidor.

11.4 Influência significativa

A definição de coligada e, consequentemente, a aplicação do método de equivalência patrimonial, depende da existência de influência significativa. A existência de influência significativa é presumida se o investidor possui, direta ou indiretamente (por meio de outras coligadas), 20% ou mais do capital votante da investida (sem atingir o controle), a menos que, apesar de atingir o percentual, seja claramente demonstrado que a influência não se configura. De forma similar, presume-se que uma participação abaixo de 20% não configura influência, a menos que tal influência possa ser comprovada por outros meios, como, nos casos de:

a) representação no quadro de diretores ou órgão equivalente da investida;
b) participação nos processos de elaboração de políticas, incluindo participação nas decisões sobre dividendos e outras distribuições;
c) transações materiais entre o investidor e a investida;
d) intercâmbio entre o pessoal da gerência;
e) fornecimento de informações técnicas essenciais.

De forma similar à verificação de controle (conforme seção 10.5 do Capítulo 10 deste livro), também deverão ser considerados na avaliação da influência significativa os potenciais direitos de voto, ou seja, a existência de títulos conversíveis em ações ordinárias, como ações com opções de compra e bônus de subscrição. Assim, para atender o percentual de 20% de participação no capital votante também devem ser considerados os títulos que poderão se converter em ações ordinárias possuídos por qualquer investidor, desde que não haja restrição a essa conversão.

A influência significativa deixa de existir quando o investidor perde o poder de participar das decisões sobre as políticas operacionais e financeiras da investida, independentemente da redução no percentual de participação. Isso pode ocorrer, por exemplo, quando a coligada fica sujeita a um controle governamental, legal, regulatório ou por acordo contratual.

Quando a influência significativa deixa de existir, o uso do método de equivalência patrimonial deverá ser descontinuado e o investimento deverá ser contabilizado usando a IAS 39 (Instrumentos Financeiros: Reconhecimento e Mensuração), a não ser que a investida tornou-se uma controlada ou uma *joint venture*.

O valor contábil do investimento na data em que a investida deixa de ser considerada uma coligada deverá ser tratado como o custo inicial do ativo financeiro, no atendimento à IAS 39.

11.5 Obrigatoriedade de adoção do Método de Equivalência Patrimonial

Todos os investimentos em coligadas deverão ser ajustados usando o método de equivalência patrimonial, exceto quando:

a) o investimento é classificado como mantido para venda, de acordo com a IFRS 5 (Ativos Não Correntes Mantidos para Venda e Operações Descontinuadas);

b) a investidora não tem de apresentar demonstrações consolidadas de acordo com a IAS 27 (vide seção 10.4 do Capítulo 10 deste livro); ou

c) todas as seguintes condições estão presentes:

- a investidora é uma subsidiária integral ou parcial de outra entidade e seus acionistas não têm objeção à não aplicação do MEP;
- os instrumentos de dívida ou de capital não são negociados em um mercado público (nacional ou estrangeiro);
- a investidora não está registrada nem em processo de registro em uma comissão de valores mobiliários;
- a controladora final ou intermediária da investidora publica demonstrações contábeis consolidadas de acordo com as IFRS.

11.6 Procedimentos de aplicação do MEP

Sob o método de equivalência patrimonial, o investimento em coligadas é mensurado inicialmente ao custo e posteriormente seu valor é atualizado para refletir a participação da investidora no resultado daquela coligada. A contrapartida dos aumentos ou reduções do valor do investimento é contabilizada, pela investidora, respectivamente, como receita ou despesa. O valor contábil do investimento deve ser ajustado por qualquer alteração na participação da investidora e por modificações no patrimônio líquido da investida, como as oriundas de distribuição de dividendos, reavaliação de ativos e variações cambiais de investimentos estrangeiros. Adicionalmente, os seguintes procedimentos devem ser observados na adoção do Método de Equivalência Patrimonial:

a) a participação do investidor nos lucros e prejuízos resultantes de transações ascendentes (da associada para o investidor) e descendentes (do investidor para a associada) entre um investidor e sua coligada deve ser eliminada;

b) na aquisição do investimento, de acordo com a IFRS 3 (Combinações de Negócios, tratadas no Capítulo 15 deste livro), qualquer *goodwill* é incluído no valor do investimento e não é amortizado; qualquer excesso da participação do investidor nos valores justos dos ativos e passivos da coligada sobre o valor pago ("*goodwill* negativo") é como receita no cálculo da participação do investidor no resultado da coligada no período em que o investimento é adquirido;

c) se as demonstrações contábeis da coligada são de datas diferentes daquelas do investidor, ajustes deverão ser feitos para refletir os efeitos de eventos e transações significativos ocorridos entre as duas datas; de qualquer forma, a defasagem das datas não poderá superar três meses;

d) se as práticas contábeis usadas pela coligada forem diferentes das adotadas pelo investidor, as demonstrações contábeis da coligada deverão ser ajustadas;

e) se a coligada tem ações preferenciais cumulativas (aquelas que acumulam dividendos não pagos até a sua quitação pela investida) em circulação mantidas por outros investidores, no cálculo de sua participação no resultado da coligada, o investidor deverá considerar os dividendos sobre tais ações, independentemente de terem sido ou não declarados;

f) quando a participação do investidor no prejuízo da coligada se iguala ou excede o valor da participação naquela entidade, o investidor descontinua o uso do MEP, ou seja, o investimento não assume valor negativo. A participação do investidor é o valor contábil do investimento atualizado pelo MEP acrescido de outras participações de longo prazo que em essência formam parte do investimento na coligada. Por exemplo, um valor a receber da coligada pela investidora em que a quitação não está nem planejada nem é provável que aconteça num futuro previsível, configura-se como uma extensão da participação da investidora naquela coligada. Tais direitos podem incluir ações preferenciais e empréstimos de longo prazo, mas não incluem saldos de clientes ou qualquer valor a receber de longo prazo com garantia real; as perdas reconhecidas em excesso ao valor do investimento deverão ser atribuídas aos outros componentes da participação do investidor, observando a prioridade de liquidação;

g) após a participação do investidor ser reduzida a zero, qualquer perda adicional somente deverá ser reconhecida como passivo pelo investidor se este tiver uma obrigação, legal ou estrutural, ou assumiu responsabilidades em nome da coligada; a participação nos lucros obtidos posteriormente pela coligada somente é reconhecida pelo investidor após a compensação das perdas não reconhecidas.

Quanto à letra (b) acima, vale esclarecer que a investidora não reconhece em suas demonstrações contábeis os valores justos de ativos e passivos da coligada. O valor do *goodwill* permanece na conta de investimento, como parte deste. Consequentemente, a informação pertinente à alocação do valor do *goodwill* aos valores justos é mantida pelo investidor, mas essa informação está fora da contabilidade formal do investidor, sendo mantida somente em controles paralelos. Ressalta-se ainda que a coligada não é consolidada e, portanto, não tem seus ativos e passivos somados aos valores correspondentes da investidora, não tendo como reconhecer seus valores justos.

11.7 Perdas por *impairment* e demonstrações separadas

A investidora deverá observar a existência de indicadores que podem determinar a redução ao valor recuperável (*impairment*) dos investimentos em coligadas e reconhecer as perdas em resultados, se pertinentes. Como o *goodwill* é contabilizado juntamente com o valor do investimento, o teste por *impairment* somente poderá ser feito pelo valor total (investimento + *goodwill*), comparando o seu valor recuperável (maior entre valor em uso e valor justo líquido dos custos de vendas) com o seu valor contábil, conforme a IAS 36 (para mais detalhes, vide Capítulo 12 deste livro).

Cada investimento deverá ser testado por *impairment* individualmente, a não ser que a coligada não gere caixa de forma independente, ou seja, ela depende de outros ativos para gerar recursos.

O IASB não determina a apresentação de demonstrações contábeis separadas do investidor, mas se a empresa optar por fazê-la, deverá seguir as orientações da IAS 27. De acordo com essa Norma, os investimentos em coligadas, nas demonstrações contábeis separadas da investidora, deverão ser reconhecidos ao custo ou de acordo com a IAS 39 (Instrumentos Financeiros: Reconhecimento e Mensuração). A IAS 39 permite o reconhecimento dos instrumentos financeiros pelo valor de custo, custo amortizado ou valor justo, dependendo da classificação estabelecida pela empresa com base em sua intenção quanto ao instrumento financeiro (para maiores detalhes, vide seção 10.8 do Capítulo 10 deste livro).

11.8 Evidenciação

As seguintes divulgações deverão ser feitas para os investimentos em coligadas:

- o valor justo dos investimentos para os quais existem cotações de preço publicadas;
- informações resumidas das associadas, incluindo valores agregados de ativos, passivos, receitas e resultado;
- as justificativas para a aplicação do MEP em investimentos com menos de 20% do capital votante e para a não aplicação do método em investimentos com 20% ou mais do capital votante;
- a data dos relatórios das coligadas, quando diferente dos da investidora e as razões da diferença;
- a natureza e extensão das restrições significativas para a transferência de recursos da coligada para a investidora;
- a participação não reconhecida sobre os prejuízos da coligada, do período e acumuladas, quando o investidor descontinua o reconhecimento da sua participação sobre tais prejuízos;
- a exceção utilizada para não aplicação do MEP (conforme seção 11.5);
- informações resumidas das associadas em que o MEP não foi aplicado, incluindo valores agregados de ativos, passivos, receitas e resultado;
- investimentos avaliados pelo MEP deverão ser apresentados no grupo dos ativos não correntes e a participação do investidor no resultado de tais coligadas, bem como o valor contábil do investimento, deverão ser divulgados separadamente;
- a participação do investidor em qualquer operação descontinuada de coligadas avaliadas pelo MEP deverá ser divulgada separadamente;
- a participação do investidor sobre as alterações reconhecidas diretamente no patrimônio líquido pela coligada deverá ser reconhecida pelo investidor também no patrimônio líquido;
- a participação do investidor nos passivos contingentes (para mais detalhes ver Capítulo 13 deste livro) da coligada incorridos juntamente com

outros investidores e aqueles passivos contingentes surgidos em função de o investidor ter-se comprometido seriamente com todo ou parte do passivo da coligada.

11.9 Notas de Demonstrações Contábeis Publicadas

11.9.1 Porsche Automobile Holding SE (Relatório Anual de 2008)

Betrandt AG, Ehningen não está incluído na aplicação do método de equivalência patrimonial, pois nenhuma influência significativa pode ser exercida sobre essa companhia porque o Porsche Group não está representado no seu Conselho Executivo ou no seu Conselho Supervisor.

11.9.2 Fiat Group (Relatório Anual de 2008)

Rizzoli Corriere della Sera MediaGroup S.p.A. é uma companhia listada na qual a Fiat é um dos principais acionistas, é representada no Conselho de Administração e é uma das partes para um acordo dos acionistas. Como resultado, a companhia é classificada como uma associada. Para contabilizar esse investimento pelo método de equivalência patrimonial, foram feitas referências às demonstrações contábeis publicadas mais recentes, sendo as Demonstrações Intermediárias da Administração de 30 de setembro de 2008, uma vez que as emitidas para o exercício de 2008 serão publicadas posteriormente à publicação das demonstrações contábeis consolidadas do grupo.

11.10 Estudos de casos

Estudo de caso 1

Dados:

A Cia. Lírica possui 65% das ações com direito a voto da Cia. Musical, a Cia. Fado possui 18% das ações ordinárias da Cia. Musical e as ações remanescentes são dispersas no mercado. A Cia. Fado é também a única fornecedora de matéria-prima para a Cia. Musical, além de ter um contrato para fornecimento de serviços especiais de manutenção nos equipamentos da Cia. Musical. A Cia. Lírica está obrigada a apresentar demonstrações contábeis consolidadas.

Questão:

A Cia. Fado deverá adotar o método de equivalência patrimonial em relação ao investimento na Cia. Musical?

Estudo de caso 2

Dados:

A Cia. Óleofil possui 25% do capital votante da Cia. Genius e tem o direito de indicar três diretores, cuja diretoria é composta por nove membros. Os 75% restantes das ações com direito a voto da Cia. Genius são mantidos por duas outras companhias, cada uma com o direito de indicar três diretores. As decisões da diretoria são tomadas com base em maioria simples. A Cia. Óleofil nem sempre tem representação nas reuniões da diretoria, em função de as reuniões daquele órgão acontecerem, frequentemente, com curto prazo após a convocação. Adicionalmente, em muitas reuniões, as sugestões do representante da Cia. Óleofil são ignoradas pela diretoria. A Cia. Óleofil apresenta demonstrações consolidadas.

Questão:

Como o investimento da Cia. Óleofil na Cia. Genius deverá ser tratado?

Estudo de caso 3

Dados:

A Cia. Alfa adquire 30% das ações ordinárias da Cia. Beta em 2/1/2008, que só emite ações ordinárias. O valor pago pelo investimento foi de $ 35 milhões e a Cia. Alfa exerce influência significativa sobre a Cia. Beta. Na data da compra, o valor justo líquido dos ativos e passivos da Cia. Beta totalizava $ 100.000 milhões. As reservas de lucros constituídas em 31/12/2008 pela Cia. Beta (única alteração do patrimônio líquido no período) foram de $ 12 milhões e a Cia. Alfa possui investimentos em subsidiárias. No final do período, a Cia. Alfa identificou que alguns projetos para desenvolvimento de novos produtos que justificaram a aquisição da participação na Cia. Beta por valor acima dos valores justos dos ativos líquidos da Cia. Beta provavelmente não se concretizarão.

Questões:

a) Calcule o valor que deverá ser apresentado no balanço patrimonial do grupo (Cia. Alfa) em 31/12/2008 referente ao investimento na Cia. Beta.

b) Qual o procedimento a ser adotado pela Cia. Alfa. quanto à possibilidade de não concretização dos projetos de desenvolvimento de novos produtos pela Cia. Beta?

Estudo de caso 4

Dados:

A Cia. Sigma vende mercadorias para sua associada Cia. Kappa, na qual possui 40% de participação, exercendo efetivamente influência significativa. As mercadorias foram adquiridas pela Cia. Sigma por $ 30.000 e vendidas por $ 40.000. Adicionalmente, a Cia. Kappa vendeu $ 70.000 de mercadorias para a Cia. Sigma que haviam custado $ 50.000. A Cia. Sigma exerce o controle sobre duas outras empresas. Na data da elaboração das demonstrações contábeis pelas empresas, somente 30% das mercadorias negociadas haviam sido revendidas para empresas fora do grupo.

Questão:

Qual o valor do lucro não realizado entre as empresas? Como esse lucro deverá ser tratado pela Cia. Sigma?

Estudo de caso 5

Dados:

A Cia. Stigma adquiriu 35% do capital emitido pela Cia. Regente por $ 2.000.000 em 31 de dezembro de 2007, data das demonstrações contábeis de ambas as empresas. As reservas de lucros da Cia. Regente constituídas naquela data totalizavam $ 3.000.000. A Cia. Stigma tem um acordo com os demais acionistas da Cia. Regente, de forma que é a única cliente do principal produto comercializado por essa empresa. Na data da aquisição, o valor justo dos ativos líquidos (ativos menos passivos) era de $ 8.000.000. A empresa fez uma revisão no cálculo do valor justo de tais ativos e confirmou que sua avaliação está adequada. O valor recuperável dos ativos líquidos da Cia. Regente, em 31/12/2008, era $ 10.000.000. A Cia. Stigma não distribuiu dividendos sobre o lucro de 2008 e todo o lucro do período foi utilizado para constituir reservas de lucros. O balanço patrimonial resumido da Cia. Regente em 31 de dezembro de 2008 era como segue:

Total dos ativos líquidos	= $ 9.000
Capital Social	= $ 5.000
Reservas de Lucros	= $ 4.000

Questão:

Como deverá ser reconhecida a aquisição do investimento pela Cia. Sigma? Qual o valor do investimento na Cia. Regente no balanço consolidado em 31/12/2008 da Cia. Sigma?

11.11 Testes de múltipla escolha

1. Sobre o teste de *impairment* nos investimentos em coligadas é correto afirmar que:

    (a) o *goodwill* deverá ser testado separadamente do valor do investimento;

    (b) a empresa deverá agrupar coligadas que apresentam indícios similares de perda do valor recuperável para realizar o teste;

    (c) o valor da perda por *impairment* identificado deverá ser alocado inicialmente contra o valor do *goodwill* e, posteriormente, havendo saldo remanescente da perda, contra o valor do investimento;

    (d) o valor da perda por *impairment* identificado deverá ser contabilizado no patrimônio líquido da investidora para ser compensado com futuras receitas com a aplicação do método de equivalência patrimonial;

    (e) nenhuma das alternativas anteriores.

2. A Cia. Gás e Óleo, uma coligada estrangeira da Cia. Recursos Minerais, está sob intervenção governamental que assumiu temporariamente o controle da coligada. Nas demonstrações consolidadas, a Cia. Recursos Minerais deverá adotar o seguinte procedimento em relação ao seu investimento na Cia. Gás e Óleo:

    (a) descontinuar o uso do método de equivalência patrimonial;

    (b) adotar a consolidação proporcional;

    (c) continuar adotando o método de equivalência patrimonial;

    (d) avaliar o investimento a valor justo de acordo com a IAS 39;

    (e) devido à incerteza quanto às consequências da intervenção, classificar o investimento como disponível para venda de acordo com a IFRS 5.

3. A investidora Cia. Tom-e-Tom possui 18% das ações com direito a voto da Cia. Som-e-Som, além de ser a responsável pela nomeação de quatro dos seis membros da diretoria. A Cia. Tom-e-Tom deverá avaliar sua participação na Cia. Som-e-Som pelo:

    (a) valor de custo;

    (b) método de equivalência patrimonial;

    (c) valor justo;

    (d) valor de custo amortizado;

    (e) nenhuma das alternativas anteriores.

4. Em todas as situações a seguir a investidora deverá adotar o método de equivalência patrimonial, exceto quando a investidora:

   (a) possui 20% ou mais do capital votante da investida e não há restrição ao exercício de sua influência;

   (b) possui 17% do capital votante da investida e fornece a tecnologia essencial para o principal produto da investida;

   (c) não apresenta demonstrações consolidadas;

   (d) possui 15% do capital votante da investida e debêntures conversíveis em ações ordinárias correspondentes a 10% adicionais do capital votante daquela investida;

   (e) nenhuma das alternativas anteriores.

5. Quando as demonstrações contábeis da coligada são elaboradas para uma data diferente das demonstrações do investidor, para a aplicação do MEP a investidora deverá:

   (a) não ajustar as demonstrações contábeis da coligada, desde que a defasagem das datas não seja superior a três meses;

   (b) ajustar as demonstrações contábeis da coligada, independentemente da defasagem entre as datas;

   (c) ajustar as demonstrações contábeis da coligada, desde que a defasagem entre as datas não seja superior a três meses;

   (d) não aplicar o método de equivalência patrimonial, nesse caso;

   (e) não ajustar as demonstrações contábeis da coligada, independentemente da defasagem entre as datas.

6. O tratamento contábil do *goodwill* e do *goodwill* negativo surgido da aquisição de coligadas deve ser:

   (a) ambos são contabilizados juntamente com o valor do investimento;

   (b) o *goodwill* é contabilizado juntamente com o valor do investimento e o *goodwill* negativo é reconhecido em resultados;

   (c) o *goodwill* é contabilizado separadamente do valor do investimento e amortizado e o *goodwill* negativo é reconhecido em resultados;

   (d) ambos são contabilizados separadamente do valor do investimento e testados por *impairment*;

   (e) o *goodwill* é reconhecido em resultados e o *goodwill* negativo é deduzido do valor do investimento.

7. A investidora Megacorporation vende mercadorias pelo valor de 20 milhões para sua coligada Microcorporation, da qual possui 30% de participação. As mercadorias tinham sido adquiridas por 12 milhões. Até o final do período, nenhuma mercadoria tinha sido revendida. Qual valor referente ao lucro dessa transação deverá ser apresentado nas demonstrações contábeis do grupo (consolidado)?

   (a) 8 milhões;

   (b) 5,6 milhões;

   (c) 6 milhões;

   (d) 2,4 milhões;

   (e) zero.

12

Impairment de Ativos (IAS 36)

12.1 Introdução

A IAS 36 tem por objetivo assegurar que os ativos de uma entidade não sejam apresentados nas demonstrações contábeis por valor acima de seu valor recuperável. Isso acontece quando o valor contábil do ativo está maior que o montante que será recebido pelo uso ou venda daquele ativo. Nesse caso, a entidade deverá ajustar o valor contábil, reconhecendo uma perda por *impairment* (perda por ajuste ao valor recuperável). A IAS 36 também prescreve as circunstâncias e o tratamento contábil para a reversão das perdas por *impairment* anteriormente reconhecidas.

A IAS 36 foi originalmente emitida em 1998. Em 1999, 2000 e 2001, ela teve pequenas correções. Em 2003, ela foi alterada em consequência da emissão de novas normas ou de normas revisadas. Em 2004, o IASB emitiu uma IAS 36 revisada, a qual novamente passou por ajustes em função de normas novas ou revisadas emitidas em 2004, 2006, 2007 e 2008. A versão da IAS 36 que fundamenta esse capítulo inclui correções resultantes dos Pronunciamentos emitidos até 31 de dezembro de 2008.

12.2 Escopo

Determinados ativos contemplados em IFRSs específicas não estão no escopo da IAS 36, incluindo:

- estoques (IAS 2);
- ativos originários de contratos de construção (IAS 11);
- ativos fiscais diferidos (IAS 12);
- ativos que surgem de benefícios de empregados (IAS 19);
- ativos financeiros (IAS 39);
- propriedades para investimento mensuradas ao valor justo (IAS 40);
- ativos biológicos mensurados ao valor justo líquido dos custos de venda (IAS 41);
- ativos que surgem de contratos de seguros (IFRS 4); e
- ativos mantidos para venda (IFRS 5).

Contudo, a IAS 36 se aplica a:

- controladas, coligadas e *joint ventures*;
- imobilizado;
- propriedades para investimento mensuradas ao custo; e
- ativos intangíveis e *goodwill*.

12.3 Definições de termos-chave

Perda por *impairment*: é o excesso do valor contábil de um ativo ou de uma unidade geradora de caixa sobre seu valor recuperável.

Unidade geradora de caixa: é o menor grupo de ativos identificáveis que gera entrada de caixa de forma amplamente independente da entrada de caixa de outros ativos ou grupos de ativos.

Valor em uso: é o valor presente dos fluxos de caixa futuros esperados do ativo ou da unidade geradora de caixa.

Valor justo menos os custos para vender: é o valor obtido da venda de um ativo ou unidade geradora de caixa em uma transação sem favorecimentos entre especialistas dispostos a negociar, deduzidos os custos da negociação.

Valor recuperável: é o maior entre o valor justo menos os custos para vender e o valor em uso do ativo ou da unidade geradora de caixa.

12.4 Identificando uma perda por *impairment*

A cada data das demonstrações contábeis, a entidade deve avaliar se existe qualquer evidência que indica que o valor recuperável de algum ativo deva ser calculado. Adicionalmente, mesmo que não exista evidência de qualquer perda por *impairment*, os seguintes ativos devem ser testados anualmente:

a) um ativo intangível que tem vida útil indefinida;
b) um ativo intangível ainda não disponível para uso; e
c) *goodwill* adquirido em uma combinação de negócios.

Evidências que podem indicar a existência de perdas por *impairment* incluem, entre outras:

- *fontes externas*: declínio significativo do valor de mercado, mudanças adversas da tecnologia, do mercado ou do ambiente econômico ou legal; aumento nas taxas de juros do mercado ou de outras taxas de retorno sobre os investimentos; valores maiores dos ativos líquidos (patrimônio líquido) em relação ao valor de capitalização de mercado (calculado com base no valor de mercado das ações ordinárias em circulação);
- *fontes internas*: obsolescência ou dano físico do ativo; o ativo tornou-se inútil; descontinuidade ou reestruturação das operações da entidade; desempenho do ativo abaixo do esperado; declínio ou redução nos fluxos de caixa gerados ou a serem gerados pelo ativo;
- *para investimentos em controladas, controladas de controle conjunto ou associadas*: após reconhecer os dividendos do investimento, o investidor tem evidências que o valor contábil do investimento excede o valor contábil dos ativos líquidos da investida, incluindo o *goodwill* relacionado, ou que os dividendos excedem o resultado abrangente total[1] da investida no período.

A entidade deve considerar o conceito de materialidade para identificar se o valor recuperável de um ativo precisa ser estimado. Por exemplo, se em uma avaliação anterior o valor recuperável de um ativo foi consideravelmente maior que seu valor contábil, a entidade não necessita reestimar esse valor recuperável, se nenhum evento que poderia eliminar aquela diferença ocorreu.

Se existir indicação de que um ativo pode ter uma perda por *impairment* a ser reconhecida, mesmo que não seja, isso pode evidenciar que a vida útil, depreciação ou valor residual daquele ativo precisa de ajustes.

12.5 Estimando o valor recuperável

Para identificar o valor recuperável a entidade depende do cálculo de dois outros montantes: valor em uso e valor justo líquido dos custos de venda. O valor recuperável, do ativo ou da unidade geradora de caixa, é o maior entre os dois.

---

[1] Resultado abrangente total, de acordo com a IAS 1 (Apresentação das Demonstrações Contábeis), se refere às mutações ocorridas no Patrimônio Líquido durante o período que resultam de transações ou outros eventos que não são derivados de ações dos sócios na qualidade de proprietários.

Se não for possível determinar o valor justo do ativo líquido dos custos de venda em função da inexistência de uma base para uma estimativa confiável do valor a ser obtido com a venda, a entidade pode considerar o valor em uso como seu valor recuperável. De forma similar, se não existir nenhuma razão para o valor em uso exceder substancialmente o valor justo líquido dos custos de venda de um ativo, este último pode ser usado como seu valor recuperável. Esse pode ser o caso de um ativo mantido para venda, pois seu valor em uso será basicamente o resultado líquido da alienação, já que, provavelmente, os fluxos de caixa futuros pelo uso contínuo do ativo, até sua alienação, serão irrisórios.

Para a realização do teste de *impairment* de ativos intangíveis de vida útil indefinida (eles não são amortizados), a entidade pode usar o cálculo do valor recuperável mais recente de período anterior desde que todas as seguintes condições sejam atendidas:

a) o ativo intangível é parte de uma unidade geradora de caixa e os ativos e passivos que compõem aquela unidade não tiveram alterações significativas desde o cálculo do valor recuperável mais recente;

b) o valor recuperável mais recente excedeu substancialmente o valor contábil do ativo; e

c) a probabilidade de que o valor recuperável corrente seja menor que o valor contábil do ativo é remota.

12.6 Calculando o valor justo líquido

Na identificação do valor justo líquido dos custos para vender, devem-se observar as seguintes orientações:

a) a melhor evidência é o preço de um acordo de venda firmado em uma transação sem favorecimentos, ajustado pelos custos da venda;

b) na ausência desse acordo, o preço em um mercado ativo menos os custos da venda poderá ser utilizado;

c) quando um preço corrente está indisponível, o preço de uma transação mais recente pode ser adotado desde que não tenham havido mudanças econômicas significativas entre a data da transação e a data da nova estimativa;

d) na inexistência de um acordo e de um mercado ativo, o preço de uma transação recente de um ativo similar, desde que não reflita vendas forçadas;

e) custos da disposição incluem os legais, os de remoção do ativo, os para trazer o ativo em condições de venda e as taxas e impostos.

12.7 Calculando o valor em uso

Os seguintes elementos deverão fundamentar o cálculo do valor em uso:

- estimativa dos fluxos de caixa futuros que a entidade espera obter do ativo;
- possíveis variações que podem ocorrer no valor ou prazo daqueles fluxos de caixa futuros;
- valor do dinheiro no tempo, representado por uma taxa de juros corrente, livre de riscos;
- incerteza inerente ao ativo;
- quaisquer outros fatores que poderão afetar os fluxos de caixa futuros do ativo.

No cálculo do valor em uso, a entidade deverá estimar as futuras entradas e saídas de caixa decorrentes do uso contínuo do ativo e de sua eventual venda e, em seguida, descontar aqueles fluxos de caixa (calcular o valor presente) por uma taxa apropriada.

12.8 Estimando os fluxos de caixa futuros

As projeções dos fluxos de caixa futuros deverão se basear em suposições razoáveis e fundamentadas, com peso maior para as evidências externas. A entidade poderá utilizar projeções e orçamentos financeiros mais recentes. Essas projeções e orçamentos poderão cobrir um período máximo de cinco anos, a não ser que um período maior possa ser justificado.

Ao estimar os fluxos de caixa para um período além daquele coberto pelas projeções e orçamentos, a entidade deve usar uma taxa de crescimento estável ou decrescente (a não ser que uma taxa crescente possa ser justificada). Essa taxa não poderá exceder a taxa média de crescimento de longo prazo para os produtos, indústria, mercado ou país em que a entidade opera.

Estimativas dos fluxos de caixa futuros devem se fundamentar na condição atual do ativo e não devem incluir as previsões de entradas e saídas de caixa provenientes de:

- reestruturação futura com a qual a entidade ainda não esteja comprometida por não ter iniciado tal reestruturação; ou
- melhoria ou aprimoramento do desempenho do ativo.

Em função de se considerar o valor do dinheiro no tempo no desconto dos fluxos de caixa futuros estimados, esses fluxos de caixa devem excluir as entradas e saídas de caixa derivadas das atividades de financiamento (empréstimos).

No cálculo dos fluxos de caixa futuros gerados pelo ativo, não devem ser considerados os pagamentos ou recebimentos de imposto de renda referentes aos fluxos de caixa, mantendo a coerência com a taxa de desconto, que também se refere a uma taxa de juros antes dos impostos (vide seção 12.9). Contudo, o lucro ou prejuízo previsto com a alienação do ativo deverá ser incluído no cálculo dos fluxos de caixa futuros.

Se os fluxos de caixa futuros serão calculados em moeda estrangeira, eles deverão ser estimados nessa moeda e descontados usando uma taxa apropriada. O valor presente é, então, traduzido usando a taxa de câmbio da data do cálculo do valor em uso.

12.9 Identificando a taxa de desconto

A taxa de desconto usada no cálculo do valor em uso deverá ser uma taxa antes dos impostos que reflita as avaliações do mercado corrente, quanto ao valor do dinheiro no tempo, e os riscos que se relacionam com o ativo. Os riscos aqui mencionados são aqueles remanescentes, ou seja, que não serviram de ajustes para os fluxos de caixa futuros, caso contrário, haveria duplicidade nas suposições.

Essa taxa é estimada a partir de uma taxa implícita nas transações do mercado para ativos similares ou a partir do custo de capital médio ponderado de uma entidade listada em bolsa, que tenha um ativo similar em termos de potencial de serviços e riscos.

12.10 Reconhecendo e mensurando uma perda por *impairment*

Quando o valor recuperável de um ativo (maior entre valor justo líquido e valor em uso) for menor que seu valor contábil, o valor contábil deverá ser reduzido para aquele valor recuperável e essa redução é contabilizada como uma perda.

A perda por *impairment* deverá ser reconhecida imediatamente em resultados, a não ser que o ativo esteja contabilizado ao valor reavaliado, quando então a perda deverá ser tratada como uma redução da reserva de reavaliação, até o limite dessa reserva.

Quando uma perda por *impairment* é reconhecida, a despesa de depreciação[2] deverá ser ajustada nos futuros períodos para alocar o valor contábil revisado do ativo ao longo de sua vida útil remanescente.

---

[2] Adota-se aqui o termo genérico *depreciação*, mas que é extensivo aos conceitos específicos de depreciação, amortização e exaustão.

12.11 Unidades geradoras de caixa

Se não for possível calcular o valor recuperável de um ativo individual (por exemplo, no caso de o ativo não gerar caixa independente de outros ativos), a entidade deve calcular o valor recuperável da unidade geradora de caixa ao qual o ativo pertence. O Exemplo 12.1 a seguir ilustra um caso em que o valor em uso só pode ser determinado para a unidade geradora de caixa.

Exemplo 12.1 – Uma empresa possui uma estrada de ferro particular para desempenhar a atividade de mineração. A estrada de ferro pode ser vendida somente pelo preço de sucata e não gera entrada de caixa de forma amplamente independente das entradas de caixa de outros ativos da entidade. Nesse caso, não é possível estimar o valor recuperável da estrada de ferro individualmente, pois seu valor em uso não pode ser determinado e é provável que ele seja diferente de seu valor como sucata. Portanto, a entidade deve estimar o valor recuperável da mina como um todo.

Uma unidade geradora de caixa é o menor grupo identificável de ativos que pode gerar fluxos de caixa pelo uso contínuo e que são, principalmente, independentes dos fluxos de caixa de outros ativos ou grupo de ativos. O Exemplo 12.2 ilustra um caso de identificação de uma unidade geradora de caixa.

Exemplo 12.2 – Uma empresa de ônibus fornece serviços mediante contrato com a prefeitura que exige serviços em cinco rotas separadas. Os ativos e seus respectivos fluxos de caixa de cada rota podem ser identificados separadamente, sendo que uma das rotas opera com prejuízos. Como a entidade não tem a opção de deixar de operar em qualquer uma das rotas, já que o contrato contempla todas as rotas, o menor nível de fluxos de caixa identificável é composto pelas cinco rotas. Assim, a unidade geradora de caixa para cada rota é a empresa de ônibus como um todo.

Após a delimitação das unidades geradoras de caixa, a entidade deverá manter a consistência de período a período, e qualquer mudança deverá ser justificada.

Em alguns casos pode ser necessário que a entidade considere um passivo para determinar o valor recuperável da unidade geradora de caixa. Isso ocorre quando a alienação da unidade exigirá que o comprador assuma determinada dívida. Para permitir a comparação, o valor do passivo deve ser deduzido tanto do valor em uso quanto do valor contábil da unidade geradora de caixa. O Exemplo 12.3 ilustra esse caso.

Exemplo 12.3 – Uma entidade explora uma mina em um país cuja legislação exige que os proprietários devem restaurar o local ao final do período de exploração. O custo da restauração inclui a reposição de terras e rochas removidas no início das atividades na mina. A provisão para os custos de restauração da área foi reconhecida quando da remoção das terras e rochas. A contrapartida da provisão reconhecida foi incluída no custo da mina, a qual está sendo depreciada (exaurida) pelo seu período de vida útil. O valor presente da provisão para os custos de restauração é de $ 500. A entidade está realizando o teste de *impairment* da mina. A entidade recebeu várias ofertas pela mina por um preço em torno de $ 400. Esse preço já reflete o fato que o comprador irá assumir a obrigação de restaurar a área. Os custos da alienação são insignificantes. O valor em uso da mina é de aproximadamente $ 800, excluindo os custos de restauração. O valor contábil da mina é de $ 1.000. Nesse caso, o valor em uso deve ser determinado após a dedução dos custos de restauração e é estimado em $ 300 ($ 800 – $ 500). O valor contábil também deve levar em consideração os custos de restauração e é de $ 500 ($ 1.000 – $ 500). Portanto, o valor recuperável da mina é de $ 400, e uma perda por *impairment* de $ 100 deve ser reconhecida.

Para a realização do teste de *impairment*, o *goodwill* adquirido em uma combinação de negócios deverá ser alocado a cada uma das unidades geradoras de caixa da adquirente ou grupos de tais unidades. O *goodwill* é um ativo que representa os benefícios econômicos futuros dos outros ativos adquiridos em uma combinação de negócios e que não são nem individualmente identificados e nem separadamente reconhecidos. Assim, o *goodwill* não gera fluxos de caixa independentes de outros ativos ou grupo de ativos e frequentemente contribui com os fluxos de caixa de múltiplas unidades geradoras de caixa. Consequentemente, sua alocação a uma unidade geradora de caixa específica somente poderá ser feita de forma arbitrária, já que ele pode se relacionar a várias unidades geradoras de caixa.

Cada unidade ou grupo de unidades de caixa à qual o *goodwill* é alocado deve representar o menor nível de acompanhamento interno do *goodwill*, para fins gerenciais, não sendo necessário, portanto, o desenvolvimento de relatórios internos adicionais para a alocação do *goodwill*. Adicionalmente, cada unidade ou grupo de unidades com *goodwill* alocado não poderá ser maior que os segmentos operacionais divulgados pela entidade, de acordo com a IFRS 8 (Segmentos Operacionais).

Se a entidade não pode completar a contabilização da combinação de negócios até o final do período contábil em que ocorreu a aquisição, ela poderá contabilizar valores provisórios e terá o período de um ano para ajustar tais valores, inclusive os referentes ao *goodwill* (para mais detalhes, ver seção 15.12 do Capítulo 15).

Se a entidade se desfaz de uma operação que compõe uma unidade geradora de caixa, o *goodwill* associado com aquela operação deverá ser incluído no valor contábil da operação para a determinação do ganho ou perda da alienação. Assim, para calcular o ganho ou perda da alienação, a entidade deverá considerar o valor proporcional da operação na unidade geradora de caixa e, consequentemente, do *goowill*, a menos que outro método reflita melhor o *goodwill* associado com a operação baixada. O Exemplo 12.4 ilustra esse cálculo.

Exemplo 12.4 – Uma entidade vende por $ 100 um ativo que fazia parte de uma unidade geradora de caixa à qual o *goodwill* tinha sido alocado. O *goodwill* alocado à unidade não pode ser identificado ou associado com um grupo de ativos a um nível menor que aquela unidade, exceto arbitrariamente. O valor recuperável da unidade geradora de caixa, após a venda do ativo, é $ 300. Assim, como o valor do ativo vendido correspondia a 25% do valor total da unidade geradora de caixa antes da alienação, que era $ 400 ($ 300 + $ 100), a entidade deverá incluir no valor contábil do ativo vendido 25% do *goodwill* alocado à unidade geradora de caixa.

Algumas vezes, a entidade poderá reorganizar seus negócios de forma a afetar a composição das unidades geradoras de caixa às quais o *goodwill* havia sido alocado. Nesse caso, deverá realocar o *goodwill* para as novas unidades geradoras de caixa com base em seu valor proporcional.

A unidade geradora de caixa à qual o *goodwill* está alocado deverá ser testada por *impairment* anualmente e também quando existirem evidências de que a unidade poderá ser reduzida ao seu valor recuperável.

12.12 Momento de realização do teste de *impairment*

O teste anual de *impairment* da unidade geradora de caixa pode ser realizado em qualquer momento do ano, desde que seja realizado na mesma data todo ano.

Diferentes unidades geradoras de caixa podem ser testadas por *impairment* em diferentes momentos do ano. A exceção ocorre quando parte ou todo o *goodwill* alocado à unidade geradora de caixa foi adquirido em uma combinação de negócios durante o ano. Nesse caso, a unidade deverá ser testada por *impairment* antes do final daquele período contábil em que a aquisição ocorreu.

De forma similar à utilização do valor recuperável de ano anterior (vide seção 12.5) no teste de *impairment* a entidade poderá utilizar o valor recuperável de período anterior recente para a unidade geradora de caixa com *goodwill* alocado, desde que: os ativos e passivos da unidade não tenham tido alterações significativas; o valor recuperável mais recente tenha excedido substancialmente o valor contábil da unidade; e a probabilidade de que o valor recuperável corrente seja menor que o valor contábil da unidade seja remota.

12.13 Alocação das perdas das unidades geradoras de caixa

Ao contabilizar a perda por *impairment,* a redução do valor contábil dos ativos que compõem a unidade (ou grupo de unidades) geradora de caixa deverá ser reconhecida na seguinte ordem:

a) primeiro reduz-se o valor do *goodwill* da unidade; e

b) remanescendo perda a ser alocada, reduz-se o valor contábil dos ativos, proporcionalmente ao seu valor relativo na unidade.

Sob qualquer circunstância, ao alocar uma perda por *impairment*, a entidade não poderá reduzir o valor contábil de um ativo abaixo do maior entre: seu valor justo menos os custos da venda, seu valor em uso e zero. Ou seja, o valor contábil do ativo será reduzido (caso haja perda) até o maior entre o valor justo líquido e o valor em uso. Caso esses dois valores sejam negativos, o valor contábil do ativo será reduzido somente até zero.

O Exemplo 12.5 ilustra o tratamento da perda por *impairment* de uma unidade geradora de caixa.

Exemplo 12.5 – Determinada máquina sofreu danos, mas ela ainda está em condições de funcionamento, embora não em tão boas condições como antes do dano. O valor justo líquido dos custos para vender a máquina é menor que seu valor contábil. A máquina não gera entrada de caixa independente e, portanto, compõe a unidade geradora de caixa de uma unidade de produção à qual pertence. A identificação do valor recuperável da linha de produção mostra que ela não deve ser reduzida àquele valor recuperável. Algumas suposições podem ser feitas a respeito:

Suposição 1 – os orçamentos e previsões aprovados pela administração **não** refletem nenhum compromisso de substituir a máquina. O valor recuperável individual da máquina não pode ser determinado porque seu valor em uso:

a) pode diferir de seu valor justo menos os custos de venda;

b) pode ser determinado somente para a unidade geradora de caixa à qual a máquina pertence (linha de produção).

Assim, nenhuma perda por *impairment* deve ser reconhecida para a máquina. Contudo, a entidade pode revisar o período ou o método de depreciação da máquina. Talvez um período mais curto ou um método mais rápido de depreciação possa refletir melhor a vida útil remanescente da máquina ou o modelo pelo qual os benefícios econômicos esperados serão consumidos pela entidade.

Suposição 2 – os orçamentos e previsões aprovados pela administração refletem o compromisso de substituir a máquina e vender a atual num futuro próximo. Os fluxos de caixa do uso contínuo da máquina até sua baixa são considerados insignificantes.

Nesse caso, estima-se que o valor em uso seja próximo de seu valor justo menos os custos para vender. Portanto, o valor recuperável da máquina pode ser determinado e não se leva em consideração a unidade geradora de caixa à qual a máquina pertence (linha de produção). Como o valor justo líquido da máquina é menor que seu valor contábil, uma perda por *impairment* da máquina deverá ser reconhecida.

12.14 Reversão das perdas por *impairment*

A cada data dos relatórios contábeis, a entidade deve avaliar se existe qualquer evidência de que uma perda por *impairment* reconhecida em períodos anteriores não mais existe ou diminuiu. Se existir qualquer evidência, o valor recuperável do ativo deverá ser estimado, e se for o caso, a perda deve ser revertida. Isso não se aplica ao *goodwill*, ou seja, o *goodwill* baixado em função da perda contabilizada em períodos anteriores não poderá mais ser revertido.

Ao determinar se uma perda por *impairment* deve ser revertida, a entidade deverá considerar a mesma fonte de informação utilizada para a identificação anterior da perda. Uma perda por *impairment* poderá ser revertida somente se houver mudanças nas estimativas usadas para determinar o valor recuperável desde que a última perda foi reconhecida. Se esse for o caso, a entidade deverá reverter a perda, aumentando o valor contábil do ativo.

A reversão de uma perda por *impairment* significa um aumento no potencial de serviço estimado do ativo. Assim, uma perda não deverá ser revertida simplesmente em função da passagem do tempo. Essa passagem do tempo pode resultar em aumento no valor em uso do ativo, mas simplesmente em função da atualização do valor presente das entradas futuras de caixa, e não por aumento no potencial de serviços do ativo e, sendo esse o caso, a perda não pode ser revertida.

O limite para o aumento no valor do ativo, em consequência de uma reversão de perda, será somente até o valor contábil do ativo (líquido da depreciação), caso a perda não tivesse sido reconhecida. De outra forma, ao reverter uma perda por *impairment*, o valor contábil do ativo não poderá assumir um valor maior que o montante pelo qual estaria registrado, caso a perda não tivesse sido contabilizada em período anterior.

A reversão de uma perda por *impairment* deverá ser reconhecida imediatamente em resultados, a não ser que o ativo esteja contabilizado ao valor reavaliado. Nesse caso, a reversão deverá ser reconhecida como aumento da reserva de reavaliação.

Ajustes na despesa de depreciação nos períodos futuros, após a reversão de uma perda, podem ser necessários para alocar o novo valor contábil do ativo pela vida útil remanescente.

A reversão de uma perda por *impairment* de uma unidade geradora de caixa deverá ser alocada proporcionalmente aos valores dos ativos da unidade, excetuando o *goodwill*, que conforme já mencionado não pode ser revertido.

12.15 Ativos corporativos

Ativos corporativos se referem a ativos de um grupo ou de uma divisão de uma entidade, como o prédio de uma sede, os equipamentos de processamento de dados ou um centro de pesquisa. O que distingue os ativos corporativos é que eles não geram entrada de caixa de forma independente de outros ativos ou grupo de ativos e seu valor contábil não pode ser atribuído totalmente à unidade geradora de caixa sob revisão.

Como os ativos corporativos não geram entrada de caixa individualmente, seus valores recuperáveis não podem ser determinados. Assim, ao realizar o teste de *impairment*, a entidade deverá identificar todos os ativos corporativos que se relacionam àquela unidade.

Se uma parcela do ativo corporativo puder ser alocada a uma unidade geradora de caixa em base razoável e consistente, o teste de *impairment* é similar ao realizado nas demais unidades geradoras de caixa. Contudo, se a alocação não puder ser realizada de forma razoável e consistente, a entidade deverá:

a) realizar o teste de *impairment* da unidade geradora de caixa excluindo o ativo corporativo e reconhecer qualquer perda, se devida;

b) identificar o menor grupo de unidades geradoras de caixa que inclua a unidade geradora de caixa sob análise e no qual a parcela do valor contábil dos ativos corporativos possa ser razoavelmente e consistentemente alocada; e

c) realizar o teste de *impairment* desse grupo de unidades geradoras de caixa e reconhecer qualquer perda, se devida.

12.16 Evidenciação

Para cada classe de ativos, a entidade deverá divulgar:

a) o valor das perdas por *impairment* e das reversões reconhecidas na demonstração de resultados e as linhas da Demonstração de Resultado Abrangente[3] nas quais a perda e a reversão foram incluídas;

b) o valor das perdas por *impairment* e das reversões de ativos reavaliados reconhecidos em Outros Resultados Abrangentes.

Para a empresa que apresenta informação por segmento, para cada segmento ela deverá divulgar o valor das perdas por *impairment* e das reversões reconhecidas na Demonstração de Resultados e em Outros Resultados Abrangentes.

---

[3] A Demonstração do Resultado Abrangente inclui os itens da Demonstração do Resultado do Exercício e as demais receitas e despesas reconhecidas diretamente no Patrimônio Líquido (Outros Resultados Abrangentes), como as alterações da reserva de reavaliação, os ganhos (perdas) atuariais e os ganhos (perdas) de tradução de operações estrangeiras.

Para cada perda por *impairment* ou reversão material reconhecidas, as seguintes informações devem ser divulgadas:

a) os eventos e circunstâncias que resultaram no reconhecimento ou reversão da perda por *impairment*;

b) os valores das perdas por *impairment* reconhecidos ou revertidos;

c) para um ativo individual: a natureza do ativo e o segmento operacional ao qual ele pertence;

d) para uma unidade geradora de caixa: uma descrição da unidade, o valor da perda por *impairment* reconhecida ou revertida por classe de ativos e por segmentos operacionais e, caso tenha ocorrido mudança na forma de agregação dos ativos da unidade, as razões da mudança e uma descrição da constituição atual e da anterior;

e) se o valor recuperável corresponde ao valor justo menos os custos para vender ou o valor em uso;

f) se o valor recuperável corresponde ao valor justo menos os custos para vender, a base usada para determinar esse valor justo;

g) se o valor recuperável corresponde ao valor em uso, a taxa de desconto usada na estimativa atual e a estimativa anterior (se existente) do valor em uso.

Para as perdas por *impairment* agregadas e reversões agregadas, para as quais nenhuma informação é divulgada de acordo com o parágrafo anterior, a entidade deverá divulgar as principais classes de ativos afetadas pelas perdas e pelas reversões e os principais eventos e circunstâncias que resultaram no reconhecimento das perdas e das reversões.

Se o *goodwill* adquirido em uma combinação de negócios não foi ainda totalmente alocado a uma unidade (ou grupo de unidades) geradora de caixa, deverão ser divulgados o valor não alocado e as razões dessa não alocação.

Também deverá ser divulgada informação detalhada sobre as estimativas usadas para mensurar os valores recuperáveis das unidades geradoras de caixa que contenham *goodwill* ou ativos intangíveis com vida útil indefinida.

12.17 Notas de Demonstrações Contábeis Publicadas

12.17.1 *Nokia Corporation (Relatório Anual de 2008)*

Juntamente com a decisão do grupo para descontinuar a produção de aparelhos móveis na Alemanha, uma perda por *impairment* foi reconhecida no montante de 55 milhões de Euros. A perda por *impairment* relacionou-se com o encerramento e a venda das instalações de produção de Bochum, Alemanha, durante o ano de 2008 e que estava incluída no segmento Devices & Services. Em 2008, a Nokia Siemens Networks reconheceu uma perda por *impairment* no montante de EUR 35 milhões relacionada à venda de suas instalações industriais em Durach, Alemanha. A perda por *impairment* foi calculada pelo excesso do valor contábil dos ativos em transferência sobre o valor justo menos os custos para vender desses mesmos ativos. A perda por *impairment* foi alocada em imobilizado e estoques.

12.17.2 Hugo Boss AG. *(Relatório Anual de 2008)*

Itens do Imobilizado

Perdas por *impairment* totalizando 3,007 mil Euros (2007: 16,101 mil Euros) foram reconhecidas para itens do imobilizado e apresentadas em "depreciação/amortização" nas demonstrações consolidadas. As perdas por *impairment* também foram, principalmente, imputáveis ao ativo imobilizado de determinadas lojas. Elas foram reconhecidas após a realização dos testes de *impairment*.

Ativos Intangíveis

Perdas por *impairment* totalizando 1,465 mil Euros (2007: 256 mil Euros) foram reconhecidas para os ativos intangíveis. Essas perdas foram principalmente devidas a ativos intangíveis com vida útil indefinida atribuídos a lojas individuais. As perdas por *impairment* foram calculadas usando testes de *impairment* e são reconhecidas sob o título de "Depreciação/amortização".

12.17.3 ABN AMRO Holding N.V. *(Relatório Anual de 2008)*

Valores Mobiliários é a maior classe de ativos sob administração na unidade geradora de caixa e o respectivo múltiplo (relação preço/rendimento) esperado para esses ativos necessitaria reduzir em 0,5 ponto percentual para que o valor recuperável fique abaixo do valor contábil. Os principais eventos que levaram ao reconhecimento das perdas por *impairment* foram direcionados pelas menores taxas de crescimento projetadas, maiores prêmios de risco no mercado e elevadas taxas livres de riscos no Paquistão, país de operações do Prime Bank. *Impairment* de *software* resultou principalmente da migração de várias plataformas para o ambiente RBS devido a atividades de reestruturação, bem como às alterações no lançamento planejado do *software*.

12.17.4 Fiat Group *(Relatório Anual de 2008)*

Durante o ano de 2008, o Grupo reconheceu 12 milhões de Euros (8 milhões de Euros em 2007) de perdas por *impairment* dos ativos vendidos com um compromisso de recompra da Trucks and Commercial Vehicles para alinhar seu valor contábil ao valor de mercado. Essas perdas são reconhecidas em Custos das vendas no montante de 8 milhões de Euros e em outras receitas (despesas) extraordinárias no montante de 4 milhões de Euros. Além disso, em 2008, o Grupo revisou o valor recuperável de certas instalações, maquinários e equipamentos industriais, para determinar se existia qualquer redução nos seus valores em decorrência da obsolescência técnica pelos efeitos negativos esperados no mercado no qual esses ativos serão usados ou pelos planos de reestruturação elaborados para determinados negócios. Essa avaliação levou ao reconhecimento de perdas por *impairment* de 38 milhões de Euros (20 milhões de Euros em 2007), dos quais 24 milhões de Euros foram reconhecidos no resultado da Trading e 14 milhões de Euros como Custos de reestruturação. Essas perdas foram todas reconhecidas no resultado da Trading em 2007.

12.18 Estudos de casos

Estudo de caso 1

Dados:

A Cia. WCO comprou a participação total no capital da Cia. Tudor pelo valor de $ 20 milhões. O *goodwill* surgido da transação foi de $ 5 milhões. Foi planejado desde o início das negociações que os sistemas de informação das empresas seriam fundidos para permitir economia de custos para a adquirente. A Cia. Tudor foi adquirida por causa de sua participação no mercado de determinado país e em função de seus projetos de pesquisa. Após a aquisição, os custos foram reduzidos com a fusão dos sistemas de informação. O governo do tal país aprovou uma lei que restringiu a participação da Cia. Tudor no mercado, ficando abaixo do valor previsto pela Cia. WCO, e alguns projetos de pesquisa foram abandonados por causa da falta de fundos.

Questão:

Identifique os potenciais indicadores de *impairment* de *goodwill* da Cia. WCO.

Estudo de caso 2

Dados:

A Cia. Occa está preparando suas demonstrações contábeis de 30 de novembro de 2005. Certos itens do seu imobilizado foram danificados em 1º de janeiro de 2006. Em 30 de novembro de 2005, esses ativos eram usados na produção e tinham um valor contábil de $ 5 milhões. O valor em uso dos ativos em

30/11/2005 foi estimado em $ 6 milhões e seu valor justo menos os custos para vender foi estimado em $ 4 milhões. As demonstrações contábeis da empresa foram autorizadas para publicação em 20 de janeiro de 2006.

Questão:

Qual é o valor recuperável dos ativos da Cia. Occa em 30/11/2005?

Estudo de caso 3

Dados:

A Cia. Tererê está testando por *impairment* um de seus segmentos operacionais. O valor contábil dos ativos do segmento é de $ 20 milhões. A administração fez dois cálculos para o valor em uso do segmento. O primeiro valor ($ 18 milhões) exclui a receita a ser obtida de uma futura reorganização ainda não iniciada pela Cia. Tererê e o segundo valor ($ 22 milhões) inclui tal receita. Não existe mercado ativo para a venda do segmento operacional.

Questão:

O segmento operacional da Cia. Tererê deve ser reduzido ao valor recuperável? Se sim, por qual valor?

Estudo de caso 4

Dados:

A Cia. Cris&Lima possui vários veículos. Os veículos são bastante velhos e somente podem ser vendidos como sucata. Eles não geram caixa de forma independente da entidade.

Questão:

Como o valor recuperável dos veículos da Cia. Cris&Lima deve ser determinado?

Estudo de caso 5

Dados:

A Cia. Leva e Traz, uma empresa de transporte ferroviário, tem um contrato com o governo que exige serviços em dez rotas diferentes. Os trens operam em cada rota e a receita de cada rota pode ser facilmente identificada. Duas das rotas são substancialmente mais lucrativas que as demais. A entidade também opera com serviços de táxi, empresa de ônibus e agência de viagem.

Questão:

Qual(is) unidade(s) geradora(s) de caixa pode(m) ser identificada (s) pela Cia. Leva e Traz?

Estudo de caso 6

Dados:

A Cia. Ônix explora a produção de petróleo por meio de uma plataforma no mar. A entidade provisionou o valor de $ 10 milhões com a restauração do fundo do mar, prevista ao final do contrato de exploração. Esse montante representa o valor presente de tal provisão. A entidade recebeu uma oferta de compra da plataforma por $ 16 milhões, os custos associados com a realização da venda é de $ 2 milhões e o comprador assume o compromisso com a restauração. O valor em uso da plataforma é de, aproximadamente, $ 24 milhões antes dos custos de restauração. O valor contábil da plataforma é $ 20 milhões.

Questão:

O valor da plataforma da Cia. Ônix deve ser reduzido ao valor recuperável? Se sim, por qual valor?

Estudo de caso 7

Dados:

A Cia. Petrox explora a produção de petróleo por meio de uma plataforma no mar. A entidade tem de remover a plataforma ao final de sua vida útil e uma provisão foi constituída no início da produção. O valor contábil da provisão é de $ 8 milhões. A entidade recebeu uma oferta de $ 20 milhões (custo de venda de $ 1 milhão) para os direitos de uso da plataforma, e esse valor já reflete o compromisso dos proprietários de removê-la ao final de sua vida útil. O valor em uso estimado da plataforma é de $ 26 milhões, ignorando os custos da remoção. O valor contábil corrente da plataforma é de $ 28 milhões.

Questão:

O valor da plataforma da Cia. Petrox deve ser reduzido ao valor recuperável? Se sim, por qual valor?

Estudo de caso 8

Dados:

Uma unidade geradora de caixa é composta pelos seguintes ativos (em milhões):

Goodwill	$ 25
Imóveis	$ 40
Máquinas e Equipamentos	$ 100
	$ 165

O valor recuperável da unidade foi estimado em $ 125 milhões.

Questão:

Como deve ser alocada aos ativos da entidade a perda por *impairment*?

Estudo de caso 9

Dados:

O Quadro 12.1 a seguir apresenta as informações de uma perda por *impairment* de uma unidade geradora de caixa com *goodwill* alocado, contabilizada pela Cia. Zen, em 31 de dezembro de 2007.

Quadro 12.1 *Perda por* impairment *da Cia. Zen*.

	Goodwill ($ m)	Ativos líquidos da unidade* ($ m)	Total ($ m)
Valor contábil 31/12/2007	5.000	22.000	27.000
Impairment	(5.000)	(2.000)	(7.000)
	0	20.000	20.000

* Ativos líquidos da depreciação acumulada.

Ocorreu uma mudança favorável nas estimativas dos valores recuperáveis dos ativos líquidos da Cia. Zen desde que a perda por *impairment* foi reconhecida. O valor recuperável em 31/12/2008 era de $ 21.000 milhões. Os ativos da Cia. Zen são depreciados a uma taxa de 10% a.a.

Questão:

Apresente o tratamento contábil da reversão da perda por *impairment* em 31/12/2008 da unidade geradora de caixa da Cia. Zen.

Estudo de caso 10

Dados:

A Cia. Omicron tem duas unidades geradoras de caixa, A e B. Não existe nenhum *goodwill* alocado às unidades geradoras de caixa. Os valores contábeis das unidades A e B são, respectivamente, $ 20 e $ 30 milhões. O valor do prédio administrativo da Cia. Omicron não está incluído nos valores anteriores, mas pode ser alocado às duas unidades da entidade com base nos valores contábeis destas. O valor contábil do prédio é de $ 10 milhões. O valor recuperável das unidades geradoras de caixa tem por base o valor em uso, que é de $ 26 milhões para a unidade A e $ 28 milhões para a unidade B.

Questão:

As unidades geradoras de caixa da Cia. Omicron deverão ser reduzidas ao valor recuperável? Se sim, como e por qual valor essa perda deverá ser alocada?

12.19 Testes de múltipla escolha

1. Quando a entidade realiza o teste de *impairment*, os ativos corporativos deverão:
   (a) ser testados individualmente;
   (b) ser alocados às unidades geradoras de caixa sob uma base razoável e consistente;
   (c) não ser alocados às unidades geradoras de caixa;
   (d) ser todos agrupados de forma a constituir uma única unidade geradora de caixa;
   (e) nenhuma das alternativas anteriores.

2. A IAS 36 se aplica a todos os ativos a seguir, **exceto** a:
   (a) imobilizado;
   (b) ativos intangíveis;
   (c) investimentos em coligadas;

(d) estoques;

(e) *goodwill*.

3. Se a contabilização da combinação de negócios não estiver completa até a data das demonstrações contábeis, a entidade deverá:

   (a) contabilizar a combinação de negócios, inclusive o *goodwill*, somente nas próximas demonstrações;

   (b) contabilizar valores provisórios e ajustá-los até o prazo máximo de um ano, com exceção ao do *goodwill*;

   (c) estimar todos os valores, inclusive o do *goodwill*, e não alterá-los posteriormente;

   (d) contabilizar valores provisórios, sem limite de tempo para ajustar os valores, inclusive o do *goodwill*;

   (e) contabilizar valores provisórios e ajustá-los até o prazo máximo de um ano, inclusive o do *goodwill*.

4. Unidade geradora de caixa é:

   (a) qualquer grupo de ativos que gera fluxos de caixa;

   (b) o menor segmento operacional da empresa;

   (c) uma unidade lucrativa da empresa;

   (d) os ativos agregados das filiais da empresa;

   (e) o menor grupo de ativos que gera fluxos de caixa independentemente de outros ativos.

5. Na contabilização da perda por *impairment* de uma unidade geradora de caixa com *goodwill* alocado, o primeiro ativo reduzido será:

   (a) caixa;

   (b) *goodwill*;

   (c) intangível com vida útil definida;

   (d) não há prioridade e todos os ativos da unidade são reduzidos proporcionalmente a sua participação na unidade;

   (e) intangível com vida útil indefinida.

6. Quando o ajuste ao valor recuperável se referir a um ativo reavaliado, a perda por *impairment*:

   (a) é reconhecida em resultados;

   (b) é reconhecida no patrimônio líquido em conta específica denominada Perda por *Impairment*;

(c) aumenta o saldo da reserva de reavaliação;

(d) diminui o saldo da reserva de reavaliação;

(e) não deverá ser reconhecida.

7. O *goodwill* deverá ser testado por *impairment*:

   (a) quando existirem evidências internas ou externas de perdas;

   (b) a cada cinco anos;

   (c) anualmente;

   (d) na data da combinação de negócios;

   (e) sempre que os sócios solicitarem.

8. A perda por *impairment* representa o excesso do:

   (a) valor contábil sobre o valor recuperável;

   (b) valor em uso sobre o valor contábil;

   (c) valor recuperável sobre o valor em uso;

   (d) valor em uso sobre o valor justo menos os custos da venda;

   (e) valor justo menos os custos da venda sobre o valor em uso.

9. Se o valor justo menos os custos de venda não puder ser determinado, a entidade deverá:

   (a) não realizar o teste de *impairment*;

   (b) considerar o valor em uso como o valor recuperável;

   (c) agregar o ativo em uma unidade geradora de caixa;

   (d) usar o valor realizável líquido;

   (e) adotar o valor justo de um ativo similar da entidade como valor recuperável.

10. Nas estimativas dos fluxos de caixa futuros deverá ser considerado:

    (a) o resultado das atividades de financiamento;

    (b) a melhoria no desempenho do ativo;

    (c) o resultado da alienação do ativo;

    (d) a reestruturação ainda não comprometida pela entidade;

    (e) o pagamento de impostos sobre a renda.

11. Com relação à reversão da perda por *impairment*, é correto afirmar que:

    (a) o valor do *goodwill* de uma unidade geradora de caixa será revertido proporcionalmente ao valor da perda anteriormente reconhecida;

    (b) a reversão será reconhecida em conta específica do patrimônio líquido;

(c) a reversão da perda de um ativo reavaliado resultará numa redução da reserva de reavaliação;

(d) o aumento no valor em uso do ativo em função da passagem do tempo não determina reversão de perda;

(e) não há limite de valor para a reversão da perda.

12. Valor em uso de um ativo é o:

(a) valor em um mercado ativo;

(b) valor da aquisição menos a depreciação acumulada;

(c) maior entre o valor justo e seu valor de mercado;

(d) valor presente descontado dos fluxos de caixa futuros esperados com o uso e a alienação do ativo;

(e) valor justo menos os custos da venda.

13. A entidade poderá usar o valor recuperável de ano anterior recente no teste de *impairment* de uma unidade geradora de caixa com *goodwill* alocado desde que:

(a) os acionistas/sócios aprovem esse valor;

(b) o teste seja realizado antes da data de autorização das demonstrações contábeis;

(c) a unidade geradora de caixa tenha um valor relevante em relação às demais unidades geradoras de caixa;

(d) o *goodwill* tenha tido por origem a diferença entre os valores contábeis e os de mercado da empresa adquirida;

(e) nenhuma das alternativas anteriores.

14. A respeito do valor justo menos os custos para vender, é **incorreto** afirmar que:

(a) a melhor evidência é o preço de um acordo estabelecido em uma transação sem favorecimentos;

(b) na ausência de um acordo de venda, o valor contábil ajustado por uma taxa de juros do mercado pode ser usado;

(c) o valor de uma transação mais recente pode ser adotado, desde que não tenha havido mudanças significativas;

(d) o preço em um mercado ativo pode ser adotado;

(e) o valor de uma transação mais recente de um ativo similar pode ser adotado, desde que não tenha sido uma venda forçada.

15. Ao calcular o valor presente dos fluxos de caixa futuros, a entidade **não** deve levar em conta:

    (a) uma taxa antes do Imposto de Renda;

    (b) o valor do dinheiro no tempo;

    (c) os riscos associados ao ativo que não foram considerados no ajuste dos fluxos de caixa;

    (d) uma taxa implícita do mercado para ativos similares;

    (e) os riscos relacionados ao ativo já utilizados nos ajustes das estimativas dos fluxos de caixa.

16. Quando parte de uma unidade geradora de caixa com *goodwill* incluído é alienada, a entidade deverá:

    (a) incluir o valor proporcional do *goodwill* à parte baixada para cálculo do resultado da alienação;

    (b) baixar o valor integral do *goodwill* contra resultados;

    (c) realocar a parte proporcional do *goodwill* para outra unidade geradora de caixa;

    (d) transferir a parcela proporcional do *goodwill* para o patrimônio líquido até a baixa da unidade como um todo;

    (e) baixar da unidade geradora de caixa somente a parte alienada.

17. As projeções dos fluxos de caixa futuro com base em projeções e orçamentos, normalmente, não poderão ultrapassar o período de:

    (a) cinco anos;

    (b) três anos;

    (c) dez anos;

    (d) 15 anos;

    (e) não há limite.

18. O valor recuperável de um ativo representa:

    (a) o valor a ser obtido com sua venda;

    (b) a diferença entre o valor contábil e o valor a ser obtido com sua venda;

    (c) o maior entre o valor em uso e o valor justo líquido dos custos para vender;

    (d) o menor entre o valor justo líquido dos custos para vender e o valor em uso;

    (e) o maior entre o valor em uso e o valor contábil líquido da depreciação.

13

Provisões, Passivos Contingentes e Ativos Contingentes (IAS 37)

13.1 Introdução

A IAS 37 trata do reconhecimento, mensuração e divulgação das provisões, passivos contingentes e ativos contingentes para permitir que os usuários compreendam a natureza, vencimento e valor de tais itens. Cabe esclarecer que a IAS 37 define provisões como passivos de valor ou vencimento incertos. Assim, os tradicionais itens reconhecidos no Brasil como provisões, tais como as relacionadas a devedores duvidosos e a redução ao valor de mercado, entre outras, e as contas redutoras em função do regime de competência, como a depreciação, são considerados pelo IASB como ajustes ao valor contábil de ativos e, portanto, não são tratados pela IAS 37.

A IAS 37 foi emitida em 1998 substituindo partes da IAS 10 (Contingências e Eventos Ocorrendo Após a Data do Balanço, emitida em 1978 e reformulada em 1994). Em 2003, 2004, 2005, 2007 e 2008, a IAS 37 foi alterada como consequência da emissão de novas Normas ou de mudanças ocorridas naquelas existentes.

13.2 Escopo

Faz parte do escopo da IAS 37 tratar de todas as provisões, passivos contingentes e ativos contingentes, exceto aqueles tratados por outros pronunciamentos.

Quando existir Pronunciamento específico sobre determinada provisão, passivo ou ativo contingente, aquele Pronunciamento deverá ser aplicado e não a IAS 37, como por exemplo:

a) Instrumentos Financeiros, tratados pela IAS 39;

b) Contratos de Construção, tratados pela IAS 11;

c) Imposto de Renda, tratado pela IAS 12;

d) *Leases*, tratados pela IAS 17 (para mais detalhes, ver Capítulo 7), exceto se o contrato de *leasing* se tornar oneroso, quando a IAS 37 deverá ser aplicada;

e) Benefícios de Empregados, tratados pela IAS 19;

f) Contratos de Seguros, tratados pela IFRS 4, exceto as provisões, passivos e ativos contingentes das seguradoras, quando então a IAS 37 é aplicável;

g) Instrumentos Financeiros, incluindo garantias, que são tratados pela IAS 39.

13.3 Definições de termos-chave

Ativo contingente: é um ativo possível que surge de eventos passados e cuja existência será confirmada somente pela ocorrência ou não ocorrência de um ou mais eventos futuros incertos, não totalmente sob controle da entidade.

Obrigação implícita: resulta das ações da entidade, em que, por meio de práticas passadas, publicação de políticas ou um relatório suficientemente específico, ela indicou a terceiros que aceita certas responsabilidades, e, como consequência, criou expectativas válidas de que tais responsabilidades serão cumpridas.

Obrigação legal: é aquela que deriva de um contrato (por meio de termos implícitos ou explícitos), legislação ou outros instrumentos legais.

Passivo: é uma obrigação presente que surge de eventos passados, cuja quitação deverá resultar em uma saída de recursos da entidade incorporando benefícios econômicos.

Passivo contingente: é uma obrigação possível que surge de eventos passados e cuja existência será confirmada pela ocorrência ou não ocorrência de um ou mais eventos futuros incertos, não totalmente sob controle da entidade **ou** é uma obrigação presente que surge de eventos passados, mas que não é reconhecida como uma obrigação porque não é provável o desembolso para quitar a obrigação ou o valor da obrigação não pode ser confiavelmente mensurado.

Provisão: um passivo de vencimento ou valor incerto.

Nota-se, pelas definições acima, que uma distinção clara deve ser feita entre provisões e outros passivos, tais como os relacionados a fornecedores e a férias. Embora, muitas vezes, seja necessário estimar o valor ou vencimento desses passivos (por exemplo o relacionado a férias) a incerteza é, geralmente, muito menor quando comparado às provisões como definido pelo IASB. Adicionalmente, esses passivos são, geralmente, apresentados como parte de "Fornecedores e Outros Valores a Pagar", enquanto as provisões são apresentadas separadamente.

Também se observa que, num sentido geral, todas as provisões são contingentes porque elas são incertas quanto ao vencimento ou ao valor. Contudo, de acordo com a IAS 37, o termo *contingente* se refere a ativos e passivos que não são reconhecidos porque sua existência depende da ocorrência ou não ocorrência de um ou mais eventos futuros incertos, sobre os quais a entidade não possui o controle total. Além disso, o termo *passivo contingente* é usado para passivos que não atendem ao critério de reconhecimento (conforme seção 13.4.1). Assim, a Norma faz a distinção entre:

a) **provisões:** que são reconhecidas como **passivo** (se puderem ser estimadas confiavelmente) porque são obrigações presentes e é provável o desembolso para quitá-las; e

b) **passivos contingentes:** que **não** são reconhecidos como **passivo** (somente são divulgados nas notas explicativas, em determinados casos) porque elas são **ou** obrigações possíveis (que estão na dependência de a entidade confirmar se tem a obrigação presente que resultará em um desembolso) **ou** obrigações presentes, mas que não atendem ao critério de reconhecimento (provável desembolso para quitá-las e mensuração confiável).

13.4 Provisões

13.4.1 Reconhecimento

Uma provisão deverá ser reconhecida somente quando todas as seguintes condições são atendidas:

a) a entidade tem uma obrigação presente (legal ou implícita) resultante de um evento passado;

b) é provável que uma saída de recursos incorporando benefícios econômicos será exigida para quitar a obrigação; e

c) uma estimativa confiável do valor da obrigação pode ser feita.

a) Obrigação presente

Se não for claro que a entidade tem uma obrigação presente (por exemplo, num processo judicial, em que a empresa esteja questionando se o evento ocorreu ou se aquele evento gerou uma obrigação presente), ela deve considerar que um evento passado dá origem a uma obrigação presente se, considerando todas as evidências disponíveis, é "mais provável do que não" que aquela obrigação presente existe. Para ilustrar essa situação, veja o Exemplo 13.1:

Exemplo 13.1 – Após uma festa em 20X7 oferecida para 500 convidados, dez pessoas morreram, possivelmente como resultado da ingestão de comida contaminada por produtos vendidos pela entidade. Os procedimentos legais para requerer indenizações são iniciados, mas a entidade contesta sua responsabilidade no caso. Até a data da autorização de publicação das demonstrações contábeis de 31 de dezembro de 20X7, os advogados da entidade avaliam que é provável que a entidade não será responsabilizada. Contudo, quando a entidade prepara suas demonstrações contábeis para 31 de dezembro de 20X8, em consequência da evolução do caso, seus advogados advertem sobre a probabilidade de a entidade ser responsabilizada.

a) Em 31 de dezembro de 20X7

Com base nas evidências disponíveis quando as demonstrações financeiras foram aprovadas, não existe nenhuma obrigação resultante de eventos passados (obrigação presente) e, como consequência, nenhuma provisão deve ser reconhecida. O problema deve ser divulgado como um passivo contingente (tratado na seção 13.5), a menos que a probabilidade de qualquer saída de recursos seja remota, quando, então, nenhuma divulgação deve ser feita.

b) Em 31 de dezembro de 20X8

Com base nas evidências disponíveis, existe uma obrigação presente e é provável uma saída de recursos para quitação da dívida. Assim, uma provisão deve ser reconhecida pela melhor estimativa do montante destinado ao pagamento da obrigação.

A obrigação presente pode originar-se de uma obrigação legal ou implícita. O Exemplo 13.2 a seguir ilustra um caso de obrigação implícita.

Exemplo 13.2 – Uma entidade do setor petroleiro causa contaminação no ambiente de um país onde não existe legislação ambiental. Contudo, a entidade, nos últimos anos, tem amplamente divulgado sua política ambiental na qual ela se compromete a realizar a limpeza de toda contaminação que causa. A entidade tem um histórico de honrar as políticas que publica. Nesse caso, ela deve reconhecer a provisão, pois existe o evento passado (contaminação) dando origem a uma obrigação presente (limpeza) e a saída de recursos é provável. É uma obrigação implícita, já que ela criou uma expectativa válida nas partes afetadas de que limpará a área contaminada.

Um dos critérios para reconhecimento de uma provisão é a ocorrência de um evento passado que resulte numa obrigação presente. Para um evento resultar numa obrigação presente é necessário que a entidade não possua nenhuma alternativa realista a não ser quitar a obrigação criada pelo evento. Isso acontece somente:

a) quando a quitação da obrigação pode ser imposta por lei;
b) no caso de uma obrigação implícita, quando o evento (que pode ser uma ação da entidade) cria expectativas válidas em terceiros de que a entidade cumprirá a obrigação.

Somente aquelas obrigações que surgiram de eventos passados que independem de ações futuras da entidade na condução de seus negócios é que devem ser reconhecidas como provisões. Exemplos de tais obrigações são as multas ou os custos de limpeza por dano ambiental, bem como os custos de desativação de uma plataforma de petróleo ou de uma usina nuclear, até onde a entidade seja responsável pelos danos já causados. Por outro lado, se em função de pressões comerciais ou legais a entidade tenciona ou necessita realizar gastos para operar de um modo diferenciado no futuro (por exemplo, pela instalação de filtros de fumaça em uma fábrica), não existe nenhuma obrigação presente, já que ela poderá fazer mudanças em suas operações e evitar o gasto. O Exemplo 13.3 a seguir ilustra essa segunda situação.

Exemplo 13.3 – Em função de uma nova legislação sancionada em 10 de dezembro de 20X7, uma entidade está obrigada a instalar filtros de fumaça em sua fábrica até 30 de junho de 20X8. A entidade não fez a instalação de tais filtros.

a) Nos relatórios contábeis de 31/12/20X7

A entidade não reconhece nenhuma provisão, pois não existia nenhuma obrigação presente como consequência de um evento passado.

b) Nos relatórios contábeis de 31/12/20X8

Não existe ainda nenhum evento que gera a obrigação de instalar os filtros. Contudo, pode surgir uma obrigação legal de pagar multas ou penalidades, já que o evento que gera a obrigação ocorreu (as atividades da entidade em desacordo com a lei). A entidade deve avaliar as probabilidades de incorrer em multas e penalidades pelo não cumprimento da lei, levando em consideração os detalhes da legislação e o rigor na aplicação da lei. Assim, nenhuma provisão referente aos custos de instalação dos filtros deve ser reconhecida. Quanto às multas e penalidades, a entidade deve reconhecer a provisão se for mais provável de ser imposta do que de não ser.

b) Provável saída de recursos

A saída de recursos é considerada provável se a probabilidade de que o evento ocorra é maior que a probabilidade de que ele não ocorra.

Quando não for provável que uma obrigação presente exista, a entidade divulga um passivo contingente, a menos que a probabilidade de uma saída de recursos seja remota.

Na existência de várias obrigações similares (por exemplo, garantia de produtos), a probabilidade que um desembolso será exigido para quitação da dívida poderá ser determinada considerando a classe de obrigações como um todo. Embora a probabilidade de desembolso para um item específico possa ser pequena, pode ser bem provável algum desembolso para quitar a classe de obrigações como um todo e, sendo assim, a provisão deve ser reconhecida (se os demais critérios para reconhecimento forem atendidos).

c) Estimativa confiável

O uso de estimativas é parte essencial da preparação de relatórios contábeis e não compromete sua confiabilidade. Isso é particularmente verdade no caso das provisões, que por sua natureza são muito mais incertas que outros itens das demonstrações contábeis. Em circunstâncias extremamente raras, quando nenhuma estimativa confiável pode ser feita, um passivo existe, mas não poderá ser reconhecido. Nesse caso, o passivo é tratado como um passivo contingente, cabendo somente a divulgação nas notas explicativas (ver seção 13.5).

O Exemplo 13.4 ilustra o cálculo de estimativas confiáveis.

Exemplo 13.4 – Uma entidade atua na exploração de petróleo marítimo e, de acordo com a licença de exploração, ela deverá remover a sonda de perfuração no final do contrato e recuperar a área do fundo do mar onde a sonda estava instalada. 90% dos custos finais relacionam-se à remoção da sonda e restauração dos danos causados por sua instalação e 10% referem-se aos danos causados pela extração do petróleo. No final do período contábil, a instalação da sonda foi finalizada, mas nenhum petróleo ainda tinha sido extraído. A instalação da sonda gera a obrigação legal para a sua remoção, de acordo com os termos do contrato. Contudo, no final do período contábil, não existe ainda nenhuma obrigação para a recuperação dos danos causados pela extração do petróleo. A saída de recursos para a quitação da obrigação é provável. Uma provisão deve ser reconhecida pela melhor estimativa dos 90% dos custos para a remoção da sonda de perfuração e restauração dos danos causados por sua instalação. Em contrapartida ao lançamento, esses custos devem ser incluídos no custo da sonda. Os 10% referentes aos danos causados pela extração do petróleo deverão ser reconhecidos como passivo quando o petróleo for extraído.

13.4.2 Mensuração das provisões

O valor reconhecido como uma provisão deve ser a melhor estimativa do desembolso exigido para quitar a obrigação no fim do período contábil.

Quando a provisão que está sendo reconhecida engloba um conjunto de itens, a obrigação poderá ser estimada ponderando todos os possíveis resultados com suas respectivas probabilidades (método denominado de "valor esperado"). Se existir uma faixa de resultados possíveis, e cada ponto nessa faixa for tão provável quanto qualquer outro, o ponto intermediário deve ser usado. Veja o Exemplo 13.5:

Exemplo 13.5 – Uma entidade vende mercadorias com garantias que cobrem quaisquer reparos pelo mau funcionamento dos itens que ocorrerem até seis meses da data da compra. Se pequenos defeitos forem detectados em todas as mercadorias vendidas, o custo total da garantia será de $ 1 milhão. Se os defeitos forem grandes, a entidade terá de arcar com um custo de $ 4 milhões com as garantias. A experiência da empresa e as expectativas futuras indicam que, para o próximo ano, 20% das mercadorias apresentarão pequenos defeitos e 5% das mercadorias, defeitos grandes. O valor esperado do custo dos reparos será:

$$(75\% \times 0) + (20\% \times 1 \text{ milhão}) + (5\% \text{ de } 4 \text{ milhões}) = \$ 400.000$$

Ao fazer a melhor estimativa das provisões, a entidade também deverá considerar riscos e incertezas que inevitavelmente envolvem eventos e circunstâncias. Contudo, incertezas não justificam a criação de provisões excessivas ou um exagero deliberado de passivos.

Quando o efeito do valor do dinheiro no tempo for material (ou seja, se podem influenciar as decisões dos usuários), o montante da provisão deverá ser descontado ao seu valor presente usando uma taxa de juros antes dos impostos que reflita avaliações do mercado corrente do valor do dinheiro no tempo e os riscos específicos para aquele passivo.

Eventos futuros que possam afetar o valor a ser exigido para quitar uma obrigação deverão ser refletidos no valor da provisão, desde que exista evidência objetiva suficiente de que eles irão ocorrer. Esse pode ser o caso, por exemplo, da redução de custos associada com o aumento da experiência da entidade ao usar determinada tecnologia existente ou o efeito de uma nova legislação quando existir evidência objetiva suficiente de que é praticamente certa a promulgação da nova lei. Contudo, a entidade não poderá considerar o desenvolvimento futuro de uma nova tecnologia. O Exemplo 13.6 ilustra o caso de promulgação praticamente certa de uma nova lei.

Exemplo 13.6 – Uma entidade que opera com a extração de petróleo em determinado país causa contaminação no meio ambiente e realiza a limpeza do mesmo somente quando exigida pelas leis daquele país. A entidade tem provocado contaminações por vários anos, mas o país não tem legislação específica que exija a recuperação dos danos ambientais causados. No final do período contábil (31/12/20X6) está praticamente certo que um projeto de lei exigindo a recuperação ambiental será promulgado logo após o final do ano. Nesse caso, a empresa deve reconhecer a provisão nas demonstrações contábeis daquele ano pela melhor estimativa dos custos com a limpeza da área contaminada, pois existe o evento presente (a aprovação da nova lei está praticamente certa) resultante de evento passado (a contaminação provocada) e a saída de recursos é provável.

Ao calcular o valor das provisões, a entidade não deverá considerar o lucro com a alienação dos ativos relacionados. Entretanto, quando a entidade espera ser reembolsada por terceiros em parte ou pelo valor total dos pagamentos realizados para quitar a obrigação (por exemplo, por meio de contratos de seguros, cláusulas indenizatórias ou garantias de fornecedores), o reembolso pode ser reconhecido, desde que esteja praticamente certo o recebimento daquele reembolso, quando a dívida for quitada. O reembolso deverá ser reconhecido como um ativo separado e não poderá exceder o valor da provisão.

13.4.3 Mudanças e uso das provisões

A entidade deve rever o valor das provisões e ajustá-las, se for o caso, a cada data das demonstrações contábeis, para refletir a melhor estimativa naquelas datas. Se não for mais provável que uma saída de recursos será exigida para quitar a obrigação, a provisão deverá ser revertida. Quando o cálculo do valor presente da provisão for adotado, a cada período aquele valor deverá ser aumentado para refletir a passagem do tempo, e esse aumento deve ser tratado como despesa financeira (ver IFRIC 1 na seção 13.7, para mais detalhes).

Cada provisão somente poderá ser utilizada para o propósito pelo qual ela foi originalmente constituída.

13.4.4 Perdas operacionais futuras

É proibido o reconhecimento de provisões para perdas operacionais futuras, porque elas não atendem aos critérios de reconhecimento. Como as perdas futuras não são obrigações presentes que surgem de eventos passados e poderiam ser evitadas por ações futuras da entidade, elas não podem ser provisionadas. Todavia, a expectativa de perdas operacionais é um indicativo de que certos ativos da operação podem ser reduzidos ao valor recuperável e o teste de *impairment* (para mais detalhes, ver Capítulo 12) deve ser realizado.

13.4.5 Contratos onerosos

Contratos onerosos são aqueles nos quais os custos inevitáveis para quitar a obrigação estipulada no contrato são maiores que os benefícios econômicos previstos no contrato. Os custos inevitáveis devem refletir, no mínimo, os custos de cancelar o contrato, que correspondem ao menor entre os custos de cumprir o contrato e a indenização ou multa por não cumpri-lo. Para tais contratos onerosos, a entidade deve reconhecer e mensurar a obrigação presente como uma provisão. Antes de reconhecer a provisão referente aos contratos onerosos, a entidade deve reconhecer qualquer perda por desvalorização (*impairment*) dos ativos envolvidos no contrato, de acordo com a IAS 36 (para mais detalhes sobre o teste de *impairment*, ver Capítulo 12).

O Exemplo 13.7 ilustra o tratamento de um contrato oneroso.

Exemplo 13.7 – Uma entidade opera de forma lucrativa uma fábrica arrendada por meio de um *lease* operacional. No mês de dezembro, a entidade transfere suas operações para uma nova fábrica. O *lease* da fábrica antiga continua para os próximos quatro anos e não pode ser cancelado. A fábrica não pode ser subarrendada para terceiros. O evento que dá origem à obrigação (obrigação legal) é a assinatura do contrato de *leasing*. Quando o *lease* tornar-se oneroso (ou seja, a empresa efetuar os pagamentos sem obter os benefícios econômicos pelo uso da fábrica), uma saída de recursos será provável. A entidade deve reconhecer a provisão pela melhor estimativa dos pagamentos inevitáveis do *lease*. Enquanto o *lease* não tornar-se oneroso, a entidade o contabiliza de acordo com a IAS 17 – *Leases* (para mais detalhes, ver Capítulo 7).

13.4.6 Reestruturação

Reestruturações são programas planejados e controlados pela administração e que mudam consideravelmente ou o foco dos negócios da entidade ou a maneira pelo qual os negócios são conduzidos. São exemplos de programas de reestruturação:

a) venda ou encerramento de uma linha de negócios;

b) encerramento ou transferência dos negócios de determinado país ou região;

c) mudanças na estrutura administrativa, por exemplo, pela eliminação de um nível gerencial;

d) reorganizações fundamentais que têm efeito material sobre a natureza e foco das operações da entidade.

Os custos de reestruturação somente devem ser reconhecidos como provisão se os critérios gerais de reconhecimento de provisões (obrigação presente, probabilidade de benefícios econômicos e mensuração confiável) forem atendidos.

Embora muitas mudanças estruturais possam ser significativas para a entidade, nem todas se qualificam para reconhecimento como provisão, ou seja, nem todas as reestruturações dão origem a uma obrigação implícita. Uma obrigação implícita de um processo de reestruturação da empresa surge somente quando a entidade:

a) tem um plano formal detalhado para a reestruturação, identificando, no mínimo, os negócios que estão sendo reestruturados; os principais locais afetados; a localização, função e número aproximado de funcionários que serão indenizados pelas demissões; os desembolsos previstos e quando o plano será implementado; e

b) tiver criado expectativas válidas naqueles que serão afetados pela reestruturação, seja por iniciar a implementação do plano, seja por anunciar suas principais características àqueles afetados por ele.

O Exemplo 13.8 ilustra o tratamento de obrigações relacionadas a reestruturações da empresa.

Exemplo 13.8 – Em dezembro de 20X9, a diretoria de uma entidade decidiu fechar uma determinada divisão. Antes da data das demonstrações contábeis (31/12/20X9), a decisão não foi comunicada a nenhuma das partes afetadas e nenhum outro ato foi realizado para implementar a decisão. Nesse caso, nenhuma provisão é reconhecida em 31/12/20X9, pois não existe ainda a obrigação estabelecida.

Na constituição da provisão, devem ser considerados somente os gastos diretamente relacionados com a reestruturação, que são aqueles decorrentes necessariamente da reestruturação e que não são associados às demais atividades em andamento da entidade.

Alguns gastos que se relacionam à condução futura dos negócios e que, portanto, não são obrigações derivadas da reestruturação não devem compor a provisão, como os relacionados a:

- novos treinamentos ou remanejamento de pessoal permanente;
- marketing;
- investimentos em novos sistemas ou redes de distribuição.

13.4.7 Evidenciação

Para cada classe de provisão, a entidade deverá divulgar:

a) o valor contábil no início e final do período;

b) provisões adicionais constituídas no período, incluindo aumentos nas provisões existentes;

c) valores utilizados (baixados) durante o período;

d) valores não utilizados que foram revertidos no período;

e) o aumento durante o período do valor descontado a valor presente decorrente da passagem do tempo e o efeito de qualquer mudança na taxa de desconto;

f) uma breve descrição da natureza da obrigação e a data prevista das saídas de benefícios econômicos resultantes;

g) uma indicação das incertezas sobre os valores ou datas previstas dos desembolsos e, quando necessário, as principais suposições feitas com relação aos eventos futuros;

h) o valor de qualquer reembolso esperado, bem como o valor de qualquer ativo reconhecido com relação àquele reembolso.

Não é necessária a apresentação de informação comparativa.

Em situações extremamente raras em que a divulgação exigida pela IAS 37 é considerada seriamente prejudicial à entidade em disputas com outras partes sobre o objeto da provisão, dos passivos contingentes ou ativos contingentes, a entidade não precisará divulgar essas informações, mas deverá divulgar a natureza geral da disputa juntamente com o fato e a razão de a informação não ter sido divulgada.

13.5 Passivos Contingentes

13.5.1 Reconhecimento

Para que uma obrigação seja reconhecida como provisão, determinados requisitos, como visto na seção 13.4.1, precisam ser atendidos (existe a obrigação presente, a saída de recursos é provável e a estimativa do valor é confiável). Quando uma dessas condições **não** é satisfeita, a provisão não deve ser reconhecida. Nesse caso, a obrigação é tratada como **passivo contingente** e, portanto, é reconhecida somente nas notas explicativas, a menos que a probabilidade de saída de recursos seja remota, quando, então, nem nas notas a informação deve ser divulgada. De outra forma, um passivo contingente não é reconhecido nas demonstrações contábeis e sua divulgação nas notas explicativas é condicionada à probabilidade de saída de recursos, pois se for remota, não caberão nem notas explicativas.

A entidade deve reavaliar continuamente o tratamento de um passivo contingente, pois se a saída de recursos tornar-se provável, a entidade deverá reconhecer a provisão nas demonstrações contábeis, a menos que nenhuma estimativa confiável possa ser feita.

13.5.2 Evidenciação

A menos que a possibilidade de qualquer desembolso seja remota, a entidade deverá divulgar para cada classe de passivo contingente, na data do balanço, uma breve descrição da natureza de tal passivo e, quando praticável:

- uma estimativa de seu efeito financeiro;
- uma indicação das incertezas relacionadas ao valor ou data de qualquer desembolso; e
- a possibilidade de qualquer reembolso.

Se as divulgações exigidas acima não forem feitas porque não é praticável, esse fato deve ser divulgado.

O Quadro 13.1 apresenta a distinção no reconhecimento das provisões e dos passivos contingentes:

Quadro 13.1 *Provisões e passivos contingentes.*

Existe uma obrigação presente que provavelmente resultará numa saída de recursos	Existe uma obrigação possível ou uma obrigação presente que pode resultar, mas provavelmente não resultará, numa saída de recursos	Existe uma obrigação possível ou uma obrigação presente para a qual a probabilidade de saída de recursos é remota
Uma provisão é reconhecida	Nenhuma provisão é reconhecida	Nenhuma provisão é reconhecida
Fazem-se as divulgações exigidas para as provisões	Fazem-se as divulgações exigidas para os passivos contingentes	Nenhuma divulgação é exigida

A Figura 13.1 apresenta uma "árvore de decisão" para o reconhecimento das provisões e dos passivos contingentes.

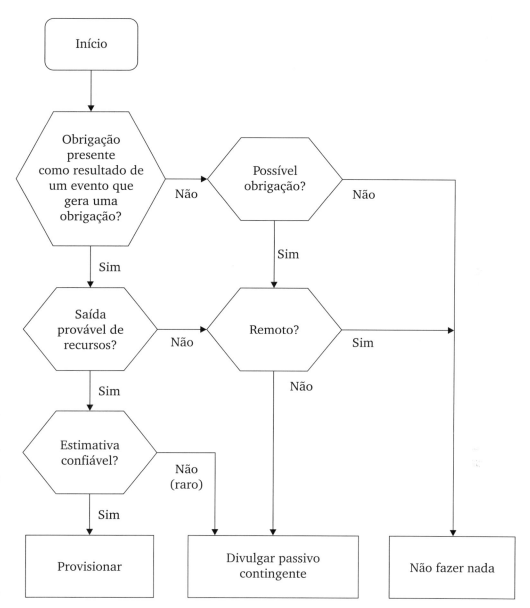

Figura 13.1 *Provisões × Passivos Contingentes*.

13.6 Ativos Contingentes

13.6.1 Reconhecimento

De forma similar aos passivos contingentes, a entidade não reconhece um ativo contingente nas demonstrações contábeis, uma vez que tal procedimento pode resultar no reconhecimento de uma receita que pode nunca se realizar. Contudo, quando a realização da receita é praticamente certa (por exemplo, em uma disputa judicial em que a entidade teve ganho de causa em instâncias superiores), então o ativo relacionado não é um ativo contingente e sim um valor a receber, e seu reconhecimento deve ser feito.

Os ativos contingentes são somente divulgados e, mesmo assim, quando a entrada de benefícios econômicos for provável. Ao longo do tempo, a entidade deve reavaliar o tratamento dado e se se tornar praticamente certo que uma entrada de recursos poderá acontecer, o ativo e a receita relacionada deverão ser reconhecidos nas demonstrações contábeis. Se a entrada de recursos tornar-se somente provável, a entidade deve então divulgar tal item como um ativo contingente.

O Quadro 13.2 ilustra o reconhecimento dos ativos contingentes.

Quadro 13.2 *Ativos contingentes*.

A entrada de benefícios econômicos é praticamente certa	A entrada de benefícios econômicos é provável, mas não está praticamente certa	A entrada de benefícios econômicos não é provável
O ativo não é contingente (portanto, deve ser reconhecido como qualquer outro ativo)	Nenhum ativo é reconhecido	Nenhum ativo é reconhecido
	Divulgações são exigidas	Divulgações não são exigidas

13.6.2 Evidenciação

Quando for provável uma entrada de benefícios econômicos, a entidade deverá divulgar uma breve descrição do ativo contingente na data do balanço e, se praticável, uma estimativa de seu efeito financeiro.

Se as divulgações exigidas acima não forem feitas porque não é praticável, esse fato deve ser divulgado.

13.7 Interpretações

Esta seção trata das interpretações (IFRICs) mais diretamente relacionadas com a IAS 37.

A IFRIC 1 (Mudanças nas Obrigações de Desativar, Restaurar e Passivos Similares) determina que as atualizações periódicas do valor presente das obrigações, decorrentes da passagem do tempo, sejam reconhecidas como despesa financeira em resultados. O tratamento como parte do valor do ativo (capitalização) de acordo com a IAS 23 (Custos de Empréstimos) não é permitido. Por sua vez, os ajustes decorrentes das alterações na data de vencimento, no valor da obrigação ou na taxa de desconto devem ser incorporados ao valor do ativo, ao valor da reserva de reavaliação ou serem reconhecidos em resultados, conforme o caso. A seção 6.10 do Capítulo 6 detalha em que casos esses tratamentos se aplicam.

A IFRIC 5 (Participações em Fundos para Desativação, Restauração e Recuperação Ambiental) determina que um participante em um fundo destinado a recuperação ambiental deverá reconhecer como passivo sua obrigação com os custos de recuperação e reconhecer separadamente daqueles sua participação no fundo, a menos que o participante não seja responsável pelo pagamento dos custos de recuperação, se o fundo não o fizer.

Ainda de acordo com a IFRIC 5, se o participante não exerce controle (individual ou conjuntamente) ou influência significativa sobre o fundo, esse participante deverá reconhecer seu direito de reembolso de acordo com a IAS 37. O reembolso deverá ser mensurado ao menor entre:

- o valor da obrigação reconhecida para a recuperação ambiental; e
- a participação no valor justo dos ativos líquidos do fundo, atribuível ao participante.

Adicionalmente, se o participante tem a obrigação de fazer contribuições adicionais (por exemplo, no caso de falência de outro participante), essa obrigação deve ser tratada como um passivo contingente (somente notas explicativas). O participante do fundo reconhecerá um passivo, nesse caso, somente se as contribuições adicionais forem prováveis.

A IFRIC 6 trata dos Passivos Originados da Participação em um Mercado Específico – Refugos de Equipamento Eletrônico e Elétrico. A questão que surge é o que constitui o evento que dá origem à obrigação de remover os refugos de equipamentos domésticos, se (a) na produção ou venda dos equipamentos, (b) na participação no mercado durante o período de mensuração ou (c) na incorrência dos custos referentes à atividade de administrar os refugos. O consenso da IFRIC 6 é que o evento que dá origem à obrigação é a participação no mercado. Assim, nenhum passivo para os custos de remoção dos refugos de equipamentos domésticos surge da produção ou da venda dos equipamentos, pois ele deve ser calculado e reconhecido com base na participação no mercado pela entidade.

De acordo com a IFRIC 13 (Programas de Fidelidade de Clientes), quando os custos inevitáveis de fornecer o prêmio (créditos de pontos para uso) excedem os pagamentos recebidos e a receber (isto é, o pagamento alocado ao prêmio no momento da venda ainda não reconhecido como receita acrescido de qualquer pagamento adicional a receber quando o cliente resgata o prêmio), a entidade tem um contrato oneroso. O passivo referente ao excesso deverá ser reconhecido de acordo com a IAS 37. A necessidade de reconhecer tal passivo pode surgir se os custos esperados de fornecer o prêmio aumentam, em função, por exemplo, de revisões nas expectativas para o número de prêmios que serão resgatados. As orientações quanto ao reconhecimento da receita relacionada são apresentadas na seção 8.9 do Capítulo 8.

13.8 Notas de Demonstrações Contábeis Publicadas

13.8.1 Souza Cruz S. A. (Relatório Anual de 2008)

A Companhia é parte envolvida em processos trabalhistas, cíveis, tributários e de outras naturezas, cujas discussões encontram-se em andamento tanto na esfera administrativa como na judicial. Quando aplicável, tais discussões são amparadas por depósitos judiciais. As provisões para as eventuais perdas prováveis decorrentes desses processos são constituídas pela administração, considerando a opinião de seus consultores legais internos e externos. Na avaliação desses consultores, os processos considerados como de perda possível montam a R$ 194,5, distribuídos entre processos fiscais, cíveis e trabalhistas.

a) **Composição**

Em 31 de dezembro, a Companhia e suas controladas mantinham registradas as seguintes provisões para contingências e correspondentes depósitos judiciais:

	Depósitos Judiciais		Provisões para Contingências	
	2008	2007	2008	2007
Conting. fiscais e cíveis	65,5	53,5	69,0	57,8
Contingências Trabalhistas e Previdenciárias	15,8	16,5	72,2	58,3
	81,3	70,0	141,2	116,1
Passivo não circulante			(140,9)	(107,9)
Passivo circulante			0,3	8,2

Referem-se basicamente a:

Fiscais – Referem-se a processos administrativos e judiciais envolvendo a discussão da legalidade ou constitucionalidade da exigência de impostos, taxas e contribuições sociais de competência municipal, estadual e federal.

Trabalhistas e previdenciárias – Relativos a processos administrativos e judiciais em que são discutidas indenizações de cunho trabalhista e exigências relacionadas à matéria previdenciária.

Cíveis – Referem-se a processos judiciais em que são discutidas questões de natureza comercial e cível, com exceção de ações de responsabilidade pelo fato do produto.

b) Movimentação

	Fiscal	Trabalhista	Cível	Total
Saldos em 31/12/2006	56,4	48,7	1,2	106,3
Adições	23,8	11,4	1,7	36,9
Baixas	(24,5)	(1,8)	(0,8)	(27,1)
Saldos em 31/12/2007	55,7	58,3	2,1	116,1
Adições	15,9	19,7	1,3	36,9
Baixas	(3,9)	(5,8)	(2,1)	(11,8)
Saldos em 31/12/2008	67,7	72,2	1,3	141,2

c) **Responsabilidade pelo fato do produto**

Em 31 de dezembro de 2008, havia 313 processos (2007 – 302 processos) dessa natureza em andamento. De acordo com opiniões dos consultores jurídicos internos e externos da Companhia, não existem ações que justifiquem provisão referente à responsabilidade pelo fato do produto. Foram proferidas pelo Judiciário brasileiro 233 decisões definitivas (2007 – 175), todas favoráveis aos argumentos de defesa da Companhia.

13.8.2 TAM S. A. (Relatório Anual de 2008)

A Companhia e suas controladas são partes envolvidas em outras contingências judiciais envolvendo assuntos fiscais, trabalhistas e reivindicações civis no montante de R$ 787.920 em 31 de dezembro de 2008 (2007 – R$ 423.125), para qual nenhuma provisão é requerida. Baseado na opinião de seu conselho legal interno e externo, a Companhia acredita que as possibilidades do sucesso são possíveis, mas não prováveis.

A Companhia constitui provisão para os valores de contingências classificadas como de perda provável, segundo avaliação de seus consultores jurídicos. Em 31 de dezembro de 2008 e de 2007, o valor total e as movimentações das provisões para contingências e depósitos judiciais relacionados com as questões em disputa, eram compostos da seguinte forma:

	COFINS e PIS (i)	Adicional de Tarifas (ii)	Fundo de Pessoal (iii)	Processos Trabalhistas (iv)	Outras Provisões	Total
Em 1º de janeiro de 2008 Provisão líq. depós. judiciais						769.696
Depósitos judiciais efetuados						75.017
Provisão	396.532	323.691	71.552	12.811	40.127	844.713
Débito/(crédito) ao resultado Provisões adicionais	4.722	63.832	21.718	18.233	64.437	172.942
Valores não utilizados revertidos	(33.744)			(2.089)	(1.592)	(37.425)
Reversão desconto				(5.517)	(9.340)	(14.857)
Correção monetária	24.640	32.815	7.151	743	2.006	67.355
Em 31 de dezembro de 2008	392.150	420.338	100.421	24.181	95.638	1.032.728
Depósitos judiciais efetuados						(84.928)
Provisão líquida dos depósitos judiciais (não Circulante)						947.800

(i) Refere-se à discussão da constitucionalidade da mudança da base de tributação do PIS e da majoração da alíquota e base de apuração da COFINS, introduzidas pela Lei nº 9.718/98. Foram efetuados depósitos judiciais que compreendem alguns meses, sendo que, para os demais, a TLA está amparada por medida judicial. Estes valores, líquidos dos depósitos judiciais, são atualizados pela variação da taxa SELIC.

Em 9 de novembro de 2005, o Supremo Tribunal Federal ("STF"), em sessão plenária, decidiu pela inconstitucionalidade da majoração da base de cálculo. No 1º trimestre de 2007, a Companhia obteve êxito em um processo que totalizou uma reversão da provisão no montante de R$ 7.560, sendo R$ 3.496 contabilizados reduzindo as despesas administrativas e R$ 4.064 diretamente no resultado financeiro. Em 31 de dezembro de 2008, restam cinco ações não julgadas em definitivo.

(ii) Refere-se à cobrança de 1% sobre o valor das tarifas aéreas de todos os bilhetes de passagens vendidos em linhas aéreas regulares domésticas. A administração da TLA, suportada pela opinião de seus consultores tributários, contesta a constitucionalidade dessa cobrança. O não recolhimento desse tributo está suportado por medida judicial.

(iii) Refere-se à cobrança de percentual equivalente a 2,5% sobre a folha mensal de salários, destinada às entidades privadas de serviço social e de formação profissional. A TLA, apoiada na opinião de seus consultores legais, contesta a constitucionalidade dessa cobrança. O não recolhimento dessa contribuição está suportado por medida judicial.

(iv) Corresponde à provisão, com base em estimativas da administração, de prováveis perdas que poderiam ser incorridas em resultado de diversos processos trabalhistas movidos por atuais ou ex-empregados.

Devido à natureza desta disputa, o período da utilização das provisões, e dos pagamentos, é incerto.

13.9 Estudos de casos

Estudo de caso 1

Dados:

Em 2 de novembro de 20X7, a diretoria da Cia. LNO decidiu encerrar as atividades de uma de suas linhas de negócios. No início de dezembro do mesmo ano, um plano detalhado sobre o encerramento dessa linha de negócios foi finalizado pela diretoria. Em 12 de dezembro de 20X7, foram enviadas cartas aos clientes alertando-os sobre a necessidade de obterem uma fonte de suprimentos alternativa, bem como para os funcionários e gerentes da linha de negócios, comunicando-os sobre o plano de reestruturação. A empresa estimou em $ 1,2 milhão os gastos com o encerramento da linha de negócios.

Questão:

Como a Cia. LNO deverá tratar os gastos estimados com a reestruturação nos relatórios contábeis de 31/12/20X7?

Estudo de caso 2

Dados:

O Banco TSA toma conhecimento que em 10 de novembro de 20X7 foi sancionada pelo governo local uma nova legislação fiscal que introduz mudanças substanciais na tributação do imposto de renda para o setor financeiro. Em consequência, o Banco TSA precisará oferecer treinamento para boa parte de seus funcionários das áreas administrativa e de vendas para permitir a adequação à nova legislação para os serviços bancários. O banco estima que gastará $ 300.000 com o treinamento de seus funcionários. No final do período contábil (31/12/20X7), nenhum treinamento havia sido realizado.

Questão:

Como deve ser tratado o valor de $ 300.000 nos relatórios contábeis do Banco TSA de 31/12/20X7?

Estudo de caso 3

Dados:

A indústria siderúrgica Cia. Vale do Ipê precisa substituir o revestimento de um forno a cada quatro anos por razões técnicas. A cada substituição do revestimento a Vale do Ipê estima desembolsar $ 250.000. No final do período contábil (31/12/20X6), o revestimento já tinha sido utilizado por dois anos.

Questão:

Como o gasto de $ 250.000 deverá ser tratado pela Cia. Vale do Ipê nas demonstrações contábeis de 31/12/20X6?

Estudo de caso 4

Dados:

A empresa aérea Cia. Voa-Rápido é exigida por lei a fazer a revisão de suas aeronaves uma vez a cada cinco anos. Na data das demonstrações contábeis de 31/12/20X5, já haviam se passado três anos da compra das aeronaves.

Questão:

A Cia. Voa-Rápido deve reconhecer a provisão referente à revisão de suas aeronaves nas demonstrações contábeis encerradas em 20X6?

Estudo de caso 5

Dados:

A Cia. Fenícia fabrica aparelhos eletrônicos e oferece, no momento da venda, garantias aos compradores de seus produtos. De acordo com os termos do contrato de venda, a Fenícia se compromete a consertar ou substituir produtos que apresentem defeitos pelo prazo máximo de dois anos da data da venda. Pela experiência da empresa, e apesar de seu controle de qualidade, é provável que haverá algumas reclamações cobertas pelas garantias.

Questão:

A Cia. Fenícia deverá reconhecer a provisão referente às garantias oferecidas aos seus clientes?

Estudo de caso 6

Dados:

A Cia. Copia Tudo está envolvida numa disputa com um concorrente, que está alegando que a entidade infringiu o direito de patentes e, em função disso, está requerendo uma indenização de 10 milhões. A diretoria da Copia Tudo acredita que a empresa será bem-sucedida na disputa, mas que a divulgação das informações detalhadas do processo, conforme determina a IAS 37, poderá prejudicá-la.

Questão:

A Cia. Copia Tudo poderá deixar de divulgar as informações exigidas pela IAS 37 com relação ao valor de $ 10 milhões?

13.10 Testes de múltipla escolha

1. Quanto ao reconhecimento das provisões, é incorreto afirmar que:
    (a) a estimativa do valor da provisão para itens similares pode ser calculada ponderando todos os possíveis resultados com suas probabilidades associadas;
    (b) todas as provisões devem ser descontadas ao seu valor presente;
    (c) para a entidade que comercializa produtos eletrônicos o evento que dá origem a obrigação de remover as sobras é a participação no mercado;
    (d) os ajustes periódicos decorrentes da passagem do tempo do valor presente das provisões devem ser reconhecidos como despesa financeira;
    (e) no cálculo do valor das provisões, o ganho esperado com a alienação futura de ativos relacionados não deverá ser considerado.

2. A Cia. Oxford fabrica equipamentos agrícolas e no momento da venda oferece aos seus clientes, pelo prazo máximo de um ano da data da compra, garantia por qualquer problema no funcionamento inadequado dos equipamentos vendidos. No ano de 20X8, mediante o desenvolvimento de uma nova tecnologia que ela considera que melhorará o funcionamento dos equipamentos, a Cia. Oxford estima uma redução nas garantias utilizadas pelos clientes. Se todos os equipamentos vendidos com a tecnologia antiga apresentarem defeitos, ela terá um custo total de garantia de $ 20 milhões, e com a nova tecnologia o custo estimado é de $ 10 milhões. A empresa estima, com base na experiência e na expectativa com a nova tecnologia, que 30% dos equipamentos com a tecnologia antiga e 10% com a nova tecnologia apresentarão defeitos. O valor a ser reconhecido como provisão será:

   (a) $ 7.000.000;

   (b) $ 12.000.000;

   (c) $ 5.000.000;

   (d) $ 30.000.000;

   (e) nenhuma provisão deve ser reconhecida, já que a empresa não consegue fazer uma estimativa confiável da obrigação para cada venda individualmente.

3. Quanto aos passivos contingentes e ativos contingentes é correto afirmar que:

   (a) passivos contingentes são obrigações prováveis;

   (b) ativos contingentes são reconhecidos no balanço patrimonial;

   (c) os passivos contingentes em que a saída de recursos seja provável são divulgados somente nas notas explicativas;

   (d) os ativos contingentes e passivos contingentes são termos sinônimos para as provisões, considerando o caráter contingente dos três itens;

   (e) os ativos contingentes cuja entrada de benefícios econômicos é provável são divulgados nas notas explicativas.

4. A Cia. Cruz de Malta está sendo processada por um concorrente sob a alegação que a entidade, ao combinar preços com os demais concorrentes, usou de concorrência desleal para derrubar os preços e, em consequência da perda de vendas, ela está requerendo $ 5 milhões de indenização. O setor jurídico da Cia. Cruz de Malta avalia que a saída de recursos para o pagamento da indenização exigida pela concorrente é menos do que provável, mas também não é remota. Nas demonstrações contábeis emitidas diante desse cenário, a Cia. Cruz de Malta deverá:

   (a) não reconhecer ou divulgar nada a respeito, já que o desembolso é menos do que provável;

   (b) reconhecer uma provisão pelo valor de $ 5 milhões;

(c) divulgar o fato nas notas explicativas, já que é uma obrigação possível;

(d) reconhecer no patrimônio líquido uma reserva de contingência de $ 5 milhões, considerando que o fato gerador da obrigação ainda não ocorreu;

(e) não reconhecer ou divulgar nada a respeito até que o processo tenha uma decisão jurídica final.

5. A diretoria da Cia. Solel decidiu, em dezembro de 20X8, descontinuar a produção de tênis esportivos, que são fabricados numa empresa do grupo localizada na África do Sul. A decisão se fundamentou em um plano bem estruturado e detalhado, o qual foi comunicado aos gerentes e trabalhadores da matriz europeia. Os procedimentos para a implementação daquele plano ainda não foram iniciados. Os custos estimados com essa reestruturação serão de $ 30 milhões, a serem desembolsados em 20X8 e 20X9. Nas demonstrações contábeis de dezembro de 20X8, a Cia. Solel deverá:

(a) reconhecer uma provisão para reestruturação de $ 30 milhões;

(b) divulgar nas notas explicativas o valor de $ 30 milhões como um passivo contingente, em função da Cia. Solel não ter divulgado o plano àqueles afetados pela reestruturação e, consequentemente, não ter gerado expectativas válidas para o pagamento da obrigação;

(c) sendo conservadora, reconhecer uma provisão por um valor um pouco maior que $ 30 milhões;

(d) reconhecer uma provisão de $ 15 milhões nas demonstrações contábeis de 20X8 e de $ 15 milhões nas demonstrações de 20X9, já que os gastos serão incorridos nos dois anos seguintes;

(e) reconhecer o valor de $ 30 milhões como um ativo contingente, já que ela estima que seus lucros aumentarão pelo mesmo valor dos gastos com a reestruturação.

6. Uma provisão deve ser reconhecida, de acordo com a IAS 37, quando:

(a) a entidade estima perdas prováveis nos ativos, por exemplo, no caso da provisão para devedores duvidosos;

(b) a entidade tem uma obrigação presente, o desembolso é remoto e estimado de forma confiável;

(c) a entidade tem uma obrigação presente como resultado de eventos passados, o desembolso é provável e o valor da obrigação pode ser confiavelmente estimado;

(d) a entidade tem uma obrigação passada, o desembolso é provável e um valor aproximado da obrigação pode ser calculado;

(e) a entidade tem uma obrigação presente como resultado de eventos passados, o desembolso é possível e o valor da obrigação pode ser confiavelmente estimado.

7. A Cia. ABC tomou conhecimento que, em 10 de dezembro de 20X6, uma nova lei ambiental foi sancionada pelo órgão regulador ambiental do país. De acordo com a nova lei, a empresa deverá instalar, até junho de 20X7, um sistema de filtros para o despejo, em um rio local, dos resíduos industriais do seu processo produtivo. Os custos de tal instalação são estimados em $ 500.000. Como a Cia. ABC deverá tratar esse valor nas demonstrações contábeis de dezembro de 20X6?

   (a) reconhecer uma provisão de $ 500.000, pois existe a obrigação presente, o desembolso é provável e estimado confiavelmente;

   (b) ignorar esse fato nas demonstrações contábeis de 20X6, pois a empresa tem até julho de 20X7 para fazer a instalação dos filtros;

   (c) reconhecer como provisões $ 250.000 nas demonstrações contábeis de 20X6 e $ 250.000 nas demonstrações contábeis de 20X7, em função do regime de competência;

   (d) não reconhecer nenhuma provisão, já que a empresa poderá mudar seu processo industrial de forma a não mais despejar os resíduos no rio e, portanto, não existe nenhuma obrigação presente para o desembolso futuro, mas como existe uma obrigação possível, ela deve divulgar esse fato nas notas explicativas;

   (e) nenhuma das alternativas anteriores.

14

Ativos Intangíveis (IAS 38)

14.1 Introdução

A IAS 38 determina o tratamento a ser seguido no reconhecimento e mensuração dos ativos intangíveis que não são contemplados especificamente por outras Normas. Ela requer que as entidades reconheçam um ativo intangível somente se determinados critérios forem atendidos.

A IAS 38 foi emitida em 1998 em substituição à IAS 9 (Custos de Pesquisa e Desenvolvimento). Posteriormente, a IAS 38 foi alterada pelas IAS 8, IAS 16, IAS 21, IFRS 2 e IFRS 5. Em 2004, foi emitida uma IAS 38 revisada, a qual também foi alterada pelas IAS 1, IAS 23, IFRS 3, IFRS 5 e IFRS 6. Essa IAS 38 revisada, na verdade, foi parte do projeto do IASB para a melhoria da qualidade e de busca de convergência para as combinações de negócios. Como consequência desse projeto, o tratamento contábil do *goodwill* e dos ativos intangíveis adquiridos em combinações de negócios também foi revisto. Assim, a IAS 38 em vigor foi revista somente para incorporar as mudanças relacionadas à Norma sobre combinações de negócios (IFRS 3), não sendo revisada em todos os seus aspectos.

Os principais pontos tratados pela IAS 38 envolvem questões relacionadas à natureza e reconhecimento dos ativos intangíveis, à mensuração dos custos e à contabilização da amortização e das perdas por *impairment* de tais ativos.

14.2 Escopo

A IAS 38 é aplicável a todos os ativos intangíveis, com exceção:

a) daqueles tratados por outras Normas;

b) dos ativos financeiros, conforme definidos pela IAS 39;

c) dos direitos sobre recursos minerais, gastos com a exploração, desenvolvimento e extração de minerais, petróleo, gás natural e recursos não regenerativos similares, foco da IFRS 6.

Se determinado Pronunciamento do IASB trata de um tipo específico de ativo intangível, a entidade deve aplicar aquele Pronunciamento, como no caso de:

- ativos intangíveis mantidos para venda no curso normal de seus negócios (IAS 2 e IAS 11);
- ativos fiscais diferidos (IAS 12);
- *leases* (IAS 17);
- ativos originados de benefícios de empregados (IAS 19);
- ativos financeiros (IAS 31, IAS 32, IAS 27 e IAS 28);
- *goodwill* adquirido em uma combinação de negócios (IFRS 3);
- custos de aquisição diferidos e ativos intangíveis originados de contratos de seguros (IFRS 4), com exceção das divulgações para tais itens que são as exigidas pela IAS 38; e
- ativos intangíveis não correntes classificados como mantidos para venda (IFRS 5).

Assim, a IAS 38 é aplicável a gastos com publicidade, treinamento, pré-operacionais, pesquisa e desenvolvimento, patentes, licenças, filmes cinematográficos, *software*, conhecimento técnico, franquias, fidelidade de clientes, participação no mercado, lista de clientes e itens similares.

Quando existirem dúvidas se determinado ativo intangível deve ser tratado pela IAS 38 ou por outra Norma em função de esse ativo estar contido em elementos tangíveis (por exemplo, um *software* de computador, contratos de licença e filmes), a entidade deve usar de julgamentos para avaliar qual é mais significativo. No caso, por exemplo, de um *software* instalado em uma máquina que não pode operar sem aquele *software*, a entidade deve tratar o item todo como um imobilizado e seguir a IAS 16 (Imobilizado). Por outro lado, *softwares* instalados em um computador, como um programa para geração de relatórios ou um programa antivírus, que não são essenciais para o funcionamento do computador, devem ser tratados como um ativo intangível de acordo com a IAS 38.

14.3 Definições de termos-chave

Amortização: é a alocação sistemática do valor depreciável de um ativo intangível pela sua vida útil.

Ativo: é um recurso controlado pela entidade como resultado de eventos passados e do qual se espera que benefícios econômicos futuros fluirão para a entidade.

Ativo intangível: é um ativo não monetário identificável sem substância física.

Custo: é o montante pago ou o valor justo de outra remuneração dada para adquirir ou construir um ativo.

Desenvolvimento: é a aplicação dos resultados de uma pesquisa ou de outro conhecimento em um plano para a produção de materiais, dispositivos, produtos, processos, sistemas ou serviços novos ou substancialmente melhorados, antes do início de sua produção comercial ou de seu uso.

Mercado ativo: é aquele em que todas as seguintes situações estão presentes: (a) os itens negociados no mercado são homogêneos; (b) podem ser encontrados, normalmente, compradores e vendedores dispostos a negociar; e (c) os preços são disponíveis ao público.

Pesquisa: é a investigação original e planejada realizada com a perspectiva de obter novo conhecimento técnico ou científico.

Valor depreciável: é o custo de um ativo menos seu valor residual.

Valor justo: é o valor pelo qual um ativo pode ser negociado entre especialistas dispostos a negociar em uma transação sem favorecimentos.

Valor residual de um ativo intangível: é o valor que a entidade estima obter com a venda do ativo, após deduzir os custos previstos com a venda, caso o ativo já estivesse em idade e condição esperadas do final de sua vida útil.

Vida útil: é o período que se espera que o ativo seja utilizado ou o número previsto de unidades de produção pelo uso do ativo.

14.4 Expandindo o conceito de ativo intangível

As entidades frequentemente incorrem em gastos para a aquisição, desenvolvimento, manutenção ou melhoria de recursos intangíveis. Contudo, para que se enquadre no conceito de ativo intangível, três condições devem estar presentes: **identificabilidade**, **controle** e **geração de benefícios econômicos**. Essas condições são discutidas a seguir.

14.4.1 Identificabilidade

Para que um item atenda à definição de ativo intangível, os gastos sobre aquele item devem ser separadamente identificáveis de forma a serem distintos de outros ativos intangíveis. Assim, um ativo atende ao critério de identificabilidade quando ele:

a) pode ser separado da entidade e vendido, transferido, licenciado, alugado ou trocado, individualmente ou em conjunto com um ativo, um contrato ou um passivo relacionado; ou

b) surge por meio de um contrato ou de outros direitos legais, mesmo que tais direitos não possam ser transferidos ou separados da entidade ou de outros direitos e obrigações.

14.4.2 Controle

O controle existe se a entidade tem o poder de obter os futuros benefícios econômicos relacionados ao ativo e de restringir o acesso de terceiros àqueles benefícios. Contudo, o documento legal não é uma condição imprescindível, pois o controle pode ser exercido por outra forma. Por exemplo, uma entidade pode exercer o controle ao manter em segredo determinado conhecimento técnico e de mercado por meio da confidencialidade dos seus empregados.

A existência de controle precisa ser analisada com cuidado. Por exemplo, uma entidade pode ter um grupo de profissionais qualificados e ser capaz de identificar habilidades incrementais nesse grupo e, consequentemente, de obter benefícios econômicos futuros por meio de treinamentos. Contudo, a entidade normalmente não tem o controle sobre os benefícios econômicos esperados do pessoal treinado, já que eles podem pedir demissão.

De forma similar, a entidade pode ter uma carteira de clientes e esperar que em função dos seus esforços para criar relacionamentos e, consequentemente, da fidelidade dos clientes, estes irão continuar comprando da entidade. Como esses clientes não podem ser forçados a comprar da entidade, ela não exerce suficiente controle sobre os benefícios econômicos esperados dessa carteira de clientes.

14.4.3 Benefícios econômicos futuros

Os benefícios econômicos futuros incluem não somente a receita da venda de produtos ou serviços, mas também podem originar-se da redução de custos ou de outros benefícios resultantes do uso do ativo intangível. Por exemplo, o uso de certa propriedade intelectual em um processo produtivo pode reduzir os custos de produção da entidade, sem necessariamente aumentar suas receitas.

14.5 Reconhecimento e mensuração

Um item pode ser reconhecido como ativo intangível se ele satisfizer as condições estabelecidas na definição de tal ativo (ser um item não monetário sem substância física, separável, controlável e que gere benefícios econômicos) e se, adicionalmente, ele atende aos seguintes critérios de reconhecimento:

a) probabilidade de que os benefícios econômicos futuros atribuíveis ao ativo fluirão para a entidade; e

b) mensuração confiável dos custos do ativo.

Um ativo intangível adquirido separadamente (ou seja, não por meio de uma combinação de negócios) deve ser mensurado inicialmente ao custo. Esse custo compreende:

a) seu preço de compra, incluindo impostos de importação e impostos não recuperáveis, após deduzidos os descontos comerciais e os abatimentos; e

b) qualquer custo atribuível diretamente à preparação do ativo para uso (por exemplo, custos de benefícios de empregados, honorários profissionais e custos com testes).

Gastos que não fazem parte do custo de um ativo intangível são, por exemplo:

- custos de lançamentos de novos produtos ou serviços, como os de propaganda e de atividades promocionais;
- custos de conduzir os negócios em outro local ou para outra categoria de clientes, incluindo os custos de treinamento do pessoal envolvido nesses processos;
- despesas administrativas e outros custos indiretos;
- custos incorridos quando o ativo já está nas condições planejadas pela entidade, mas está aguardando pelo uso;
- perdas operacionais iniciais, tais como aquelas incorridas enquanto a demanda para os produtos do ativo está aumentando gradualmente.

Se o pagamento por um ativo intangível excede os prazos normais de crédito, o custo do ativo é seu preço a vista. A diferença entre os dois montantes (a vista e a prazo) deve ser reconhecida como despesa de juros ao longo do prazo do financiamento. Exceção a esse tratamento ocorre quando os juros são capitalizados como parte do ativo intangível porque este atende o critério de ativo qualificado (que leva um período substancial de tempo para ficar pronto) de acordo com a IAS 23 – Custos de Empréstimos (para mais detalhes, ver Capítulo 9).

O custo de um ativo intangível adquirido em uma combinação de negócios, de acordo com a IFRS 3 (tratada no Capítulo 15), corresponde ao valor justo na data de aquisição. Esse valor justo deve refletir as expectativas da entidade quanto às entradas de benefícios econômicos futuros, mesmo que haja incertezas sobre o momento e o montante dessas entradas. Assim, o critério de probabilidade de entrada de benefícios econômicos na entidade originada de ativos intangíveis é sempre considerado atendido em uma combinação de negócios.

Nas combinações de negócios, os ativos intangíveis da adquirida devem ser reconhecidos separadamente do *goodwill*, mesmo que tais ativos não tenham sido reconhecidos por aquela entidade.

Nem sempre a avaliação dos ativos intangíveis adquiridos em uma combinação de negócios é tarefa fácil e, nesses casos, a mensuração a valor justo desses ativos fica na dependência de estimativas. Entretanto, a incerteza presente quando o ativo apresenta uma faixa de valores justos possíveis, com diferentes probabilidades, deve ser incorporada nas estimativas, sem que isso comprometa o processo de mensuração.

A estimativa mais confiável desse valor justo se baseia no preço cotado no mercado. Essa cotação pode ser mais facilmente obtida para itens como licenças de táxi, licenças de pesca ou quotas de produção transferíveis livremente. Para outros ativos intangíveis, como marcas, títulos de jornais, direitos sobre músicas e filmes, patentes e marcas registradas, em função de serem únicos no mercado, muito provavelmente não existirá um preço a ser cotado. Na ausência desse valor no mercado, transações recentes de ativos similares podem ser usadas.

Em determinadas situações, em função de os ativos intangíveis somente serem mensuráveis confiavelmente juntamente com outro ativo (tangível ou intangível), a entidade pode reconhecer o grupo de ativos como se fosse um único ativo, separadamente do *goodwill*. Isso pode acontecer, por exemplo, quando o título de uma revista não for separável da base de assinantes ou a marca de uma água mineral não for distinta da fonte da água. De forma similar, o termo *marca* muitas vezes refere-se a um grupo de ativos que se complementam, como a marca registrada, o nome comercial, as fórmulas, as receitas e o conhecimento tecnológico. Também nesse caso, a entidade pode reconhecer como um único ativo intangível o grupo de ativos referentes a marca, se o valor justo individual desses ativos não puder ser confiavelmente mensurado.

Se um ativo intangível é obtido por meio de uma transação de troca por outro ativo, o custo do ativo obtido é mensurado pelo seu valor justo, a menos que falte natureza comercial à transação de troca ou o valor justo do ativo trocado não possa ser mensurado confiavelmente. Nessas circunstâncias, o custo do ativo adquirido será o valor contábil (custo menos depreciação acumulada e perdas por *impairment*) do ativo cedido.

14.6 Ativos Intangíveis Gerados Internamente

Problemas característicos dos ativos intangíveis gerados internamente se referem à identificação do ativo intangível, à sua mensuração com confiança e à provável geração de benefícios econômicos futuros para a entidade.

14.6.1 Goodwill

O *goodwill* adquirido em uma combinação de negócios e, portanto, reconhecido como tal representa os benefícios econômicos que surgem dos outros ativos adquiridos na combinação, que são incorporados ao *goodwill* por não serem nem individualmente identificados nem separadamente reconhecidos.

O *goodwill* gerado internamente não é reconhecido como um ativo porque ele não é um recurso identificável – não é separável nem surge de acordos legais – nem é controlado pela entidade. Adicionalmente, é pouco provável que a entidade consiga atribuir custos incorridos à geração desse *goodwill*.

Alguns argumentam que o *goodwill* representa a diferença entre o valor de mercado de uma entidade e os valores contábeis de seus ativos líquidos (Patrimônio Líquido). Na verdade, essa diferença capta uma série de fatores que afetam o valor da entidade, mas ela não pode ser reconhecida como *goodwill*, pois ela não reflete os custos incorridos para gerar tal ativo.

14.6.2 Outros ativos intangíveis gerados internamente

Além de observar os critérios gerais para reconhecimento e mensuração inicial (tratados na seção 14.5), as entidades também deverão se guiar pelas orientações dessa seção para o tratamento de todos os ativos intangíveis gerados internamente.

Os gastos incorridos com marcas, títulos editoriais, lista de clientes e itens similares gerados internamente não são reconhecidos como ativos intangíveis em função da dificuldade, em geral, de distinguir tais gastos com aqueles relacionados ao desenvolvimento do negócio como um todo.

Na avaliação de se determinado gasto pode ser reconhecido como um ativo intangível gerado internamente, a entidade deve dividir as atividades relacionadas ao processo de geração do ativo entre fase de pesquisa e fase de desenvolvimento. Aqui, os termos *fase de pesquisa* e *fase de desenvolvimento* têm conceitos mais amplos do que os termos restritos *pesquisa* e *desenvolvimento*, pois se referem a empreendimentos de maneira geral desenvolvidos pela entidade.

Os gastos com pesquisa (ou a fase de pesquisa de um projeto interno) não dão origem a um ativo intangível e devem ser reconhecidos como despesa quando incorridos, pela impossibilidade de se demonstrar que o ativo existe e que gerará benefícios futuros para a entidade.

Se, em um projeto interno de geração de um ativo intangível, a entidade não consegue distinguir a fase de pesquisa da fase de desenvolvimento, ela deve tratar os gastos incorridos como sendo da fase de pesquisa, ou seja, como despesa.

Exemplos de atividades de pesquisa incluem:

a) atividades destinadas à obtenção de novo conhecimento;
b) pesquisa, avaliação e seleção final das aplicações dos resultados da pesquisa ou do conhecimento;
c) pesquisa de alternativas de materiais, dispositivos, produtos, processos, sistemas ou serviços; e
d) formulação, projeção, avaliação e seleção final de possíveis alternativas para materiais, dispositivos, produtos, processos, sistemas ou serviços novos ou aperfeiçoados.

Os gastos com a fase de desenvolvimento podem ser reconhecidos como ativo intangível somente quando **todos** os seguintes fatores puderem ser demonstrados:

a) viabilidade técnica para concluir o ativo de forma que ele estará disponível para uso ou venda;
b) intenção de completar o ativo para uso ou venda;
c) capacidade de usar ou vender o ativo;
d) a forma pela qual o ativo gerará benefícios econômicos futuros, incluindo a indicação de um mercado para o ativo ou para os produtos desse ativo ou, no caso de uso interno, a utilidade do ativo;
e) disponibilidade técnica, financeira e de outros recursos suficiente para completar o desenvolvimento do ativo;
f) capacidade de mensurar confiavelmente os gastos de desenvolvimento atribuíveis ao ativo.

São exemplos de atividades de desenvolvimento as seguintes:

- projeção, construção e teste de protótipos e modelos pré-produção ou pré-uso;
- projeção de ferramentas, moldes e matrizes envolvendo a nova tecnologia;
- projeção, construção e operação de um maquinário piloto ainda em escala de produção não comercial; e
- projeção, construção e teste da alternativa escolhida para materiais, dispositivos, produtos, processos, sistemas ou serviços novos ou aperfeiçoados.

Com o advento da Internet, tornou-se relativamente comum o desenvolvimento de *websites* pela própria entidade para divulgação e promoção de seus produtos e serviços. As entidades podem incorrer em gastos destinados ao desenvolvimento e operação de tais *websites* para acesso tanto interno quanto externo. A questão que a SIC 32 (Ativos Intangíveis – Custos de *Website*) busca esclarecer é se a *website* é um ativo intangível gerado internamente que está sujeito à IAS 38 e qual o tratamento contábil para os gastos incorridos em sua geração.

O consenso aprovado na SIC 32 é que a *website* própria da entidade e por ela desenvolvida, seja para acesso interno ou externo, está sujeita à IAS 38. Devido à impossibilidade de a entidade demonstrar como uma *website* por ela desenvolvida e destinada exclusivamente ou principalmente à divulgação e promoção dos seus produtos ou serviços irá gerar benefícios econômicos, todos os gastos com o desenvolvimento de tais *websites* deverão ser reconhecidos como despesa, quando incorridos.

Os custos com um ativo gerado internamente compreendem todos aqueles necessários para criar, produzir e preparar o ativo para deixá-lo na condição planejada pela entidade e incluem:

- custos de materiais e serviços usados ou consumidos para a geração do ativo;
- custos de benefícios de empregados;
- taxas para registro do direito legal sobre o ativo;
- amortização de patentes e licenças usadas na geração do ativo.

Por outro lado, não compõem o custo de um ativo intangível gerado internamente as despesas de vendas, gerais e administrativas, prejuízos operacionais iniciais e com as ineficiências antes do ativo atingir o desempenho planejado e gastos com treinamento do pessoal para operar o ativo. O Exemplo 14.1 ilustra o reconhecimento dos custos de um ativo intangível.

Exemplo 14.1 Uma entidade está desenvolvendo um novo processo de produção. Durante 2007, os gastos incorridos totalizaram $ 1.000, dos quais $ 900 foram incorridos antes de 1º/12/2007 e os $ 100 restantes foram incorridos durante o mês de dezembro/2007. A entidade é capaz de demonstrar que, em 1º/12/2007, o processo de produção atendia ao critério para reconhecimento como ativo intangível. O valor recuperável do *know-how* do processo (incluindo as saídas futuras de caixa para completar o processo) foi estimado em $ 500. Nessa situação, no final de 2007, a entidade deve reconhecer o processo de produção como um ativo intangível pelo valor de $ 100 (custos incorridos a partir do momento em que o critério de reconhecimento foi atendido). O custo de $ 900 deve ser reconhecido como despesa, pois foi incorrido antes que o critério de reconhecimento fosse atendido. Durante 2008, os gastos incorridos com o desenvolvimento do novo processo foram $ 2.000. No final de 2008, o valor recuperável do *know-how* do processo (incluindo as saídas futuras de caixa para completar o processo) foi estimado em $ 1.900. No final de 2008, o custo de produção do novo processo totalizou $ 2.100 ($ 100 de 2007 e $ 2.000 de 2008). A entidade deve reconhecer uma perda por *impairment* de $ 200 para ajustar o valor contábil de $ 2.100 ao seu valor recuperável de $ 1.900. Essa perda poderá ser revertida em período futuro se os critérios para reversão da IAS 36 forem atendidos (para mais detalhes, ver Capítulo 12).

14.7 Reconhecendo uma despesa

Os gastos realizados pela entidade com itens intangíveis que não se qualificam para o reconhecimento com um ativo intangível devem ser reconhecidos como despesa. São reconhecidos como despesa, quando incorridos, entre outros, os gastos com:

a) atividades pré-operacionais ou com a abertura de novas instalações ou novos negócios, desde que não façam parte do valor dos bens registrados no imobilizado;

b) treinamento;

c) publicidade e atividades promocionais;

d) reorganização parcial ou total da entidade.

Os gastos incorridos que são reconhecidos como despesa não poderão, posteriormente, incorporar os custos de um ativo intangível.

14.8 Mensuração posterior ao reconhecimento

Após o reconhecimento inicial de um ativo intangível, ele poderá ser mantido pelo valor de custo ou ser reavaliado. Se a entidade reavaliar um ativo intangível, todos os outros ativos da classe à qual pertence o ativo deverão ser reavaliados, a menos que não exista um mercado ativo para aqueles ativos. Os ativos de uma mesma classe devem ter o mesmo tratamento para evitar a mistura de custos e valores de datas diferentes.

Uma classe de ativos é composta por itens de natureza e uso similares, tais como patentes e direitos autorais, *software* de computador, licenças e franquias, marcas e ativos intangíveis em desenvolvimento.

Se a entidade optar pelo modelo de custo, o ativo intangível é registrado ao custo, menos a amortização acumulada e as perdas por *impairment* acumuladas.

Optando pelo modelo de reavaliação, o ativo intangível é registrado ao valor reavaliado menos a amortização acumulada e as perdas por *impairment* subsequentes. O valor justo é determinado em um mercado ativo e deve ser revisto com regularidade suficiente para assegurar que, na data das demonstrações contábeis, o valor contábil não seja materialmente diferente do valor justo.

Na data da contabilização da reavaliação, o saldo da amortização acumulada poderá ser: (a) eliminado contra o valor bruto do ativo e, em seguida, o valor líquido do ativo é aumentado até o valor reavaliado; **ou** (b) restabelecido proporcionalmente, com mudanças também no valor bruto do ativo, de forma que a diferença entre as duas contas se iguale ao valor reavaliado (o Exemplo 6.1 do Capítulo 6 ilustra o tratamento da letra (b) para um ativo imobilizado).

O aumento do valor do ativo em consequência da reavaliação deve ser reconhecido numa conta de reserva de reavaliação no Patrimônio Líquido e em Outros Resultados Abrangentes.[1] A exceção a esse tratamento ocorre quando a reavaliação (positiva) reverte uma redução do ativo por reavaliação (negativa) anteriormente reconhecida em resultados (perda por *impairment*), quando então o aumento do valor do ativo reavaliado deve ser creditado diretamente em resultados.

Por outro lado, se, como consequência de uma reavaliação, o valor contábil de um ativo intangível diminui ("reavaliação negativa"), a redução deve ser reconhecida em resultados. Contudo, se existir saldo de reserva de reavaliação para o mesmo ativo que está sendo reduzido, essa redução deverá ser, em contrapartida, debitada no saldo da reserva até seu limite e reconhecida em Outros Resultados Abrangentes. Ou, de outra forma, havendo redução do ativo por uma reavaliação para menos, primeiro zera-se o saldo da reserva de reavaliação do mesmo ativo, reconhecendo esse valor em Outros Resultados Abrangentes. Havendo saldo da redução remanescente, reconhece-se em resultados (perdas por *impairment*).

A realização (baixa) da reserva de reavaliação por alienação, baixa ou uso do ativo deverá ser reconhecida em lucros acumulados. Sob nenhuma circunstância essa realização é reconhecida em resultados.

14.9 Vida útil dos ativos intangíveis

A entidade deve avaliar se a vida útil do ativo intangível é finita ou indefinida.

A vida útil do ativo será considerada indefinida se a entidade conclui, após análises, que não existe nenhum período de tempo previsível para o recebimento de benefícios econômicos daquele ativo. Assim, o termo *indefinida* não significa

---

[1] Outros Resultados Abrangentes compreendem itens de receitas e despesas que não são reconhecidos diretamente em resultados, como as mudanças na reserva de reavaliação, os ganhos e perdas atuariais, os ganhos e perdas de tradução de demonstrações contábeis de operação estrangeira e aqueles de remensuração de determinados instrumentos financeiros (para mais detalhes, ver Capítulo 2).

"infinita". A conclusão da entidade de que determinado ativo intangível tem vida útil indefinida não significa que o ativo não se extinguirá, mas quer dizer que ela não consegue prever esse prazo. Todos os fatores relevantes devem ser considerados nessa avaliação e podem incluir:

a) uso esperado do ativo e se ele poderia ser gerenciado por outra equipe administrativa;

b) ciclo de vida do produto;

c) obsolescência técnica, tecnológica ou comercial;

d) estabilidade do setor em que o ativo opera;

e) ações esperadas da concorrência;

f) nível de manutenção exigida para o ativo;

g) restrições legais; e

h) dependência da vida útil de outros ativos.

Quando um ativo intangível surge de um contrato ou outro direito legal, o período de vida útil não poderá ser maior que o prazo do contrato ou do direito, mas poderá ser menor, dependendo do prazo pelo qual a entidade espera usar o ativo. Se houver possibilidade de renovação do contrato ou do direito, a vida útil deverá incluir esse período de renovação somente mediante evidências de que a renovação ocorrerá sem custos significativos.

Para um direito readquirido em uma combinação de negócios e reconhecido como ativo intangível, o período de vida útil corresponde ao período remanescente do contrato e não deverá incluir períodos de renovação.

14.10 Amortização

O valor amortizável de um ativo intangível com vida útil finita deverá ser alocado em uma base sistemática pelo seu prazo de vida útil. O valor amortizável é o custo (ou valor reavaliado) do ativo menos seu valor residual. A amortização deve iniciar quando o ativo estiver pronto para uso e deve cessar quando ele é baixado ou é reclassificado como mantido para venda de acordo com a IFRS 5.

O método de amortização adotado deve refletir o consumo dos benefícios econômicos futuros esperados. Se esse modelo não puder ser confiavelmente determinado, o método linear deve ser usado.

O valor residual de um ativo intangível é zero, a menos que: (a) exista um acordo com terceiros para a compra desse ativo ao final de sua vida útil; ou (b) exista um mercado ativo e o valor residual do ativo possa ser determinado em relação a esse mercado e seja provável que tal mercado existirá ao final da vida útil do ativo.

Considerando que o valor amortizável de um ativo intangível é determinado após a dedução do valor residual, um ativo com valor residual diferente de zero indica que a entidade pretende aliená-lo antes do final de sua vida econômica.

O valor residual, o período de vida útil e o método de amortização dos ativos intangíveis devem ser revistos, o mínimo, ao final de cada período contábil. Qualquer alteração deve ser tratada como mudança de estimativa contábil de acordo com a IAS 8 (para detalhes, ver Capítulo 4).

Os ativos intangíveis com vida útil indefinida não são amortizados, mas deverão ser testados por *impairment* anualmente e quando houver indicação que o ativo pode ser reduzido ao valor recuperável de acordo com a IAS 36 (para detalhes do teste de *impairment*, ver Capítulo 12).

Ao final de cada período contábil, a entidade deve rever as análises que a levaram a concluir por uma vida útil indefinida e qualquer alteração deve ser tratada como mudança de estimativa contábil de acordo com a IAS 8 (efeito no resultado do período). A mudança de tratamento de uma vida útil indefinida para finita é um indicativo de perda por *impairment* e a IAS 36 deverá ser aplicada.

14.11 Alienação e baixa

Um ativo intangível deverá ser baixado pela alienação ou quando a entidade não espera mais nenhum benefício econômico futuro pelo uso ou alienação do ativo.

O ganho ou perda com a baixa (diferença entre o lucro ou prejuízo com a baixa e o valor contábil) deverá ser reconhecido na demonstração de resultados.

14.12 Evidenciação

A entidade deve divulgar as seguintes informações para cada classe de ativos intangíveis, separando-os entre intangíveis gerados internamente e outros intangíveis:

- se as vidas úteis são indefinidas ou finitas e, se finitas, a vida útil ou a taxa de amortização adotada;
- os métodos de amortização usados;
- o valor contábil bruto e a amortização acumulada (agregada com as perdas por *impairment* acumuladas) no início e final do período;

- a linha da Demonstração de Resultado Abrangente (para detalhes, ver Capítulo 2) em que a amortização foi incluída;
- uma reconciliação do valor contábil do início e final do período mostrando:
- as adições nos ativos intangíveis, apresentando separadamente aqueles gerados internamente, aqueles adquiridos separadamente e aqueles adquiridos em combinação de negócios;
- os ativos classificados como mantidos para venda de acordo com a IFRS 5;
- os aumentos e reduções resultantes de reavaliações e de perdas por *impairment* reconhecidas ou revertidas em Outros Resultados Abrangentes;
- as perdas por *impairment* e as reversões das perdas reconhecidas em resultados;
- a amortização reconhecida no período;
- as diferenças cambiais líquidas de tradução de demonstrações contábeis e de operações estrangeiras para a moeda de apresentação;
- outras mudanças ocorridas no período.

A entidade também deverá divulgar:

- o valor contábil dos ativos intangíveis com vida útil indefinida e as razões para a classificação como vida útil indefinida;
- para ativos intangíveis obtidos por subvenções governamentais, o valor justo inicialmente reconhecido, o valor contábil e o modelo de mensuração adotado (custo ou reavaliação) após o reconhecimento;
- a descrição, o valor contábil e o período de amortização remanescente de qualquer ativo intangível individual material em relação às demonstrações contábeis da entidade;
- a existência e os valores de ativos intangíveis com direito restrito ou oferecidos como garantia de dívidas;
- a valor de acordos contratuais para a aquisição de ativos intangíveis;
- o valor agregado de gastos com pesquisa e desenvolvimento reconhecido como despesa no período.

Para os ativos intangíveis mensurados ao valor reavaliado, a entidade deverá divulgar:

- para cada classe de ativos: a data da reavaliação, o valor reavaliado e o valor contábil que teria sido reconhecido se adotado o método de custo;

- o valor da reserva de reavaliação no início e final do período, indicando as variações ocorridas e qualquer restrição à distribuição do saldo aos acionistas;

- os métodos e suposições relevantes adotados nas estimativas dos valores justos.

As entidades também são encorajadas, mas não obrigadas, a divulgar uma descrição dos ativos intangíveis totalmente amortizados que ainda estão em uso e de qualquer intangível significativo controlado pela entidade mas que não foi reconhecido como ativo porque não atendeu ao critério de reconhecimento da IAS 38.

14.13 Notas de demonstrações contábeis publicadas

14.13.1 British American Tobacco p.l.c. (relatório anual de 2008)

Um *goodwill* de 566 milhões de Libras decorrentes da aquisição dos ativos do negócio de cigarro da Tekel representa um prêmio estratégico por adquirir uma posição de mercado significativa da Tekel no mercado de cigarros turco e as sinergias antecipadas que irão surgir após a aquisição. Parte da finalização da transação ainda está em curso e, além disso, o trabalho de identificar o valor justo adequado atribuído aos ativos adquiridos está em andamento desde os resultados publicados para os seis meses finalizados em 30 de junho de 2008. Esse trabalho tem resultado num aumento do *goodwill* em 90 milhões de Libras em comparação com o montante provisório incluído nos resultados de seis meses.

14.13.2 Hugo Boss AG. (relatório anual de 2008)

De acordo com a IAS 38, o *goodwill* é classificado como um ativo com uma vida útil indefinida e tem a ver, principalmente, com o segmento de roupas masculinas na Austrália (6,874 milhares de Euros) e sapatos e acessórios masculinos de couro (18,710 milhares de Euros). Franquias e direitos de propriedade industrial incluem outros ativos com vida útil indefinida (particularmente os direitos da marca relacionada com o segmento de roupas masculinas nos Estados Unidos) no montante de 19,887 milhares de Euros (2007: 20,261 milhares de Euros).

14.13.3 Gerdau S. A. (relatório anual de 2008)

O intangível refere-se, substancialmente, ao fundo de comércio decorrente da aquisição de empresas (em milhões de Reais):

	Pacific Coast Steel Inc.	Corporación Sidenor, S. A.	Chaparral Steel Company	Enco Materials Inc.	Gerdau MacSteel Inc.	Outros	Total
	Fundo de Comércio	Certificado Redução Emissão Carbono	Fundo de Comércio	Fundo de Comércio	Fundo de Comércio		
Saldo em 31/12/2006	17.322	18.648	–	–	–	9.411	45.381
Variação Cambial	(2.646)	(1.666)	(39.983)	43	–	(488)	44.740
Aquisição	1.628	5.472	1.112.808	14.917	–	4.156	1.138.981
Baixa	(831)	(15.890)	–	–	–	(264)	(16.985)
Amortização	(2.684)	–	(42.514)	(991)	–	(2.733)	(48.922)
Saldo em 31/12/2007	12.789	6.564	1.030.311	13.969	–	10.082	1.073.715
Variação Cambial	6.640	3.154	306.319	3.594	156.466	468	476.641
Aquisição	38.673	25.843	–	–	366.280	26.285	457.081
Baixa	(4.284)	(12.709)	–	(955)	24.896	(17.756)	(60.600)
Amortização	(10.690)	–	(176.153)	(2.011)	(42.073)	(2.980)	(233.907)
Saldo em 31/12/2008	43.128	22.852	1.160.477	14.597	455.777	16.099	1.712.930
Vida útil média estimada	5 anos	Indeterminada	15 anos	5 anos	15 anos	5 anos	

14.13.4 Louis Vuitton (relatório anual de 2008)

A participação no capital do grupo de mídia Les Echos, adquirida em dezembro de 2007 e reconhecida como ativos financeiros não correntes disponíveis para venda em 31 de dezembro de 2007, foi totalmente consolidada com efeito a partir de 1º de janeiro de 2008. O valor total pago em 2007 por 100% do capital social foi de 244 milhões de Euros, incluindo 4 milhões de Euros nos custos de aquisição e excluindo a assunção, pela Louis Vuitton, da dívida financeira da Pearson com relação ao Grupo Les Echos, que chegou a 107 milhões de Euros. Um montante de 147 milhões de Euros foi alocado a marcas e outros ativos intangíveis, os quais compreendem, notadamente, o jornal financeiro Les Echos e a base de assinantes. O montante reconhecido de *goodwill*, 161 milhões de Euros, representa, principalmente, o capital humano, formado por equipes editoriais do grupo Les Echos, que não podem ser isolados no balanço patrimonial.

14.14 Estudos de casos

Estudo de caso 1

Dados:

A Cia. Brilhante adquire os direitos autorais sobre a produção de um espetáculo musical famoso mundialmente. O contrato permite à companhia produzir o espetáculo musical por um período de sete anos no país de origem da Cia. Brilhante. Durante o período inicial de seis meses do contrato, o principal artista do elenco teve sérios problemas de saúde, o que atrasou a entrada em cartaz do espetáculo. O tempo de aluguel do teatro, um dos mais caros e requisitados do país, tem de ser pago mesmo durante o período em que não ocorreram espetáculos. Os seguintes custos foram incorridos pela Cia. Brilhante:

(a) Custos da aquisição dos direitos autorais: $ 20 milhões;

(b) Custos operacionais iniciais (aluguel do estúdio por seis meses, ensaio dos artistas): $ 2 milhões;

(c) Custos de divulgação do musical: $ 1 milhão.

Questão:

Qual(is) custo(s) da Cia. Brilhante referente(s) aos direitos autorais pode(m) ser capitalizado(s) como ativo intangível?

Estudo de caso 2

Dados:

(a) custos pré-operacionais para abertura do negócio;

(b) *software* contábil desenvolvido internamente para uso da própria empresa;

(c) projeto piloto de um equipamento, já comprovado que será produzido comercialmente;

(d) licença, *royalties* e acordos de greve com a categoria;

(e) direitos de transmissão e operação;

(f) compra de *goodwill* em uma combinação de negócios;

(g) licença de produção de esteróides por meio de uma concessão governamental;

(h) custo de cursos realizados pelos administradores para qualificação;

(i) propaganda na televisão que irá estimular as vendas de uma indústria tecnológica;

(j) *website* da empresa por ela desenvolvido para uso interno e externo.

Questão:

Quais dos custos acima podem ser capitalizados de acordo com a IAS 38 e quais deles serão tratados como despesas, quando incorridos?

Estudo de caso 3

Dados:

A Cia. Speedpaper é uma indústria que atua na produção de papéis simples e especiais atendendo principalmente o setor gráfico. A entidade está investindo no desenvolvimento de um novo tipo de papel a ser oferecido ao mercado, a partir de determinada matéria-prima sintética, o que tornaria o papel mais durável, bem como permitiria o reaproveitamento do papel de forma mais eficaz, com benefícios também ao meio ambiente. O projeto se iniciou no começo de julho de 2007 e a empresa já incorreu nos seguintes gastos:

- 31/8/2007: pagamento de salário a uma empresa de engenharia para uma avaliação inicial do mercado sobre o novo produto e apresentação do projeto para a pesquisa no valor de $ 300.000,00. A avaliação da empresa contratada foi que a Cia. Speedpaper terá mercado para o novo produto que pretende lançar.

- 15/10/2007: pagamento da empresa que desenvolveu uma alternativa da matéria-prima a ser utilizada no novo tipo de papel, no valor de $ 1.300.000,00.

- 30/11/2007: pagamento dos engenheiros que desenvolveram o primeiro produto-teste (protótipo) do produto no valor de $ 700.000,00.

- 20/12/2007: gastos com a realização dos primeiros testes para a produção do novo papel, no valor de $ 120.000,00.

- 31/1/2008: pagamento da empresa que desenvolveu a matéria-prima para aprimorar a consistência da mesma, que não se mostrou adequada ao equipamento industrial utilizado no teste, pelo valor de $ 250.000,00.

- 31/3/2008: gastos com a realização de novos testes utilizando a matéria-prima aprimorada, no valor de $ 80.000,00.

- 15/4/2008: gastos com a realização de um coquetel num hotel de luxo na cidade para comunicar aos funcionários, acionistas e ao mercado o sucesso do produto desenvolvido, no valor de $ 10.000,00.

- 30/5/2008: pagamento de gastos com treinamento (aluguel de anfiteatro, lanches e consultoria de engenheiros) dos funcionários envolvidos com a produção do novo tipo de papel, no valor de $ 60.000,00.

- 30/6/2008: pagamento dos custos de processo (taxas, documentação, especialistas para acompanhar o processo, advogados) para registrar a patente do produto desenvolvido no valor de $ 440.000,00.

Em abril de 2008, a empresa fez uma estimativa do orçamento para o novo produto e verificou que tem recursos (técnicos e financeiros) suficientes para lançar o produto no mercado, bem como a intenção de produzi-lo numa escala comercial.

Questão:

Qual é o tratamento contábil apropriado para os custos incorridos pela Cia. Speedpaper com o projeto de desenvolvimento do novo tipo de papel?

Estudo de caso 4

Dados:

A Cia. Cyrcus, um laboratório farmacêutico, tem uma patente registrada de determinada droga, cuja produção e venda gerará um fluxo de caixa estimado para a entidade por 12 anos. A entidade tem um acordo com um laboratório de um governo estrangeiro que comprará da Cia. Cyrcus a referida patente ao final de seis anos por 40% do seu valor da data de aquisição.

Questão:

Descreva como a Cia. Cyrcus deve tratar a patente, quanto ao reconhecimento, amortização e teste de *impairment*, sabendo-se que ela atende aos critérios de reconhecimento como um ativo intangível.

Estudo de caso 5

Dados:

A Cia. Transcapital possui uma licença livremente transferível para oferecer transporte coletivo por meio de micro-ônibus, a qual foi adquirida em 1º/1/2006, a um custo inicial de $ 100.000. Atendendo a todos os critérios de reconhecimento, a licença foi contabilizada pela Cia. Transcapital como um ativo intangível. A vida útil da licença é de dez anos (baseada na data de validade da licença) e a companhia usa o método linear para amortização da licença. Tais licenças são frequentemente negociadas ou entre operadores já existentes ou com potenciais novos operadores. Na data do balanço, 31/12/2007, devido a uma autorização do governo para aumentar as tarifas de transporte coletivo, o valor negociado de tal licença passou para $ 130.000 (valor de mercado do contrato).

Questão:

Quais lançamentos devem ser realizados pela Cia. Transcapital em 31/12/2007 com relação à reavaliação da licença pelas duas formas de contabilizações previstas na IAS 36?

Observação: desconsidere o efeito fiscal.

Estudo de caso 6

Dados:

A Cia. Aérea Atlântida possui autorização para operar determinada rota aérea bastante lucrativa entre Nova Iorque e Londres. A autorização pode ser renovada a cada quatro anos, desde que a entidade cumpra com as normas e regulamentações envolvendo a renovação, o que a companhia pretende fazer. As renovações da autorização são concedidas a um custo mínimo e historicamente a Cia. Aérea Atlântida tem conseguido atender às exigências e fazer a renovação. A empresa espera fornecer o serviço indefinidamente entre o principal aeroporto de cada uma das duas cidades e prevê que a infraestrutura necessária continuará sendo disponibilizada pelos aeroportos enquanto ela detiver a autorização de operação. Essa análise da entidade é suportada por evidências sobre a demanda e o fluxo de caixa.

Questão:

Como a Cia. Aérea Atlântida deverá tratar a vida útil da autorização para operar a citada rota aérea?

Estudo de caso 7

Dados:

Considerando os dados do Estudo de Caso 6, suponha que a autoridade que concede as licenças para operações de rotas aéreas decide não mais renovar a autorização da Cia. Aérea Atlântida e promoverá um leilão para essa e outras rotas. Quando ocorre essa mudança, a autorização atual tem ainda três anos até sua expiração e a companhia prevê que a rota aérea continuará a gerar fluxo de caixa por esse período de três anos.

Questão:

Como a Cia. Aérea Atlântida deverá tratar a vida útil da autorização para operar a citada rota aérea?

14.15 Testes de múltipla escolha

1. Com relação à reavaliação de ativos intangíveis é incorreto afirmar que:
    (a) a realização da reserva de reavaliação deve ser reconhecida em lucros acumulados;

(b) o acréscimo do ativo pela reavaliação, em determinadas circunstâncias, pode ser reconhecido em resultados;

(c) após a reavaliação, a entidade deverá rever periodicamente o valor justo do ativo;

(d) a reavaliação de um ativo intangível obriga a entidade a reavaliar a classe à qual o ativo pertence;

(e) todas as alternativas anteriores estão incorretas.

2. Quando a entidade reclassifica a vida útil de um ativo intangível de indefinida para finita, ela deverá:

   (a) tratar a reclassificação como mudança de prática contábil e reconhecer o efeito retroativo em lucros acumulados;

   (b) continuar não amortizando o ativo intangível;

   (c) realizar o teste de *impairment* de acordo com a IAS 36;

   (d) não existe na IAS 38 a possibilidade de reclassificação da vida útil de um ativo intangível;

   (e) nenhuma das alternativas anteriores.

3. Com relação aos ativos intangíveis gerados internamente é correto afirmar que:

   (a) os custos da fase de pesquisa podem ser reconhecidos como parte do valor do ativo intangível;

   (b) os custos com o *goodwill* gerado internamente poderão ser capitalizados se determinados critérios forem atendidos;

   (c) marcas, títulos editoriais e lista de clientes são frequentemente capitalizados;

   (d) custos com pesquisa de alternativas de materiais e dispositivos podem ser capitalizados;

   (e) custos incorridos na fase de desenvolvimento podem ser capitalizados se critérios como viabilidade técnica e financeira, intenção de completar e capacidade de usar e vender o ativo forem atendidos.

4. Um ativo intangível é identificável se:

   (a) ele pode ser separado da entidade e negociado ou surge por meio de um contrato;

   (b) ele é claramente identificado no plano de contas da empresa;

   (c) ele é incluído no *goodwill* em uma combinação de negócios;

   (d) a entidade tem o poder de obter seus benefícios econômicos e de restringir o acesso de terceiros a esses benefícios;

   (e) ele somente derivar de combinações de negócios.

5. Todos os gastos a seguir não poderão compor o custo de um ativo intangível, exceto:

   (a) salário do gerente administrativo;

   (b) gastos com o treinamento de pessoal;

   (c) honorários de um especialista para acompanhar a compra;

   (d) gastos com o lançamento do principal produto da empresa para uma nova clientela;

   (e) salário dos funcionários que produzirão determinada droga recém-patenteada nos meses que aguardam aumento da demanda.

6. Qual dos seguintes itens se qualifica para reconhecimento como ativo intangível?

   (a) custos das ineficiências antes do ativo atingir o desempenho esperado;

   (b) comissão dos vendedores envolvidos com a venda do produto gerado pelo ativo intangível;

   (c) custos com um curso MBA executivo no exterior para os funcionários que operarão o ativo;

   (d) custos com uma campanha publicitária para lançamento do produto;

   (e) honorários para um advogado especializado em propriedade intelectual para registrar a patente.

7. Um ativo intangível deve ser reconhecido se, além de atender à definição, ele também:

   (a) tem seus custos mensurados confiavelmente e é separável;

   (b) é um item monetário sem substância física;

   (c) é um item não monetário com substância física;

   (d) indica que seus benefícios econômicos provavelmente fluirão para a empresa e os custos são confiavelmente mensurados;

   (e) é identificável, controlável e os custos são confiavelmente mensurados.

8. As três condições para atendimento do conceito de ativo intangível são:

   (a) geração de benefícios econômicos, separabilidade e controle;

   (b) controle, geração de benefícios futuros e identificabilidade;

   (c) separabilidade, propriedade e mensuração confiável;

   (d) identificabilidade, posse e separabilidade;

   (e) identificabilidade, mensuração confiável e geração de benefícios futuros.

9. Quanto às combinações de negócios é correto afirmar que:
   (a) somente os ativos intangíveis reconhecidos pela adquirida podem ser reconhecidos pela adquirente;
   (b) o critério de probabilidade de entrada de benefícios econômicos é sempre considerado atendido;
   (c) o *goodwill* é a diferença entre o valor pago pela aquisição e o valor de todos os ativos tangíveis a valor justo da adquirida;
   (d) o *goodwill* representa todos os ativos intangíveis adquiridos em uma combinação de negócios;
   (e) para a mensuração do valor justo dos ativos intangíveis adquiridos, a adquirente pode usar de estimativas e reconhecer tal valor em resultados.

10. Para um ativo intangível com vida útil indefinida é correto afirmar que:
    (a) a entidade não consegue prever o período de geração de benefícios econômicos desse ativo;
    (b) ele foi adquirido em uma combinação de negócios e a adquirente não tem informações detalhadas sobre sua vida útil;
    (c) após análises, a entidade conclui que o ativo tem vida útil infinita;
    (d) uma vez classificada como indefinida, essa vida útil não poderá mais ser alterada;
    (e) ele deve ser amortizado pelo período máximo que a entidade estima que durarão seus negócios como um todo.

15

Combinações de Negócios (IFRS 3)

15.1 Introdução

A IFRS 3 (*Accounting for Business Combinations*) foi inicialmente emitida em 1983 como IAS 22. Em 2004, o IASB emitiu a IFRS 3 em substituição à IAS 22. Posteriormente, a IFRS 3 foi alterada pela emissão da IFRS 5 (Ativos não correntes mantidos para venda e operações descontinuadas), em 2004. A IAS 1 (Apresentação de relatórios financeiros) corrigiu, em 2007, a terminologia de várias IFRS, incluindo a da IFRS 3. A IFRS 3 revisada, aqui tratada, foi emitida em 2008 e entrou em vigor em 1º de julho de 2009.

A IFRS 3 revisada é parte dos esforços conjuntos do FASB, órgão norte-americano emissor de normas, e do IASB para atingir a convergência de suas normas. O projeto foi dividido em duas fases.

Na primeira fase do projeto, os órgãos trabalharam separadamente, concluindo os trabalhos em 2001 (FASB) e 2004 (IASB). A principal conclusão dos órgãos nessa primeira fase foi que praticamente todas as combinações de negócios são aquisições.

A segunda fase, desenvolvida de forma conjunta, centrou-se nas orientações para o cumprimento do método de aquisição, e culminou com a emissão do FASB *Statement* nº 141 (*Business Combinations*, revisado em 2007) e da IFRS 3 revisada.

15.2 Escopo

A IFRS 3 aplica-se a todas as combinações de negócios com exceção das relacionadas à formação de *joint ventures*, à aquisição de um ativo ou grupo de ativos que não resulte em troca de participações societárias e às envolvendo entidades sob controle comum.

15.3 Definições de termos-chave

Controle: poder de governar as políticas operacionais e financeiras de uma entidade de forma a obter os benefícios dessas atividades.

Goodwill: um ativo representando os benefícios econômicos originários de outros ativos adquiridos em uma combinação de negócios que não são nem identificados individualmente nem reconhecidos separadamente.

Negócios: um conjunto integrado de atividades e ativos que são capazes de ser conduzidos e administrados com o objetivo de propiciar retornos na forma de dividendos, baixos custos ou outros benefícios econômicos para os investidores, donos, membros ou participantes.

15.4 Identificando uma combinação de negócios

Uma combinação de negócios é uma transação na qual uma adquirente obtém o controle de um ou mais negócios. A adquirente pode obter o controle de várias formas, como por exemplo:

- pela transferência de dinheiro ou outros ativos;
- por incorrer em passivos;
- pela emissão de ações;
- por envolver mais de um tipo de pagamento;
- sem transferência de pagamento, ou seja, por meio de um contrato.

Toda combinação de negócios deve ser contabilizada pelo método de aquisição, o qual compreende os seguintes passos:

1. identificar a adquirente;
2. determinar a data da aquisição, ou seja, a data na qual a adquirente obtém o controle da adquirida;
3. reconhecer e mensurar os ativos identificados adquiridos, os passivos assumidos e qualquer participação dos não controladores (minoritários) na adquirida; e
4. reconhecer e mensurar o *goodwill* ou o ganho (*goodwill* negativo) resultante da aquisição.

15.5 Identificando a adquirente

Na maioria dos casos, a identificação da empresa adquirente, ou seja, da entidade que obtém o controle de outra – a adquirida –, não é difícil.

A obtenção do controle presumivelmente ocorre quando uma entidade adquire mais da metade do direito de voto de outra entidade, a menos que tal direito não resulte em controle. Em casos de participação de 50% ou menos em outra entidade, o controle pode ser evidenciado pelo poder:

a) sobre mais da metade do direito de voto por acordo com outros investidores;

b) de controlar as políticas operacionais e financeiras de outra entidade por estatuto ou acordo;

c) de apontar ou remover a maioria dos membros da diretoria ou órgão equivalente e o controle é exercido por esse órgão.

Nas combinações de negócios que se caracterizam pela transferência de caixa ou outros ativos e pela incorrência de passivos, a adquirente é a entidade responsável por essa transferência e incorrência. Naquelas em que a combinação se dá, principalmente, pela troca de instrumentos patrimoniais (ações), a adquirente é a entidade que emite tais títulos, exceto nos casos de aquisição reversa (veja parágrafo a seguir). Contudo, podem ocorrer casos em que a identificação da entidade adquirente terá de se basear nas características da transação. Esse é o caso, por exemplo, quando a administração anterior de uma entidade domina a administração da entidade combinada ou ainda quando o tamanho relativo de uma entidade (em termos de ativos, receitas ou lucros) é significativamente maior que o da outra entidade combinada. Nesses casos, as entidades que dominam a administração ou com maiores valores relativos são, provavelmente, as entidades adquirentes.

Nos casos de aquisição reversa, a emissão de ações não caracteriza a entidade adquirente, pois nessas combinações a entidade que emite títulos (adquirente legal), para fins contábeis, é considerada a adquirida. Por sua vez, a entidade cujos títulos são adquiridos (adquirida legal) deve ser tratada como a adquirente, para fins contábeis. Um exemplo de aquisição reversa ocorre quando uma entidade privada decide, ela própria, ser adquirida por uma pequena empresa pública para obter o registro em bolsa de valores. Nessas circunstâncias, a adquirente legal é a entidade pública, que emitiu as ações, e a adquirida legal é a entidade privada, pois suas ações foram adquiridas. Contudo, para fins contábeis, a entidade pública é a adquirida e a entidade privada, a adquirente. Assim, a controlada legal (no caso, a empresa privada) será a entidade adquirente, desde que ela assuma o poder de governar as políticas financeiras e operacionais da controladora legal (no caso, a empresa pública).

Para fins de consolidação, numa aquisição reversa as demonstrações contábeis devem ser preparadas em nome da controladora legal (adquirida contábil), mas descrito nas notas que se trata da continuação das demonstrações contábeis da controlada legal (adquirente contábil).

15.6 Determinando a data da aquisição

A data da aquisição é a data em que a adquirente obtém o controle da adquirida, o que geralmente coincide com a data em que a adquirente legalmente transfere o pagamento, adquire os ativos e assume os passivos da data de encerramento das demonstrações contábeis da adquirida. Essas datas podem não coincidir, quando, por exemplo, a adquirente obtém o controle antes ou após essa data de encerramento, por um acordo contratual.

15.7 Reconhecendo e mensurando os ativos e passivos na aquisição

Os ativos adquiridos e os passivos assumidos deverão ser mensurados por seus valores justos na data da aquisição.

Na data da aquisição, a adquirente deverá reconhecer, separadamente do *goodwill*, os ativos identificáveis, os passivos assumidos e a participação dos não controladores (minoritários) na adquirida. Na aplicação dessa regra, a adquirente poderá reconhecer ativos e passivos que não eram reconhecidos anteriormente pela adquirida. Esse é o caso de ativos intangíveis gerados internamente, como marcas, patentes ou relacionamentos com clientes, que foram tratados pela adquirida como despesas, mas que pela combinação podem ser reconhecidos como ativos.

Para fundamentar o reconhecimento de ativos e passivos em uma combinação de negócios, a adquirente deve observar as definições de ativos e passivos da "Estrutura para a Preparação e Apresentação de Demonstrações Contábeis" do IASB. Por exemplo, custos que a adquirente espera mas não está obrigada a incorrer no futuro para cumprir seus planos de abandonar uma atividade até então empreendida pela adquirida ou para finalizar a contratação de empregados ou para realocar empregados da adquirida (gastos de reestruturação) não são passivos da adquirente na data da aquisição.

A adquirente deverá reconhecer, separadamente do *goodwill*, os ativos intangíveis identificáveis. Um ativo intangível é identificável se ele é separável ou se surge de um contrato legal. Um ativo intangível é identificável por contrato legal mesmo se não for transferível ou separável da adquirida ou de outros direitos e obrigações. Os seguintes casos ilustram essa situação:

a) uma adquirida possui um *lease* operacional das instalações de uma fábrica, cujos termos do contrato são favoráveis comparados às condições do mercado, mas que proíbe expressamente a transferência do *lease*. O valor pelo qual os termos do contrato são favoráveis é um ativo intangível, embora a adquirente não possa vender ou transferir o contrato de *lease*;

b) uma adquirida possui e opera uma usina nuclear. A licença para operar a usina é um ativo intangível que atende o critério de contrato legal, mesmo que a adquirente não possa vendê-la ou transferi-la separadamente da usina. A adquirente pode reconhecer, a valores justos, a licença e a usina como um único ativo se a vida útil de ambos for similar;

c) uma adquirida possui uma patente de determinada tecnologia. Ela concedeu a licença para que outros utilizassem tal tecnologia, mas exclusivamente para uso fora do seu mercado doméstico, recebendo uma porcentagem sobre a futura receita estrangeira. Tanto a patente quanto a licença atendem o critério de contrato legal para reconhecimento separado do *goodwill* mesmo que negociar separadamente a patente e a licença não seja prático.

Um ativo intangível é separável se ele puder ser separado ou dividido da adquirida e vendido, transferido, licenciado, alugado ou trocado, individualmente ou juntamente com um contrato relacionado, mesmo se a adquirente não tenha a intenção de realizar tais negociações. O intangível atende o critério de separabilidade se existem evidências de transações de troca para aquele tipo de ativo ou para um tipo similar, mesmo que as transações sejam infrequentes ou que a adquirente tenha envolvimento nessas transações. Por exemplo, uma lista de clientes que seja frequentemente negociada atende o critério de separabilidade, mesmo que a adquirida acredite que sua lista de clientes possua características diferentes de outras listas. Contudo, se existem termos de confidencialidade ou outros termos que proíbam a entidade de vender, arrendar ou trocar informação sobre seus clientes, a lista de clientes adquirida em uma combinação de negócios não atende o critério de separabilidade.

A participação dos não controladores na adquirida deverá ser mensurada ao valor justo ou pela parcela proporcional de sua participação nos ativos líquidos (ativos menos passivos) identificáveis da adquirida. Na mensuração do valor justo, a adquirente poderá se basear no preço das ações dos não controladores num mercado ativo ou, se não disponível, ela poderá mensurar o valor justo usando outras técnicas de avaliação.

15.8 Reconhecendo e mensurando o *goodwill*

A adquirente deve reconhecer o *goodwill*, na data da aquisição, mensurado como o excesso entre:

a) o custo da aquisição (valor pago) somado ao valor da participação dos não controladores; e

b) o valor dos ativos líquidos adquiridos.

O valor do *goodwill* também pode ser calculado pelo excesso do custo da aquisição sobre o percentual de participação nos ativos líquidos da adquirida, chegando-se ao mesmo resultado do cálculo apresentado nas letras (a) e (b) acima.

Nas combinações realizadas em estágios (ver seção 15.11), na letra (a) acima, também deve ser acrescido o valor justo, na data da aquisição, da participação patrimonial da adquirente anteriormente mantida na adquirida.

Se nenhum pagamento é efetuado, a adquirente deverá usar a participação na adquirida mensurada por alguma técnica de avaliação, em substituição ao valor do pagamento no cálculo do *goodwill*.

De acordo com a IAS 36 (Ativos Intangíveis), o *goodwill* tem vida útil indefinida e, portanto, não deve ser amortizado. Contudo, o teste para verificação do valor recuperável (teste de *impairment*) do *goodwill* deverá ser feito anualmente ou mais frequentemente, se eventos ou mudanças nas circunstâncias indicarem que uma perda pode ser reconhecida (para mais detalhes, ver Capítulo 12).

As combinações em que pode surgir um ganho na compra (mais conhecido como *goodwill* negativo) são situações consideradas raras. Nesses casos, o valor dos ativos e passivos a valores justos seria maior que o valor pago pela aquisição. Isso aconteceria, por exemplo, numa venda forçada em que o vendedor estaria agindo por compulsão. Em circunstâncias em que, numa primeira avaliação, se identifica esse ganho, a empresa deve rever os procedimentos usados na mensuração dos valores reconhecidos na aquisição. Se, mesmo assim, o ganho permanecer, a adquirente deverá reconhecê-lo de imediato em resultados.

O Exemplo 15.1 ilustra o tratamento do ganho em uma combinação de negócios:

Exemplo 15.1 Em 1º de janeiro de 2008, a Cia. Appletree adquire por $ 150.000 80% das ações ordinárias da Cia. Orangetree. Em função de os investidores anteriores da Cia. Orangetree necessitarem de dispor de suas ações até uma data determinada, eles não tiveram tempo para ofertar as ações para outros potenciais investidores. Seguindo a IFRS 3, a administração da Cia. Appletree mensura os ativos identificáveis adquiridos por $ 250.000 e os passivos assumidos por $ 50.000. Uma consultoria independente contratada pela Appletree determina que o valor justo da participação dos não controladores é de $ 42.000. O valor dos ativos líquidos da Cia. Orangetree ($ 200.000) excede o valor do pagamento mais a participação dos não controladores ($ 150.000 + $ 42.000 = $ 192.000). A Cia. Appletree faz a revisão dos valores justos dos ativos e passivos da Cia. Orangetree e conclui que a mensuração foi adequada. A Cia. Appletree mensura o ganho na combinação da seguinte forma:

		$
Valor dos ativos líquidos adquiridos ($ 250.000 – $ 50.000)		200.000
(–) Valor do pagamento transferido	(150.000)	
(–) Valor justo da participação dos não controladores da Cia. Orangetree	(42.000)	(192.000)
= Ganho sobre a compra		8.000

A Cia. Appletree contabiliza, nas suas demonstrações consolidadas, a aquisição da Cia. Orangetree da seguinte forma:

D – Ativos adquiridos $ 250.000

C – Caixa $ 150.000

C – Passivos assumidos $ 50.000

C – Ganho na combinação (Resultado) $ 8.000

C – Participação dos não controladores na Cia. Orangetree (PL) $ 42.000

Se a Cia. Appletree decidir mensurar a participação dos não controladores com base na participação proporcional nos ativos líquidos da adquirida, o valor reconhecido da participação seria de $ 40.000 (20% × $ 200.000) e o valor do ganho seria de $ 10.000 [200.000 – ($ 150.000 + $ 40.000)].

O pagamento da entidade adquirida poderá ser feito em dinheiro, outros ativos, um negócio, uma subsidiária, passivos contingentes, ações ordinárias e preferenciais e títulos como os de opções e bônus de subscrição. O valor pago em uma combinação de negócios deverá ser mensurado ao valor justo, o qual poderá compreender a soma dos ativos transferidos, dos passivos incorridos e das ações emitidas pela adquirente.

15.9 Custos relacionados a aquisição

Os custos da aquisição se referem àqueles incorridos para efetuar a aquisição e podem incluir comissão de intermediação, honorários de avaliadores, consultores, advogados, contadores e de outros profissionais, custos administrativos gerais, incluindo os custos de manter um departamento interno de aquisições e os custos de registrar e emitir títulos de dívida e patrimoniais. Com exceção dos custos relacionados à emissão de títulos, que devem se orientar pelas IAS 32 (Instrumentos Financeiros: Apresentação) e IAS 39 (Instrumentos Financeiros: Reconhecimento e Mensuração), os demais custos devem ser reconhecidos em resultados, quando incorridos.

15.10 Aquisição em etapas

Em determinadas circunstâncias, a adquirente obtém o controle de uma investida na qual ela já possuía participação patrimonial (investimento) imediatamente antes da aquisição. Por exemplo, a Cia. Alfa possui 30% das ações ordinárias (com direito a voto) da Cia. Beta em 31 de dezembro de 2008. Nessa mesma data, a Cia. Alfa adquire mais 35% das ações ordinárias, passando a assumir o controle da Cia. Beta.

Numa combinação de negócios realizada em estágios, a adquirente deverá remensurar pelo valor justo, na data da aquisição, sua participação patrimonial mantida anteriormente na adquirida, e reconhecer o ganho ou perda resultante em resultados.

15.11 Contabilização incompleta da aquisição

Se o reconhecimento inicial de uma combinação de negócios está incompleto no fim do período contábil em que a combinação ocorre, a adquirente poderá usar valores provisórios nas demonstrações contábeis desse período.

A entidade adquirente tem um prazo máximo de um ano da data da aquisição para ajustar os valores provisoriamente reconhecidos. Durante esse período, a adquirente pode ajustar valores reconhecidos ou reconhecer ativos e passivos adicionais, desde que com base em novas informações sobre fatos e circunstâncias que já existiam na data da aquisição. Após esse prazo de um ano, a adquirente poderá revisar os valores somente para correção de erros, de acordo com a IAS 8 (Políticas Contábeis, Mudanças nas Estimativas Contábeis e Erros).

A adquirente reconhece qualquer ajuste dos valores provisórios de ativos e passivos por meio de acréscimos ou decréscimos no *goodwill*.

Nesse prazo de um ano, a adquirente também poderá ajustar os valores justos de pagamentos contingentes. Contudo, ajustes em consequência de eventos ocorridos após a data de aquisição, como uma reunião para definir um lucro alvo, a obtenção de determinado preço das ações ou um acontecimento relevante em um projeto de pesquisa e desenvolvimento, não determinam ajustes dos valores reconhecidos na data da combinação, ou seja, não poderão provocar alterações no valor do *goodwill*.

Veja o Exemplo 15.2, que ilustra o caso de uma contabilização incompleta na data das demonstrações contábeis.

Exemplo 15.2 Suponha que a Cia. Lucro-certo adquira a Cia. Transitória no final de outubro de 2007. A Cia. Lucro-certo contrata um consultor independente para avaliar um item do imobilizado adquirido na combinação e a avaliação não foi finalizada até a data das demonstrações contábeis da Cia. Lucro-certo

(31/12/2007). Nessas demonstrações, a adquirente reconheceu o valor justo provisório do ativo de $ 600.000. Na data da aquisição, tal ativo tinha uma vida útil remanescente de cinco anos. Seis meses após a data da aquisição, a Cia. Lucro-certo recebeu o parecer do avaliador, que estimou o valor justo do ativo, na data da aquisição, em $ 750.000. Nas demonstrações contábeis de 31/12/2008, a Cia. Lucro-certo deverá ajustar retrospectivamente a informação do ano de 2007, da seguinte forma:

a) o valor contábil do ativo deverá ser aumentado em $ 145.000. Esse ajuste se refere ao aumento no valor justo do ativo de $ 150.000 ($ 750.000 – $ 600.000) menos a depreciação adicional que teria sido contabilizada se o ativo tivesse sido reconhecido, na data da aquisição, pela avaliação final de $ 750.000 ($ 150.000 menos dois meses de depreciação);

b) o valor contábil do *goodwill* deve ser reduzido em $ 150.000;

c) a despesa de depreciação de 2007 deverá ser aumentada em $ 5.000.

15.12 Evidenciação

A entidade adquirente deverá divulgar informações que permita aos usuários das demonstrações contábeis avaliar a natureza e o efeito de uma combinação de negócios. Assim, para cada combinação de negócios, a adquirente deverá divulgar:

a) o nome e a descrição da adquirida;

b) a data da aquisição;

c) o percentual da participação com direito a voto adquirido;

d) as razões principais da combinação e uma descrição detalhada de como a adquirente obteve o controle;

e) uma descrição qualitativa dos fatores que resultaram no reconhecimento do *goodwill*, tais como as sinergias esperadas das operações combinadas, os ativos intangíveis que não se qualificaram para o reconhecimento em separado ou outros fatores;

f) os valores reconhecidos na data de aquisição para cada classe principal de ativos adquiridos, passivos assumidos e passivos contingentes;

g) o valor total do *goodwill* que será, provavelmente, dedutível para fins fiscais;

h) os custos da combinação e uma descrição dos componentes desses custos;

i) o valor do ganho reconhecido pela adquirente (valor pago menor que o valor justo dos ativos líquidos) e as razões de tal ganho;

j) o valor da participação dos não controladores na adquirida e a base de mensuração desse valor;

k) para uma combinação em estágios, o valor justo da participação patrimonial da investidora imediatamente antes da aquisição e o valor de qualquer ganho ou perda reconhecido em resultados em função da remensuração de tal participação;

l) os valores de receitas e lucro (ou prejuízo) da adquirida desde a data da aquisição incluída na demonstração consolidada;

m) a receita e lucro (ou prejuízo) da entidade combinada no período dos relatórios, como se a combinação tivesse ocorrido no início desse período.

A entidade poderá divulgar informação agregada para os itens (e) a (m) acima se as combinações ocorridas no período forem imateriais individualmente, mas materiais conjuntamente.

Para permitir que os usuários avaliem o efeito dos ajustes de combinações de negócios ocorridas no período e em períodos anteriores, a entidade deverá divulgar, para cada combinação material individualmente ou de forma agregada para combinações imateriais:

a) se o reconhecimento da combinação está incompleto na data das demonstrações, as razões disso, para quais itens a contabilização está incompleta e a natureza e os valores dos ajustes realizados no período;

b) os ajustes dos pagamentos contingentes e as técnicas de avaliação usadas para mensurá-los;

c) as divulgações exigidas pela IAS 37 (Provisões, Ativos e Passivos Contingentes) para os passivos contingentes;

d) uma reconciliação do valor do *goodwill* do início e final do período;

e) o valor e uma explicação de qualquer ganho ou perda reconhecidos no período, relacionados aos ativos adquiridos e passivos assumidos na combinação, ou que pelo tamanho, natureza ou incidência a divulgação permitirá compreender as demonstrações contábeis da entidade combinada.

15.13 Notas de demonstrações contábeis publicadas

15.13.1 Lupatech S. A. (relatório anual de 2008)

Em janeiro de 2009, a companhia concluiu a aquisição integral da Norpatagonica S.R.L. (Norpatagonica), no valor de US$ 3 milhões, localizada na área de Neuquen, na Argentina, onde atua há mais de 20 anos como prestadora de serviços no setor de petróleo e gás. Possui base operacional própria devidamente estruturada com o objetivo de dar suporte às empresas petrolíferas na manutenção dos níveis de produção de petróleo e gás, através da prestação de serviços de intervenção em poços. Também executa provas hidráulicas, realiza operações de limpeza nos poços com ferramentas próprias e atua no suprimento de equipamentos ligados a injeção, reposição e serviços associados a bombeamento de alta e baixa pressão. No processo de combinação de negócios, foi apurado ágio na aquisição, no montante de R$ 5.395, após a alocação dos ativos e passivos a valor justo.

15.13.2 Fiat Group (relatório anual de 2008)

Em 20 de março de 2008, a FPT PowerTrain Technologies adquiriu totalmente a Tritec Motors Limitada da Chrysler L.L.C. e posteriormente mudou seu nome para FPT Powertrain do Brasil – Indústria e Comércio de Motores Ltda., levando ao reconhecimento de um *goodwill* de 1 milhão de Euros. Esse *goodwill* continua a ser reconhecido no balanço em 31 de dezembro de 2008, uma vez que a empresa adquirida é capaz de obter um elevado nível de rentabilidade e benefícios adicionais surgirão da compra.

15.13.3 Louis Vuitton (relatório anual de 2008)

Em abril de 2008, o grupo adquiriu 100% da fabricante de relógios suíça Hublot pelo valor total de 306 milhões de Euros (486 milhões de francos suíços), incluindo 2 milhões de Euros em custos de aquisição. Esse preço de aquisição foi pago em julho de 2008, mediante o preenchimento de condições contratuais anteriores. A Hublot foi totalmente consolidada a partir de maio de 2008. O preço pago foi alocado à marca no montante de 219 milhões de Euros. O montante provisório do *goodwill* de 109 milhões de Euros representa, principalmente, o conhecimento especializado da empresa na projeção e fabricação de peças, bem como as sinergias decorrentes da integração da marca com a rede de distribuição do grupo comercial Watches e Jewelry.

15.14 Estudos de casos

Estudo de caso 1

Dados:

A Cia. ABC e a Cia. XYZ realizam uma combinação de negócios. Os termos da negociação preveem que a Cia. XYZ irá oferecer três de suas ações para cada ação da Cia. ABC. Não existirá nenhum outro pagamento. A capitalização de mercado (*market capitalization*, valor de uma companhia determinado pelo preço de mercado de suas ações ordinárias em circulação) é de $ 700 milhões para a Cia.

XYZ e $ 500 milhões para a Cia. ABC. Após a emissão das ações, a diretoria será composta somente por diretores da Cia. XYZ. As empresas assumirão o nome de Grupo XYZ. Três meses após a transação, 30% da Cia. ABC é vendida.

Questão:

É possível identificar um adquirente entre as Cias. ABC e XYZ?

Estudo de caso 2

Dados:

A Cia. Alfa possui 45% das ações ordinárias da Cia. Beta. Os 55% restantes das ações estão muito pulverizados no mercado e, em função disso, foi feito um acordo por tais acionistas para que a Cia. Alfa indique a maioria dos membros da diretoria.

Questão:

A Cia. Alfa deverá apresentar demonstrações consolidadas incluindo a Cia. Beta?

Estudo de caso 3

Dados:

A controladora Cia. Compradora obteve o controle da Cia. Fornecedora por meio de uma combinação de negócios em 31 de dezembro de 2007. A Cia. Fornecedora tem um acordo de cinco anos para fornecer mercadorias para a Cia. Clientela. Ambas, Cia. Compradora e Cia. Fornecedora, acreditam que a Cia. Clientela renovará o contrato de fornecimento de mercadorias ao final do contrato atual. O acordo de fornecimento não é identificável separadamente pela Cia. Fornecedora.

Questão:

Como a Cia. Compradora deverá tratar o acordo de fornecimento entre a Cia. Fornecedora e a Cia. Clientela?

Estudo de caso 4

Dados:

A Cia. LLS adquiriu a Cia. Lucy em uma combinação de negócios finalizada em 31 de dezembro de 2008. A Cia. Lucy atende seus clientes somente por meio de encomendas. Na data da aquisição, a Cia. Lucy está atrasada com os pedidos de 60% de seus clientes, todos os quais são clientes recorrentes. Os outros 40% de clientes também são recorrentes, mas, em 31 de dezembro de 2008, a Cia. Lucy não tem pedidos em aberto ou outros contratos com esses clientes.

Questão:

Como a Cia. LLS deverá tratar a relação da Cia. Lucy com seus clientes quanto ao reconhecimento dos contratos na data da aquisição?

Estudo de caso 5

Dados:

A Cia. Gama adquiriu 100% das ações da Cia. Ômega no início do ano. Os dados a seguir da Cia. Ômega foram apurados pela norma local.

Dados da Cia. Ômega:

	($) Milhão
Custo da aquisição	800
Valor justo de ativos	400
Provisão para reestruturação	100
Goodwill	500
Demonstração de Resultado do final do ano	
Lucro antes da amortização	350
Amortização do goodwill	(50)
	300
Despesas financeiras	(20)
Lucros antes dos impostos	280

Na data da aquisição, a Cia. Gama concordou com a mensuração do valor justo dos ativos e mensurou os ativos intangíveis e o passivo assumido da Cia. Ômega em, respectivamente, $ 300 milhões e $ 40 milhões. A Cia. Gama não considerou a provisão para reestruturação. Na data da preparação das demonstrações contábeis, o valor dos ativos da Cia. Ômega aumentou significativamente. Os ativos intangíveis têm uma vida útil prevista de dez anos.

Questão:

Calcule o valor do *goodwill* e apresente a demonstração de resultados da Cia. Ômega no final do ano de acordo com a IFRS 3.

15.15 Testes de múltipla escolha

1. O excesso do valor justo dos ativos líquidos da empresa adquirida sobre o valor pago pela adquirente numa combinação de negócios (também denominado de *goodwill* negativo), após a confirmação dos valores mensurados, deverá ser:

    (a) deduzido do saldo da conta de Investimentos (Permanente);

    (b) reconhecido como passivo e mantido até a baixa do investimento;

    (c) reconhecido no grupo de Investimentos (Permanente) e amortizado de acordo com a expectativa de prejuízos da adquirente;

    (d) baixado imediatamente contra resultados;

    (e) reconhecido no grupo de Investimentos (Permanente) e testado anualmente por *impairment*.

2. A Cia. Barata adquire 70% das ações ordinárias da Cia. Mosca em 30 de novembro de 2007. As demonstrações contábeis da Cia. Barata são encerradas em 31 de dezembro de cada ano. Quanto à combinação de negócios, a Cia. Barata poderá, exceto:

    (a) reconhecer valores provisórios;

    (b) ajustar os valores de ativos e passivos reconhecidos até novembro de 2008;

    (c) ajustar os valores de ativos e passivos até o período de um ano da data da aquisição com a contrapartida em resultados;

    (d) reconhecer ativos e passivos adicionais até novembro de 2008;

    (e) ajustar pagamentos contingentes, desde que não resultantes de eventos ocorridos após a data da aquisição.

3. De acordo com a IFRS 3, o método a ser adotado em toda combinação de negócios é:

    (a) método de combinação proporcional;

    (b) método de união de interesses;

    (c) método de equivalência patrimonial;

    (d) método de compra;

    (e) método de aquisição.

4. O *goodwill* originário de uma combinação de negócios deverá ser:

    (a) reconhecido como um ativo intangível e testado por *impairment* anualmente ou em períodos menores, se houver evidências de perda;

    (b) reconhecido como receita na data da aquisição;

    (c) reconhecido como despesa da data da aquisição;

    (d) reconhecido como um ativo intangível e amortizado de acordo com o período de expectativa de lucros da adquirente;

    (e) nenhuma das alternativas anteriores.

5. A aquisição do controle em uma combinação de negócios pode ser evidenciada, além da maioria do capital votante, por todas as situações abaixo, exceto:

    (a) por estatuto ou acordo dando o direito da adquirente de controlar as políticas operacionais e financeiras da adquirida;

    (b) por acordo com outros investidores concedendo à adquirente o direito da maioria do direito a voto;

    (c) pelo poder de apontar ou remover a maioria dos membros da diretoria, órgão este que exerce o controle;

    (d) pelo poder de apontar ou remover a maioria dos membros de um órgão equivalente à diretoria que exerce o controle;

    (e) pelo poder de influenciar as políticas operacionais e financeiras por acordo legal.

6. A Cia. Zêta adquire 80% das ações com direito a voto da Cia. Petra pagando $ 100.000 em dinheiro e emitindo $ 100.000 em ações a favor dos acionistas da adquirida. A Cia. Petra só emite ações ordinárias. Os ativos da Cia. Petra, a valor justo, totalizam $ 200.000, os passivos assumidos, a valor justo, somam $ 70.000 e os ativos intangíveis mensurados a valor justo são de $ 30.000. A participação dos não controladores teve por base os ativos líquidos da adquirida. O valor do *goodwill* reconhecido pela Cia. Zêta na data da aquisição será de:

    (a) $ 40.000;

    (b) $ 102.000;

    (c) $ 72.000;

    (d) não gera *goodwill*, mas um ganho de $ 60.000;

    (e) nenhuma das alternativas anteriores.

7. A Cia. Zt participa de uma combinação de negócios com as empresas Cia. WYZ e Cia. KLM, mas as condições da negociação não permitem identificar claramente a empresa adquirente. Os valores dos ativos e do faturamento anual médio das Cias. Zt, WZY e KLM são, respectivamente, $ 1,2 milhão, $ 300.000, $ 900.000 e $ 150.000, $ 2 milhões e $ 350.000. Nesse caso, a empresa designada como adquirente será:

    (a) Cia. Zt;

    (b) Cia. KLM;

    (c) Cia. WYZ;

    (d) Cia. Zt ou Cia. KLM;

    (e) não é possível identificar uma adquirente.

8. Numa aquisição reversa é correto afirmar, exceto que:

    (a) a entidade que emite instrumentos patrimoniais é a adquirente legal;

    (b) as demonstrações contábeis são elaboradas em nome da controladora legal, que para fins contábeis é a adquirida;

    (c) a entidade que emite instrumentos patrimoniais é a adquirida contábil;

    (d) a controlada legal é a adquirente, independentemente de ela assumir ou não o controle das políticas operacionais e financeiras da controladora legal;

    (e) nas notas explicativas das demonstrações consolidadas deve constar que se trata da continuação das demonstrações da adquirente contábil.

9. A Cia. Catanduvas adquiriu 100% das ações da Cia. Caracas no início de janeiro de 2008. O valor justo da aquisição correspondeu à emissão de 20 milhões de ações a $ 1 cada da Cia. Catanduvas e o valor justo dos ativos líquidos adquiridos era de $ 14 milhões. Tais valores (da aquisição e dos ativos líquidos) foram determinados provisoriamente na data da aquisição. Em novembro de 2008, os valores das ações e dos ativos líquidos foram finalmente determinados, respectivamente, em $ 22 milhões e $ 15 milhões. Contudo, o valor da Cia. Caracas reduziu-se fortemente no ano de 2008 e os diretores da Cia. Catanduvas desejam reduzir o valor da compra para $ 18 milhões. Quais valores deverão ser apresentados, respectivamente, no final de 2008 referentes ao valor pago, aos ativos líquidos e ao *goodwill*?

    (a) 20 milhões, 14 milhões e 6 milhões;

    (b) 22 milhões, 15 milhões e 7 milhões;

    (c) 18 milhões, 14 milhões e 4 milhões;

    (d) 18 milhões, 15 milhões e 3 milhões;

    (e) 22 milhões, 15 milhões, 7 milhões e um ganho de 4 milhões.

10. Os seguintes ativos intangíveis podem ser reconhecidos separadamente do *goodwill* numa combinação de negócios, exceto:

(a) marcas e domínios de Internet;

(b) contratos e relacionamentos com clientes;

(c) peças de teatro, óperas e musicais;

(d) patentes e base de dados;

(e) lista de clientes com cláusula de confidencialidade.

Formato	17 x 24 cm
Tipologia	Charter 11/13
Papel	Offset Chambril Book 75 g/m2 (miolo)
	Supremo 250 g/m² (capa)
Número de páginas	256
Impressão	Gráfica Imprensa da Fé